Ingrid Konrad

Abenteuer Hawaii

Eine Erzählreise

Magic Buchverlag
Christine Praml

Magic Buchverlag im Internet:
www.magicbuchverlag.de

Herstellung: Magic Buchverlag Christine Praml
Umschlagfoto: Ingrid Konrad
Umschlaggestaltung: Magic Buchverlag
Satz: Jürgen Kierner

ISBN Taschenbuch:
978-3-944847-04-7
E-Book Kindle-Format
ISBN: 978-3-936935-98-1
E-Book, ePub-Format
ISBN: 978-3-936935-97-4

»Die persönliche Aufgabe, die dein Leben wertvoll macht, liegt niemals außerhalb von dir. Du findest sie nicht in fernen Ländern, sondern tief in deinem Herzen.«

Robert Louis Stevenson, schottischer Schriftsteller, 1850

Für mein Herz

Erster Tag

Warum verreisen wir eigentlich? Diese Frage stelle ich mir nun schon eine geraume Weile. Brauchen wir Erfrischung und Erneuerung? Oder gar Abenteuer, damit mal wieder was los ist in unserem Leben? Oder suchen wir das Paradies? Das Glück, dass wir zu Hause nicht haben? Ruhe und Frieden? Ich möchte es herausfinden. Auf dieser Reise. Ich habe fast zwei Monate Zeit dazu.

Für eine Reise in die Ruhe ist es jedoch noch ziemlich laut überall, finde ich. Ich bin im Flughafen von Los Angeles. Vorletzte Etappe auf meinem Flug nach Hawaii. Unglaublich viele Menschen eilen hektisch durch die Labyrinthe von Check-in und Sicherheitskontrollen. Die Lautsprecherdurchsagen beschallen die riesige Halle regelmäßig mit wichtigen Durchsagen und Warnungen. Heute gibt's alles auf Englisch: »*Don't leave your luggage unattended. Unattended items will be confiscated and destroyed.*« Die ständige Wiederholung dieser Ansage erinnert mich an die einschläfernden Sprachübungen aus dem Telekolleg Englisch. Die hatten den gleichen Tonfall. Wenn aber *destroyed* in Zusammenhang mit meinem Gepäck so teilnahmslos klingt, empfinde ich dies als respektlos gegenüber meinen Habseligkeiten.

Mein Koffer. Das Ergebnis tagelanger Entscheidungsprozesse, Reduktion auf das Nötigste und Praktischste. Das Los aller Flugreisenden sind nun einmal die Gewichts- und Volumenbeschränkungen. Und nur diese Dinge hier haben das strenge Auswahlverfahren überlebt und sind am Ende als Gewinner in meinen Koffer gewandert. Ein miniaturisiertes Abbild meiner Existenz. Die Essenz der Dinge könnte man sagen. Das macht meinen Kofferinhalt nicht nur über die Maßen wertvoll, sondern auch überlebenswichtig.

Dem leicht verwahrlost wirkenden Typen, der hinter mir abgefertigt wird, ist das offenbar alles egal, denn er hat kein Gepäck und kann es sich daher leisten, die vielen Warnungen zu ignorieren und sich mittels seiner Sennheiser-Kopfhörer aus dem Geschehen wegzubeamen. Insgeheim verfluche ich die deutsche Technik, denn diese Präzisionswunder übertragen trotz der gepolsterten Ohrmuscheln die vollen Bässe mit heiserem Wumm und Bumm auf die unmittelbare Umwelt: Reggae. Hasse ich. Und wenn der Fritz Sennheiser das hätte hören müssen, hätte er die Wiedergabe von Reggae über seine tollen Kopfhörer von vornherein ausgeschlossen. Und außerdem, ich war schließlich zuerst hier, Mistkerl. Willkommen in *Jolly America*.

Ich bahne mir den Weg zu meinem Gate und halte Ausschau nach einem friedlichen Plätzchen, denn ich brauche Ruhe. Ich bin seit zwanzig Stunden auf den Beinen. Am besten *gaaanz* weit weg vom Trubel, fernab von jedweder möglichen Störung. Kein Traffic. Ich sichte einen viel versprechenden Ruhepol – dicht beim Ausgang. Überhaupt sieht dieses Gate verdächtig leer aus. Leere Anzeigetafeln, keine Airline-Angestellten, die vielen Schalter sind alle leer, auch keine Fluggäste in Sicht. Ich bin definitiv die Erste und bislang Einzige. Oder gehen heute keine Flüge mehr? Der Flug nach Hawaii, mein letzter für heute, soll erst in fünf Stunden starten. Oder vielleicht nicht? Ist mir jetzt aber auch ganz einerlei. Ich habe so oder so jede Menge Zeit. Erst recht, wenn ich hier übernachten muss. Ich seufze, während ich mich ermattet in den Flughafensessel sinken lasse.

In Erwartung einer langen Wartezeit, richte ich es mir entsprechend häuslich ein, baue meine gesammelten Gepäckstücke schutzwalltechnisch um mich herum auf, dass es auf keinen Fall den Eindruck von *unattended* macht, und setze mich mit meinem Buch gemütlich mittenrein.

Ich bin gerade mit meiner *Luggage*-Burg fertig, als ich freundlich, aber ziemlich eindeutig von Mr. Handicap, einem sehr korpulenten Behinderten, meines Platzes verwiesen werde. Ich sitze ausgerechnet auf dem ausdrücklich für Behinderte reservierten Sitzplatz. Entnervt schaue ich auf die leere Halle um mich herum, dann auf *Handicap-Paragraph-Rider* und werde sofort streitsüchtig. Ich will gerade den Mund aufreißen und ihn bitten, doch gnädigerweise einen der dreihundert anderen noch freien Plätze in Betracht zu ziehen, als ich merke, dass mir selbst diese Anstrengung zu viel ist. Stattdessen sage ich beflissen, *»OK, no problem, Sir«*, und räume das Feld. Die Burg wird wieder abgebaut. Hinter mir höre ich noch, wie Mr. Handicap zufrieden schnaufend in seinen rechtmäßig angestammten Flughafensessel plumpst.

Das ist also Amerika. Meine ersten Kontakte. Ich erinnere mich dunkel, hier gilt das Recht des Stärkeren. Erst recht wenn sie behindert sind!? Aha. Neu ist, dass nun noch ein Schilderrecht dazugekommen ist. Will sagen: Was auch immer auf irgendeinem Schild steht, ist geltendes Recht und muss strengstens befolgt werden. Gut, ich bin ja Deutsche, mit Schildern kenne ich mich eigentlich ziemlich gut aus, denn wir haben selbst eine ganze Menge davon. Kürzlich erst habe ich gelesen, dass wir die Nation mit den meisten Schildern seien. Laut dpa soll es rund 20 Millionen Verkehrsschilder in Deutschland geben. Wundert man sich, dass dann noch Platz für irgendwas anderes ist in unserem kleinen Land?

Habe ich es hier etwa mit amerikanischer Bürokraten-Kultur zu tun? Das ist neu, das kenne ich so nicht. Etwas gewöhnungsbedürftig für das Land der Freiheit und der unbegrenzten Möglichkeiten. Aber ich bin positiv eingestellt und möchte mir kein vorschnelles Urteil bilden. Ein Flughafen ist ja eine internationale Neutralzone. Da gelten vielleicht andere Spielregeln. Oder hier lebt eine spezielle Spezies Mensch, die ihre eigenen Flughafen-

Hausregeln hat. Wie Tom Hanks in dem Film »Terminal«, wo er sich als Gestrandeter auf Dauer häuslich im Flughafen-Gebäude einrichten und dafür sorgen muss, dass er wenigstens ein kleines bisschen Privatsphäre an diesem Umschlagplatz für Menschen bekommt. Ich werde also abwarten.

Mein allererster Kontakt war ja die *»Immigration«,* an der man nicht vorbeikommt, sobald man amerikanischen Boden berührt. Diese Begegnung zähle ich aber offiziell nicht zu den menschlichen Kontakten, weil es sich in um eine Behörde handelt, die mit professioneller Abschreckung arbeitet. Umso bedrohliche Subjekte wie mich, gefährliche Staatsfeinde oder Terroristen systematisch zu identifizieren, einzuschüchtern und gegebenenfalls auszusondern. Am Ende fühlt man sich schlicht wie ein Haufen Scheiße: Wie konnte ich nur jemals auf die Schnapsidee kommen, Amerika würde sich über meine Einreise freuen?

Die Wahrheit ist, ich bin kurz vorm Heulen, als ich realisiere, dass ich bei dem grimmigsten der drei möglichen Beamten gelandet bin. Ohne mich auch nur eines Blickes zu würdigen lässt er umständlich Fingerabdrücke meiner sämtlichen zehn Finger machen. Schade, dass ich nur zehn zu bieten hatte, so viel Spaß wie er daran fand. Im Anschluss daran, endlose Fragen darüber, was ich überhaupt hier wolle, wohin ich fahre, warum ich so was mache, wie meine Firma in dieser Zeit ohne mich überleben könne, wen ich auf Hawaii besuche. Ich antworte folgsam, aber zunehmend gereizt auf alle Fragen und sage zum Schluss, dass ich einige Leute besuche. »Ja, wen denn?« Ich erwidere, »die kenn ich nicht«. Pause. Wenn ich diese Leute nicht kenne, dann könne ich sie ja auch nicht besuchen! Däh! Na toll, denke ich, jetzt verstricke ich mich schon wie ein Angeklagter in widersprüchlichen Aussagen. Ich fühle mich des Tatbestands der Einreise überführt und habe keinerlei Rechte. Ich bin nur ein lästiger Eindringling. Nun muss ich mich auch noch selbst verteidigen und darf keine Fehler machen. Sonst wandere ich schnurstracks in den Knast statt zu den ersehnten Kokosnussstränden. Und das Wort »besuchen« war ein solcher Fehler. Ich habe es falsch benutzt in meiner Ignoranz und Blauäugigkeit. Da gilt auch die Entschuldigung nicht, dass Englisch nicht meine Muttersprache ist.

Es hat keinen Sinn in dieser Situation über den Begriff »besuchen« zu streiten. Ich sage nur »OK, dann besuche ich sie eben nicht, sondern treffe sie zum ersten Mal.« Keine wirkliche Zufriedenheit auf der Officer-Seite. Er hat sichtlich keine Lust mehr auf dieses Frage-und-Antwort-Spiel, oder ich habe mich einfach zu blöd angestellt.

Stattdessen befiehlt er mir, mich aufrecht hinzustellen und ihm in die Augen zu sehen. Er nimmt meinen Reisepass und hält ihn mit ausgestrecktem Arm neben meinen Kopf hoch, während er seinen abschätzenden Blick zwischen meinem Pass und mir hin- und herwandern lässt. Er lässt mich diese

Prozedur zirka fünf Minuten lang ertragen. Was mich zunehmend daran zweifeln lässt, dass es sich tatsächlich um mich auf dem Passfoto handelt. Bis er endlich die Frage auf mich abfeuert: »Are you sad?« Ich denke, hä, was ist das denn für eine Frage? Na dann hättest du dein Ziel ja erreicht, mich klein zu kriegen und traurig noch obendrein.

Natürlich gibt es auch für diesen Fall ein Schild, während man in der Schlange vor dem gefürchteten »Immigration«-Schalter wartet. Mit der Anweisung für das korrekte Benehmen: *»Don't joke!«* Dieses Schild halte ich entschieden für irreführend. Wem bitte ist denn jetzt noch nach Scherzen zumute? In mir kocht es vor Wut. Ich bin müde und könnte diesem Berufsmarterer geradewegs ein paar auf seine grimmige Zwölf hauen. Was geht dich mein Befinden in Bezug auf meine Einreise an? Lasst ihr nur hellwache Leute auf Speed rein, die euer Bruttosozialprodukt in fünf Minuten um dreitausend Prozent steigern? Oder ist Müdigkeit ein Virus wie Ebola, vor welchem die US-Bürger mit Hilfe des Secret Service geschützt werden müssen?

Trotz der steigenden Wut bemühe ich mich redlich, etwas Sachdienliches zu sagen – und das so nett wie nur irgend möglich. Mit den Immigration Officers ist nämlich nicht zu spaßen. Dafür gibt es aber kein Schild, das muss man von sich aus wissen. Mein Gestammel hat ihn anscheinend hinreichend zufrieden gestellt, so dass er sich in einem fulminanten Finale zu dem langen Satz hinreißen lässt: »That's it, I only wanted to see you smile.« Wo lernen die, so systematisch zu demütigen? Und, lasst mich endlich rein hier, ich kann nicht mehr. Wobei mich inzwischen schon übelste Zweifel beschleichen, ob ich das überhaupt noch will. Ich habe Angst und will am liebsten nur noch heim zu meiner Mami. Aber just in diesem Moment zeigt mein ausdauernder Peiniger einen Anflug von Gnade, oder ich langweile ihn bloß noch. Er winkt nach seinem nächsten Opfer und mich endlich durch, also stapfe ich, sichtlich erleichtert, in Richtung Freiheit!

Nach all diesem Stress sitze ich also am Gate in Los Angeles und überlege, ob ich mich *»welcome«* fühle, ob ich wirklich gerne hier bin. Ob ich das hier wollte? *I don't know*. Nach innen geht hier jedenfalls noch nichts. Ich bleib dann mal im Außen.

Ich besteige meinen letzten Flieger für heute und habe die Vorstellung eines netten, kleinen Kurzstreckenflugs, kann ja nicht mehr weit sein. Ich dachte Hawaii ist wie Helgoland, irgendwo kurz vor der Küste. Denkste, ich muss noch weitere sechs Stunden Flugzeugsesselpupsen hinter mich bringen, bevor ich wieder lande. Das ist hart, besonders, nachdem es auf dem gesamten Flug der American Airlines nichts, aber absolut nichts zu essen gab. Ich befürchtete schon, auf einem Entführungsflug zu sein. Nur in solchen Fällen habe ich nämlich davon gehört, dass die Passagiere nichts zu essen bekamen.

Bei uns kriegt man auf jedem einstündigen Kurzstrecken-Billigflug noch ein Sandwich und einen Kaffee. Was ja an sich auch nicht gerade üppig ist, mir aber jetzt vorkommt, wie das reinste Schlaraffenland. Für alle, die diese Zeilen lesen sollten, ist diese Episode als Anti-Werbung und kleiner Racheakt gedacht. Leute, ihr könnt fliegen mit wem ihr wollt, nur nicht mit amerikanischen Fluggesellschaften. Euer Geld nehmen sie natürlich, aber euer Wohl liegt denen nicht unbedingt am Herzen. So viel ist mal sicher.

Ich kann mich jetzt aber nicht weiter mit dieser dreisten Kundenunfreundlichkeit aufhalten, denn soeben geht die längste Flugreise meines Lebens ihrem Ende entgegen und erfordert meine ganze Aufmerksamkeit. Kurz vor Landung werde ich noch von einem der schönsten Sonnenuntergänge aller Zeiten überrascht. Er ist von der Sorte, wie man sie nur in Flugzeugen auf diese luftige, erhabene Weise erleben kann, weil man so hoch über den Wolken und über allem Irdischen schwebt.

In einem bombastischen Szenario setzt sich die Sonne mitten in einem feurigen, orangeroten Streifen vor dem Hintergrund eines absolut stahlblauen Horizontes auf das Perfekteste in Szene und verleitet mich absurderweise dazu, mein erstes Foto zu schießen. Aus einem verdreckten Flugzeugfenster, unter Sinkfluggewackel und mit fremden Köpfen im Bild. Na prima! Das werden bekanntlich die schönsten Fotos, womit man dann die Daheimgebliebenen erst quälen und dann zielsicher in Tiefschlaf versetzen kann. Aber egal, Hauptsache dieser Moment ist im Kasten, für alle Ewigkeit!

Ich lande in Hawaii, Big Island, der größten der hawaiianischen Inseln. Genauer, auf dem Kailua Kona International Airport! Imposanter Name für einen kleinen Open-Air-Airport, bestehend aus ein paar niedlichen, bambusgedeckten Hütten und sonst nichts! Die Gangway hinunter auf das Rollfeld falle ich eher, als dass ich laufe. So platt bin ich mit Beinen wie Gummi. Die Luft ist unangenehm feuchtwarm, wie in der Dampfsauna. Mir kommt wahrscheinlich nur der Kontrast zu der eisgekühlten, staubtrockenen Air-condition-Luft im Flugzeug so extrem vor. Darüber kann ich jetzt nicht weiter nachdenken. Denn das hier ist Hawaii, mein Ziel. Endlich. Hallo Hawaii, ich hab's geschafft, ich bin *da-ha*!!!! Aber nix »Hallo« mehr. Ab jetzt heißt das hier Aloha!

Nachdem ich gefühlte drei Tage auf Reisen war, muss ich vor lauter Freude und Erleichterung, endlich am Ziel zu sein, ein paar Tränen verdrücken. Dann kann ich meine Koffer vom Open-Air-Gepäckband ziehen und in freudiger Erwartung, aber sichtlich erschöpft, meinen Weg zum Autovermieter suchen. So klein wie der ganze Flughafen auch ist, aber zum Mietwagen muss ich echt mit dem Airport Shuttle fahren ... Und während der Bus im Schneckentempo über abgelegene Sträßchen vor sich hintuckert, versuche ich, den weiteren Ablaufplan vor mein inneres Auge zu rufen.

Es ist schon ziemlich spät, und ich muss noch zu dem vereinbarten Treffpunkt, wo meine Gastgeberin auf mich wartet. Zur Tankstelle in Captain Cook. Das ist der Name dieses Ortes. Benannt nach Captain James Cook, einem waschechten Weltenbummler, der nebenbei noch als Entdecker tätig war.

1778 war er mit dem Segelschiff auf sämtlichen Weltmeeren unterwegs, aus Abenteuerlust und weil er was Wichtiges für die Briten suchen sollte. Nämlich die geheimnisumwitterte Nordwest-Passage, die zukünftig ermöglichen sollte, Nordamerika bequem im Norden zu umschiffen. Hat er aber nicht gefunden, so sehr er auch überall danach gesucht hat. Als er sich dann eines weiteren erfolglosen Morgens im vereisten Polarmeer, zwischen mehreren Eisschollen eingeklemmt, wiederfand, und kurz vorm Erfrieren war, war seine Entdeckerlust definitiv auf den Nullpunkt gesunken. Da ist er unverrichteter Dinge wieder umgekehrt. Und das war sein Glück, denn so hat er statt der Nordwestpassage, ganz zufällig die hawaiianischen Inseln entdeckt. Und die waren wärmer, schöner und für die Kolonialherren am Ende sogar noch viel wertvoller als das ursprüngliche Objekt der Begierde.

Das brachte ihm zwar viel Ruhm ein, aber leider auch den Tod. Denn irgendwie muss ihn wohl der dauerhaft einseitige Umgang mit seiner Mannschaft kommunikativ verstümmelt haben. Der Ärmste hatte nämlich echte Probleme, mit den Eingeborenen entspannt Konversation zu betreiben. Das hat diese Wilden so gründlich in Kriegsstimmung versetzt, dass sie kurzen Prozess mit ihm gemacht haben.

Vermutlich sind ihm auch beim Anblick der kakaobraunen Häuptlingsfrau die Sicherungen durchgebrannt. Denn als Seefahrer hatte der tapfere Kapitän zwar jede Menge Abenteuer, aber eben nicht mit Frauen. Das würde erklären, warum die Wilden ihn obendrein noch übel zugerichtet haben. Leider kein Happy End für den alten James. Diese Aktion ist unwiderruflich schief gelaufen.

Nun hatten die Hawaiianer von da an bedauerlicherweise auch keine guten Karten mehr. Weil ab jetzt galten sie, ganz offiziell, als entdeckt. Schluss mit dem unbeschwerten Leben im Paradies. Kein Hula-Tanzen, Singen und Umherlaufen im Adamskostümchen mehr. Stattdessen hat das Imperium ihnen Gastarbeiter geschickt, die gründlich in Hawaii aufräumen sollten, und einen Haufen fremder Missionare, die ihnen fortan mächtig auf die Nerven gingen. Denn sie verhängten als erstes eine neue Kleiderordnung gegen die natürliche Blöße, und erfanden so das berühmte Baströckchen. Und zweitens wussten sie immer alles besser, obwohl sie sich Nullkommanull nicht auskannten. Wie immer, wenn sie ungebeten irgendwo bei fremden Leuten aufgetaucht sind.

Ich muss doch tatsächlich eine geschlagene Stunde auf mein Mietauto warten. Das ist einsamer Rekord. Und die Krönung ist, sie haben nicht mal eine akzeptable Entschuldigung parat. Es gibt schlicht und ergreifend gar keine Erklärung. Vielleicht ist der Grund nur für solch unwissende Ausländer wie mich nicht erkennbar? Aber trotz meiner Müdigkeit will ich unbedingt diesem Rätsel auf den Grund kommen. In meinem Hirnkasten rattert's kräftig. Bis er die traurige Geschichte von dem Seefahrer James ausspuckt. Ja genau, das Schlangestehen muss definitiv ein altes Begrüßungsritual der Eingeborenen sein. Man ist sicher gut beraten, wenn man die Spielregeln befolgt, sich ohne großes Federlesen gleich dem Zeremoniell unterwirft und geduldig wartet.

Der Mietwagen ist ein amerikanisches Fabrikat und hat so seine Macken. Amerikanische natürlich. Und die bleiben außerhalb meiner Erfahrungswelt. Ich hab jetzt ausreichend Zeit, mich damit auseinanderzusetzen, denn die Fahrt ist unerwartet lang. Auf der Karte sah alles viel kürzer aus. Im Dunkeln habe ich Mühe, den Weg zu finden und gleichzeitig die Schilder zu lesen. Aber das liegt wohl auch daran, dass ich nicht multitaskingfähig bin.

Angestrengt schaue ich in die Dunkelheit und versuche irgendetwas zu erkennen, woran ich mich orientieren könnte. Ich sehe nichts außer Regen, der plötzlich heftig auf die Scheibe klatscht. Und ich brauche zu lange, bis ich den Scheibenwischer gefunden habe und die Scheibe wieder klar wird. Trübe Sicht, Sekunden des Blindseins, im Regen, der für drei Tage nicht mehr richtig aufhören will. Aber das weiß ich zu diesem Zeitpunkt gottlob noch nicht. Ich fühle mich unsicher, halb nachtblind, hungrig und sehr müde. Meine Ausrüstung ist bedauerlicherweise nicht imstande, auch nur eines dieser stimmungsdämpfenden Probleme zu lösen.

In meinem erschöpften Kopf geistert nur noch ein Gedanke herum: ein Bett! Das ist das erste, was ich Gwyn sage, nachdem sie mich freudig mit Aloha! begrüßt hat. Meine Gastgeberin Gwyn, die Delfinfrau! Sie sieht aus wie eine keltische Prinzessin aus König Artus' Tafelrunde. Mein Bett sei wirklich nur noch einen Katzensprung entfernt, besänftigt sie mich. Und sie habe exotische Früchte zur Begrüßung hergerichtet. Oh ja, Prinzessinnen, Gelage mit Früchten und gebratenen Tauben, Wein und Kerzenschein. Ich befinde mich schon im fortgeschrittenen Stadium meines Übermüdungsdeliriums. Dumpf dringen ihre Worte an mein Ohr, von altertümlichen Schwertern, heiligen Gralen und wilden Tafelrittern, die bereits an der Tafelrunde auf uns warten. Au fein!

Zunächst ist aber erst mal nichts mit Träumen. Wir fahren über die harte, vermutlich holprigste Straße Hawaiis, mit Schlaglöchern, so groß, dass ich Angst habe, ich bleibe mit meinem frisch gemieteten Auto drin stecken und bin nicht mal dagegen versichert. Hilfe! Und das, wo ich eben alle acht unterschiedlichen Zusatzversicherungen, die das Car-Rental mir aufschwatzen wollte, aus Prinzip und Kostengründen vielleicht ein bisschen voreilig abgelehnt habe. Ein Fehler möglicherweise, wie ich nun eingestehen muss. Unversichert unsicher rumpele ich nun in meinem Auto von Loch zu Loch. Immerhin bin ich wieder hellwach!

Wie kommen eigentlich diese vielen Löcher hierhin? Rühren sie vielleicht noch von den Kanonenkugeln der Cook-Invasion? Hatten die überhaupt Kanonen? Mit Sicherheit. Aber schwer vorstellbar, dass sie damit geschossen haben. Denn die Einheimischen haben den Sieg lediglich mit Pfeil und Bogen bewaffnet errungen. Das hätte gegen Kanonenkugeln wohl kaum funktioniert.

Es gibt Steigungen auf den allerwinzigsten Dschungelsträßchen von über 20 Prozent, die ich mit meinem labbrigen Automatikgetriebe fast nicht schaffe. Ja, hätte ich mal besser einen Wagen mit Gangschaltung genommen. Damit wär's entschieden leichter gegangen. Nur leider ist das hier nicht üblich. Die Amis wollen auf diese Weise vermutlich nur verhindern, dass alle so rasen wie bei uns. Na ja, wenn's hilft. In Amerika fährt man Automatik. Kommst du mit Gangschaltung an, giltst du als Exzentriker oder als Europäer, was dasselbe ist. Und als Weichei obendrein, wenn man mit dem Schaltgetriebe nicht mal einen Porsche fährt, sondern bloß so eine Gurke wie ich hier.

Und das Schlimme ist, selbst Porsches haben hier Automatikgetriebe. Keine Ahnung, warum Porsche seine Auslandsmärkte auf Kosten solcher Imagesünden bedient. Der alte Ferdi hätte darüber mit Sicherheit einen Herzkasper gekriegt, und wäre auf der Stelle tot umgefallen, wenn er nicht längst friedlich in seiner Urne in Zell am See ruhen würde.

Alles schön und gut, aber wer rechnet denn auch mit derart abenteuerlichen Geländefahrten? Ich war der einfältigen Annahme, dass ich auf einer schön flachen Insel bin, am Meer, niedlich und leicht verdaulich. Nicht in solch einer anspruchsvollen alpinen Rallyewelt, die einem die Schweißperlen auf die Stirn treibt, wenn man die Straßen nur anschaut. Aber die Tropen scheinen voll der steilsten Straßen überhaupt zu sein. Auf den Seychellen war das auch so. Man stelle sich bloß mal vor, unglaubliche 30 Prozent Steigung! Nur war die Straße dort wesentlich luxuriöser und besser in Schuss, und das Fahren wurde von einem ortskundigen Chauffeur erledigt ... Seufz!

Diesen wundervoll luxuriösen Fahrservice hätt' ich jetzt auch gern. Vielleicht bin ich aber auch etwas undankbar. Da wird mir hier nach nicht mal 30 Minuten Aufenthalt volles Unterhaltungsprogramm mit 1a-Abenteuer geboten. Achterbahnfahren im Dunkeln, Schlaglöcher-Rallye, alles Dinge, die im Phantasialand als Hauptattraktionen teuer gehandelt werden. Aber ich Banause will bloß meine Ruhe. Dafür hätte ich nun wirklich nicht 13.000 Kilometer fahren müssen. Ruhe und Frieden hätte ich in meinem Bett zu Hause im Überfluss haben können.

Gwyns Haus ist wunderschön, aber die Bucht von *Kealakekua Bay* und das landschaftliche Drumherum bleiben mir weiterhin verborgen. Es ist immer noch dunkel. Die Nacht ist so pechrabenschwarz, schwärzer geht's nicht. Nicht weiter schlimm, ich will nur noch ins Bett. Ich beziehe also mein schönes hawaiianisches Zimmer und bin schockiert. Das Bett riecht modrig, sauer, verschimmelt! Überhaupt ist alles klamm und kalt. *Help, please!* Das betrachte ich jetzt als einen *Worst-Case*! Nun ist guter Rat teuer. Und ich bin übermüdet und am Ende und mir tut der Rücken weh. Speziell nach dieser abenteuerlichen Schlaglöchertour durch die unbekannte, nächtliche Pampa. Gescheit nachdenken kann ich jetzt wirklich nicht mehr, schon gar nicht über Anti-Geruchs-Lösungen.

Natürlich habe ich nicht daran gedacht, die »Kluge Hausfrau« einzupacken, den Ratgeber mit Lösungen für alle möglichen und unmöglichen Lebenslagen, und deshalb habe ich jetzt auf die Schnelle absolut keinen klugen Rat parat. Kurzerhand hole ich das große Duschtuch aus dem Bad, schnuppere daran, befinde es für passabel und decke die Kopfpartie damit ab. Es funktioniert nicht recht, denn der Geruch ist überall. Mir dämmert, er will mich ärgern, und das ruft dann doch meinen Kampfgeist auf den Plan. Während ich fieberhaft nach einer Lösung gegen den unsichtbaren, aber stark muffenden Feind suche, schlafe ich vor lauter Erschöpfung mitten auf dem Schlachtfeld einfach ein.

Nach zwei Stunden jedoch, bin ich wieder hellwach. Schade. Draußen ist immer noch schwarze Nacht. Und ich sehe immer noch NICHTS. Aber wer muss schon sehen, wenn er hören und riechen kann. Ich höre also den endlosen Regen, wie er in den Urwald prasselt, auch das unheimliche Geschrei der tropischen Vögel. Und ich rieche meinen Feind, den Modergeruch, der noch nicht gestorben ist, sondern weiterhin darauf aus ist, mich vom Schlafen abhalten! Ein Szenario, das eher gruselig als paradiesischen anmutet.

Einmal wach, kann ich auch ebenso gut aufstehen. Denn wach, das bin ich jetzt, ohne Zweifel. Vielleicht sollte man Modergeruch als Speed-Ersatz verkaufen. Funktioniert jedenfalls prima als Aufputschmittel und die Gewinnspanne ist auch besser, weil der Einkaufspreis praktisch gleich Null ist. Andererseits ist mein Zustand auch kein übergroßes Wunder, denn nach meiner Heimatuhr wäre es jetzt mitten am Tag für mich. Ich versuche Licht zu machen. Das geht aber nicht, da alle Lampen kaputt sind. Bis auf die ziemlich funzelige Bettbeleuchtung. Kaputte Lampen scheinen ein generelles Problem in Hawaii zu sein. Sie vertragen die viele Feuchtigkeit wohl auch nicht gut. Also kein Licht. Im Halbdunkel suche ich systematisch das gesamte Appartement nach einer Lösung ab.

Im Bad finde ich einige Flaschen mit Duftwässerchen, die ich als geeignete Waffen und todbringende Gegenmittel einsetzen könnte. Ich entscheide mich für ein edles Körperspray *Orange-Blossom*, das dran glauben muss, und das ich überall hin sprühe. Ohne Erfolg. Vermutlich weiß diese kostbare Lotion, dass sie nicht auf einem betörenden Astralkörper gelandet ist, sondern auf einem verschimmelten Kopfkissen und will daher einfach nicht duften. Okay, scheidet also als geeignete Waffe aus. Dann versuchen wir es eben mit Ablenkung oder Betäubung. Oder beidem. Mit Alkohol kann ich leider nicht dienen, zu doof aber auch. Dafür mit Wasser in rauen Mengen. Hab ich zwar noch nie als Betäubungsmittel benutzt, aber irgendwann ist immer das erste Mal. Wenn man eine Überdosis davon trinkt, kann man sogar an Wasser sterben. Das habe ich von Ranga Yogeshwar gelernt, in einer seiner Quark-Sendungen, ohne zu ahnen, dass mir dieses TV-Wissen jemals von solch überlebenswichtigem Nutzen sein könnte. Also da soll nochmal einer behaupten, Fernsehen bilde nicht.

Gut, ich trinke also literweise Wasser. Und während sich auf diese Weise mein Inneres langsam dem äußeren Aggregatzustand anpasst, vertreibe ich mir nebenbei die Zeit mit endlosen Patiencen auf meinem iPhone. Es ist ein tröstliches Gefühl, wenn sich wenigstens in der Welt der Patiencen die Dinge zuverlässig in Wohlgefallen auflösen.

Danke du liebe Technik. Nie, nie wieder werde ich irgendein schlechtes Wort über dich sagen! Das gibt einen ultrafetten Liebespunkt auf dem Apple-Hass-Liebes-Barometer. Ich bin nämlich absolut *not amused*, wenn mich diese eigenwillige Apple-Technik mal wieder auf die Palme bringt, weil sie im höchsten Maße unpraktisch und bedienerunfreundlich ist. Heute jedoch hat sie es tatsächlich geschafft, mich erstklassig abzulenken und eine größere Menge an Zeit für mich totzuschlagen. Und so bin ich, zumindest bis zum nächsten Technikausfall, gut versöhnt.

Irgendwann in den Morgenstunden habe ich eine Eingebung und beschließe, meine gesamte Wahrnehmung, besonders aber meinen schrecklich empfindlichen Geruchssinn einfach auszuschalten. Aus und weg. Das war die Idee. Und die beste Maßnahme bis jetzt. Daraufhin falle ich endlich in einen erlösenden Schlaf, aus dem ich kaum jemals wieder erwachen möchte. Denn ich träume vom Land der Wattebauschriesen, wo Geräusche, Gerüche und Regen lautlos von sehr lebendigen, überdimensionierten Wattebergen aufgesogen werden und einfach auf Nimmerwiedersehen verschwinden.

Zweiter Tag

Es ist es heller Tag, als ich die Traumwelt dann doch irgendwann verlasse. Der Übergang in die Klarheit des Erlebens fällt mir schwer. Ich bin vollkommen durcheinander und weiß nicht mehr wo ich bin. Ich versuche mich aus der wohligen Watte des Schlafes zu packen und mich zu orientieren. Eine Brise Moder, die meine Nase streift, reicht jedoch aus, um mich wieder voll ins Bild des Geschehens zu setzen. Mit einem Schlag bin ich absolut putzmunter.

Ich schaue auf die Uhr. Es ist fast Mittag. Also Mitternacht bei mir zu Hause. Ich krieche langsam und mit steifen Gliedern aus dem Bett, fühle mich schwindelig und sehr wackelig auf den Beinen. Außerdem ist mir bisschen schlecht. *Hilllfe, isch happ Kreislauf!* Aber endlich sehe ich was! Tropischen Regenwald im Regen! Und nasse, tropische Vögel die im Dschungel herumkreischen, unterlegt mit nach wie vor fettem Regensound. Toll!

Ich sinne darüber nach, ob man daraus eine Regenoper komponieren und damit Konzerte veranstalten könnte. Eine mögliche Marktlücke? Wer könnte so etwas sehen wollen? Mir fällt spontan erst mal keiner ein. Aber es gibt bestimmt genug Freaks, die alles toll finden, was irgendwie abgefahren ist. Hauptsache außergewöhnlich. Schön muss es nicht unbedingt sein. Es soll ja Leute geben, die lauschen verzückt den Gesängen der Wale oder den Ortungsschreien der Fledermäuse. Oder irgendwelchen Geräuschen von Außerirdischen im Weltall. Ja, es gibt sogar Leute, die hören sich Opern an und finden das toll. Warum nicht auch tropische Vogelopern?

Ich verlasse mein Appartement und gehe auf den Lanai. So heißen die Terrassen, die in Hawaii zur Grundausstattung eines jeden Heims gehören. Die Aussicht, die ich von hier oben habe, ist atemberaubend. Man kann die gesamte Küste und die gesamte umwerfend schöne *Kealakekua Bay* überblicken. Wer es schafft, diesen Zungenbrecher beim ersten Anlauf fehlerfrei auf meine Mailbox zu sprechen, dem spendiere ich ein Kölsch! Vor mir liegt ein weitläufiger Abhang, der sich bis zum Meer erstreckt. Ich bin ziemlich erstaunt, dass ich mich so hoch oben am Berg befinde. Es sieht gar nicht so hoch aus. Aber sicher, denn mir fallen die 20 Prozent Steigung von gestern Abend wieder ein.

Ansonsten ist Gwyns Haus umgeben von tropischem Regenwald, Farnen und Lianen, Palmen, Mangos, Bananenbäumen, Papaya und allem möglichen Exotischen, das hier wild durcheinander wächst. Diese feucht-milde Landschaft hat nichts mehr von ihrem nächtlichen Schrecken. Es ist herrlich und wunderschön – und sehr warm. Sogar der Tropenregen, der schwül und mit ungebremster Ausdauer weiterhin aufs Dach und die gesamte Botanik niederprasselt, hat etwas Beschützendes an sich. Ein Wald aus Regen. Und voller Regen. Daher vermutlich auch die Bezeichnung Regenwald. Er reicht selbst bis in die letzten Winkel meines Gemüts und durchtränkt meine Gedanken, bis auch die anfangen zu schwimmen. Ich stelle fest, Regen ist nicht gleich Regen. Dieser Regen hier mit seiner intensiven, zähen Feuchte hat etwas Dominantes. Er zwingt mich, aus der Hektik und dem absichtsvollen Tun auszusteigen – und nur zu schauen. Es gibt nichts zu tun, das ist die Lektion 1: Lasst euch mal so richtig vollregnen. Ganz einfach so! Könnte zwar etwas nass werden, aber auch wunderschön heilsam.

Meine keltische Prinzessin hantiert bereits geschäftig in der Küche. Die Zubereitung eines exotischen Frühstücks ist in vollem Gange. Sie macht Kaffee und widmet sich gerade dem Drapieren diverser Früchte. Stolz zeigt sie mir die bunt Vielfalt der Sorten. Also, ich kenne keine einzige davon. In ihren Signalfarben sehen sie so gefährlich aus, als ob man sie auf keinen Fall essen dürfte. Jede Frucht wird auf eine spezielle Art und Weise aufgeschnitten und hergerichtet. Diese Technik will ich unbedingt lernen, speziell für Mangos, die ich geschmacklich zwar sehr liebe, aber im Handling immer äußerst problematisch fand. Gwyns Mango sieht perfekt und überaus köstlich aus. Ist sie auch. Es ist die köstlichste Mango, die ich jemals in meinem Leben gegessen habe. Mit den Mangos, die zu Hause so im Angebot sind, hat diese Frucht aber rein gar nichts gemeinsam. Wunderbar! Gut, dass ich mal eben rüber gejettet bin, um den Mangoteil meines Fruchtweltbildes zurechtzurücken.

Auf den Kaffee bin ich auch schon ganz scharf. Ich habe richtig Schmacht danach. Auweia Leute. Herbe Enttäuschung auf der ganzen Linie, als ich in freudiger Erwartung dieses heißgeliebten Gebräus einen ersten, gierigen Schluck nehme. Absolute Fehlanzeige. In diesem Kaffee ist alles, bloß irgendwie kein Kaffee. Ich frage Gwyn, was das für ein Zaubertrunk sei. Also zunächst ist mal entkoffeiniertes Kaffeepulver drin, das sie durch eine dieser fürchterlichen Presskannen gejagt hat, die sich unbegreiflicherweise so hartnäckig und weltübergreifend in den Küchen halten. Warum nur? Weil sie so spitzenmäßigen Kaffee kochen? Wohl kaum, denn jede Tasse besteht mindestens zur Hälfte aus Kaffeesatz. Keine Ahnung, was daran so toll ist, wenn man sich nach jedem Schluck eine Million winziger schwarzer Krümel aus den Zähnen pulen muss. Aber bei ihrer Maschine handelt es sich ja vielleicht um ein Erbstück aus der Ritterküche von König Artus.

Dazu kommt bei Gwyn jetzt noch Mandelmilch, die nicht einmal null Prozent Fett hat, ergo auch null Geschmack, und sich in Verbindung mit dem Kaffeesatz sofort grau färbt. Schüttel. Und sie tut Sirup statt Zucker rein. Ist eh klar, Zucker geht gar nicht, denn der ist ja total schädlich und ein Öko-

No-Go. Er muss daher unter allen Umständen ersetzt oder – besser noch – ganz vermieden werden. Man stelle sich diesen Shake mal bitte geschmacklich vor. Und das bezeichnet Gwyn nun als Kaffee! Meine Tasse Kaffee am Morgen ist das einzige was ich wirklich unbedingt will und brauche! Und egal, in welchen Winkel des Planeten ich schon gereist bin, ich komme immer wieder zu dem gleichen Ergebnis. Den besten Kaffee gibt es nur mit dem richtig kalkhaltigen Kölner Wasser, schön mit der Hand gebrüht! Hmmmm! Was würde ich jetzt dafür geben!

Ernüchterung kehrt schlagartig ein, als sich mein Blick auf den blässlich-gräulichen Inhalt meiner Tasse senkt. Diesen Humpen werde ich tapfer austrinken. Germanen schwächeln schließlich nicht. Und wegen Öko-Kaffee schon erst recht nicht! Da lachen ja die Hühner. Aber das sind auch die einzigen, die da noch lachen können. Die stehen bekanntlich eh auf Wasser. Aber von jetzt an steige ich definitiv und unauffällig auf Tee um. Nur Teebeutel in die Tasse hängen und gut ist es. Dabei gibt's auch in Amiland hoffentlich nicht viel falsch zu machen. Mein Bedarf an Kaffee-Fakes ist fürs Erste jedenfalls gedeckt. Eins zu null für die Hawaii-Ökos.

Der Esstisch, auf dem unser Frühstücksgelage stattfindet, ist der absolute Hammer. Wahrscheinlich direkt aus der Tafelrunde ausgesägt. Er steht inmitten dieses unglaublichen Luxuspanoramas und bietet die volle Aussicht auf die gesamte Küste. Ich bin sofort besänftigt und die Kaffeekrümel in meinen Zähnen sind Schnee von vor fünf Minuten. Man hat das Gefühl als schwebe man hoch über dieser herrlichen Landschaft, wie in einer Art Schwebebahn. Wenn die Hawaiianer nun damit liebäugeln, ihre Küsten mit Schwebebahnen auszustatten, befürchte ich, dass sie schwer enttäuscht werden. Denn dummerweise sind die Rechte für den Betrieb von Schwebebahnen bereits vor langer Zeit exklusiv von den Wuppertalern beansprucht worden. Und das, wo es in Wuppertal nicht mal was zu sehen gibt! Und das, was man dann sieht, nicht einmal besonders schön ist. Die Leute kommen im Prinzip nur wegen der Schwebebahn nach Wuppertal, das ist die einzige Attraktion dort. Und deshalb würden die Wuppertaler sie auch nie wieder kampflos hergeben, selbst wenn der hawaiianische Häuptlingskönig höchstpersönlich in komplettem Ornat vor dem Wuppertaler Rathaus auf Knien darum bitten würde. Also damit ist das Thema dann wohl vom Tisch: keine Schwebebahn für die Hawaiianer. Das Leben kann in einigen Teilaspekten sehr grausam sein.

Gwyn fährt weg, ein paar Besorgungen machen. Als sie wiederkommt, legt sie mir einen original hawaiianischen Lei um den Hals. Das sind die bekannten, traditionellen Blütenkränze, die man als Willkommensgruß erhält. Es ist ein alter, polynesischer Brauch und wird nicht nur zur Begrüßung verschenkt. Ein Lei kann noch ganz viele Nebenbedeutungen haben. Zum Beispiel als Zeichen der Verbundenheit bei Hochzeiten, oder zur Besiegelung bedeutender, politischer Entscheidungen. Oder bei Volksfesten, einfach nur so, zur Freude. Und weil sich die Menschen hier viel freuen, gibt es einen ganzen Lei-Industriezweig, der stets für reichlich Nachschub an Blüten und Freude sorgt.

Die Kränze werden meist aus Hoya- oder Plumeria-Blüten geflochten, die sehr stark duften und vermutlich eine Unterart unseres Rhododendrons sind. Der ist ja eigentlich japanischer Herkunft. Dabei stellt sich die Frage, wie der wohl nach Hawaii kommt. Für uns klingt das irre weit, aber Japan liegt für Hawaiianer ja quasi ums Eck und wird als direktes Nachbarland betrachtet, auch wenn es immerhin noch 6.000 Kilometer entfernt ist. Aber was sind schon 6.000 Kilometer für so ein Samenkörnchen? Das fliegt mal eben so aus Jux und Dollerei nach Hawaii, um eine neue Familie zu gründen, und nimmt zu diesem Zweck auch gleich einen neuen Namen an, Plumeria in diesem Fall. Das Ganze ist eine Art Völkerwanderung der Samen, wenn man so will.

Jedenfalls benötigt eine fleißige hawaiianische Lei-Flechterin pro Kranz zirka 200 bis 400 Blüten. Natürlich von vorne bis hinten selbst gebastelt, Ehrensache. Nur die Exemplare, die man in den Flughäfen sieht, sind aus reinem Plastik und nicht von Menschenhand hergestellt. Wer also auf Nummer sicher gehen will, macht am besten den Schnuppertest. Die Flughafenkränze riechen eindeutig nach Plastik und es ist sehr wahrscheinlich, dass auch kein einziger der mutigen Auswanderersamen beteiligt ist.

Mein Lei duftet herrlich und ist wunderschön! So üppig und traditionell geschmückt, kann ich nicht widerstehen, mich im Spiegel zu bewundern und finde, dass ich aussehe wie eine polynesische Prinzessin. Dabei habe ich keine Ahnung, wie die wohl aussehen mögen. Ja, ich weiß ja nicht mal wie Polynesier generell so ausschauen. Aber ich glaube, haargenau so wie ich jetzt, nur etwas gebräunter vielleicht. Leider bin ich nicht so lecker schokobraun, wie man sich das wünschen könnte. Eher von europäischer Stressblässe gezeichnet, wenn ich ehrlich bin. Aber die Sonne will ja partout nicht scheinen. Darum ist Braunwerden erst mal kein aktueller Programmpunkt.

Ich mache mir Gedanken, wie ich den kostbaren Blütenkranz am besten frisch halten könnte, denn ich will so lange wie möglich etwas davon haben. Dank der extremen Luftfeuchtigkeit fühlt er sich an der ganz normalen Luft so wohl wie manche Blume in einer Vase voller Wasser. Er überlebt ohne direkten Wasserkontakt ganze drei Tage. Immerhin, eine überraschend positive Kehrseite der Feuchtigkeitsmedaille.

Doch kommen wir nun zu den etwas pikanteren Themen. Es stellt sich nämlich heraus, dass Gwyn einen kleinen Krieg mit Tom, dem Hausmeister ihres Vermieters hat, der ebenfalls auf diesem Grundstück wohnt, und das

Anwesen instand halten soll. Gwyns Angaben zufolge handelt es sich um einen hawaiianischen Proleten, der systematisch mit ausgeklügelten Attacken ihren heiligen Frieden stört.

Zu seinem Übergriffsrepertoir gehört, dass er trinkt und laut wird, immer ausgerechnet dann, wenn sie auf Ruhe für ihre Workshops mit den Gruppen oder für Therapiestunden mit ihren Klienten angewiesen ist – oder schlicht mal Ruhe für sich benötigt. Dann veranstaltet er lärmende Partys, grölt herum und wirft irgendwelche Gegenstände an die Wände, so dass es nur so scheppert und immer einen Haufen Scherben hinterlässt. Tom selbst findet sein Verhalten ganz normal und in Ordnung, aber Gwyn nicht, und sie regt sich mächtig darüber auf. Zumal sie so gut wie nichts gegen ihn unternehmen kann. Sie ist lediglich Mieterin dieses Tropendomizils. Hausmeister-Tom wurde vom Vermieter engagiert und war ganz klar vor ihr da. Sie hat ihn quasi mitgemietet, mitsamt seinem schlechten Betragen.

Des Weiteren hat sie eine Fehde mit Bill, das ist ihr Nachbar, der unterhalb ihres Anwesens wohnt. Gwyn zufolge ist Bill ebenfalls ein hawaiianischer Macho. Der Unterschied ist, Hausmeister-Tom ist ein Zugezogener und Bill ein Gebürtiger. Wie man sieht, ist es in beiden Fällen möglich, Proletenstatus zu erlangen. Der eine, weil er dauernd Krawall schlägt, wenn er besoffen ist, und der andere, weil er wegfährt und seine vielen Hunde einfach sich selbst überlässt, so dass sie sich dann in ihrer Einsamkeit stundenlang heiser kläffen.

Davon bekomme ich an diesem Nachmittag eine beeindruckende Hörprobe. Die Hunde bellen sage und schreibe acht Stunden an einem Stück, bis Gwyn völlig entnervt die Polizei alarmiert. Die gibt sich reserviert und will zunächst gar nicht kommen. Etliche Anrufe später rückt sie schließlich doch noch an, um der Sache, aber wohl eher den aufgebrachten Anrufen Gwyns, ein Ende zu bereiten. Denn eigentlich haben die Beamten null Lust wegen jedem Anruf auszurücken. Obwohl es in Hawaii ein Gesetz gibt, wonach Dauerbellen strafbar ist. Es gibt sogar ein eigenes Wort dafür: 24-hour-barking. Wie ich später erfahren habe, leidet Big Island an einem ganz speziellen Hundelärmalbtraum. Denn dort werden Hunde in Massen gehalten. Skrupellose Wilderer halten sie, um die Wildschweine zu jagen. Manche haben bis zu 30 Hunden. Aber die Besitzer kümmern sich überhaupt nicht um sie. Kein Wunder, dass das Gebell infernalische Ausmaße annimmt und dass die Polizei überfordert ist.

Zurück zu Tom und Bill. Also Bill, das war der, der seinen Kötern das Fressen abgewöhnen wollte. Die sollen schließlich nur jagen, von fressen war nicht die Rede. Bill ist allem Anschein nach ein richtig übler Zeitgenosse, denn er hat noch weit mehr Dreck am Stecken als nur die Vernachlässigung seiner Hundemeute. Wenn er beispielsweise besoffen ist, schreit er stundenlang rum, beschimpft und verhaut alles und jeden, der ihm in die Quere kommt. Dann kann es auch gut sein, dass er in Schießlaune gerät und ein bisschen herumballert. So hat er letztens auf seine Frau geschossen. Dass sein Kind daneben steht und zusieht, stört ihn nicht weiter dabei. Allem Anschein nach aber auch sonst niemanden.

Wenn ich mir vorstelle, dass sich diese beiden Schurken praktisch in meiner Reich-, Hör- und Sichtweite befinden, wird mir ganz mulmig. *Criminals* zum Anfassen sozusagen. *Wow*! Das muss ich erst mal verdauen. So hatte ich mir meine Pilgerreise nach Hawaii nicht vorgestellt. Sightseeing-Attraktionen in Form von Kriminellen sind da ursprünglich nicht vorgekommen. Und schon gar nicht in derartiger Dichte. Zwei auf einer halben Quadratmeile. Ein Übeltäter kommt schließlich selten allein. Ich kenne jedenfalls keinen anderen Ort, der eine ähnliche Quote hätte vorweisen können. Möglicherweise will dieses Kaff in einem Kriminellen-Dichte-Wettbewerb gewinnen.

Vielleicht sind Tom und Bill aber auch nur Überreste des rauen Wild-West-Geistes und können sich nur noch hier in Hawaii so richtig ausleben. Als Radaubrüder und Wilderer. Im inzwischen westlichsten Westen der USA. Der ehemalige wilde Westen Kalifornien hat als solcher seit langem ausgedient. Dort gibt's nur noch Schauspieler, Flower-Power-Alternativos und Schwule. Aber keine harten Cowboys mehr. Daraufhin ist der Wilde Westen ganz einfach nach Hawaii verlegt worden.

Für einen Augenblick stelle ich mir die alltägliche To-Do-Liste von Tom und Bill so vor: Morgens um 8.00 Uhr Zähneputzen, um 10.00 Uhr einen unliebsamen Zeitgenossen erschießen und danach so gegen 12.00 ein Päckchen bei Gwyn vorbeibringen, das UPS bei ihnen abgegeben hat, als sie gerade nicht zu Hause war. Man merkt, ich brauche noch ein bisschen Eingewöhnungszeit im alltäglichen Umgang mit kriminellen Subjekten. Es ist gerade mal mein zweiter Tag. Ich versuche mich soeben, auf weitere Überraschungseier ähnlicher Natur einzustellen.

Gwyn gehört als Prinzessin eindeutig zu den zartfühlenden Wesen. Vermutlich rührt daher auch ihre innige Bekanntschaft mit einem ganzen Bataillon von Engeln. Gwyn ist absoluter Engelfan. Davon hat sie für jede nur erdenkliche Lebenslage und Fragestellung mindestens einen. Sie stehen ihr immer zur Verfügung, egal um welche Angelegenheit es sich handelt und egal wie spät es ist. Das ist toll. Und weil Engel ausschließlich auf das Wohlergehen ihrer Zöglinge fixiert sind, machen sie auch nie Feierabend und arbeiten sogar nachts.

Bei der großen Zahl an Helfern gibt es speziell für Gwyns Belange in der Engelschar einen Vorsitzenden. Das ist der Erzengel Gabriel. Der habe zu ihr den persönlichsten Draht, sagt Gwyn. Und im Übrigen sei er auch noch der Stärkste von allen. Das ist immer gut. Aber auch der könne es nicht mit den

Delfinen aufnehmen. Denn die zählt Gwyn zweifelsohne mit zu den qualitativ besten Engeln.

Engel können nämlich hier auf Erden jede erdenkliche Gestalt annehmen, belehrt sie mich. Wenn man so etwas einmal weiß, muss man natürlich höllisch aufpassen, dass man nicht aus Versehen so einen Kerl, der einem zum Beispiel im Straßenverkehr gerade ganz dreist die Vorfahrt genommen hat, vollmundig ein Arschloch schimpft. Nachher stellt sich womöglich heraus, es war der Erzengel Gabriel in Verkleidung, der es nur ein bisschen eilig hatte, an diesem Morgen zu einem dringenden Einsatz zu kommen. Dieser Inkognito-Aspekt ist schon ziemlich stressig und ganz klar ein Nachteil, weil überhaupt nicht einschätzbar. Das ist das Gleiche wie der Spruch »Gott sieht alles«. Das ist mir auch suspekt und gar nicht recht. Ich will nicht, dass Gott alles sehen kann. Schon gar nicht die Dinge, die ich am liebsten selbst nicht sehen möchte.

Gwyn bekommt also jeden Morgen, wenn sie mit den Delfinen schwimmt, ihr persönliches Engelcoaching. Deshalb wohnt sie genau hier in Captain Cook, einem Ort mit besonders hohem Delfinaufkommen. Dafür ist dieser Küstenabschnitt berühmt. Natürlich ist gerade das Thema »Tom & Bill« bei ihr äußerst aktuell, wozu sie sich intensiv und regelmäßig mit den Delfinen berät. Das beruhigt sie enorm. Ja, aber sie muss doch bemerkt haben, dass das Problem nicht verschwindet und sich in Richtung Lösung rein gar nichts tut. Hausmeister-Tom grölt immer noch herum und Köter-Bill schikaniert weiterhin seine Hunde, und beide ihre gesamte Umwelt.

Ich finde, das mit dem Engelcoaching lässt in derartig schweren Fällen von der Effektivität her eher doch zu wünschen übrig. Nichts gegen die Delfine. Aber vielleicht sollte Gwyn doch jemand Handfesteren in dieser Angelegenheit befragen? Oder zumindest Tom und Bill persönlich zu den Delfinen hinschicken. Oder kurzen Prozess machen und wild entschlossen in die Gegenoffensive gehen.

Ich muss zugeben, ich kann sie bestens verstehen. Mit Lärm kann ich auch nicht gut umgehen. Es ist der absolut sicherste Weg, meine Nerven erfolgreich anzugreifen. Mit jeder Art von Krach und Lärm. Und weil die Geräusche meist keinen Abstellknopf haben, werde ich ziemlich gereizt. Ich hatte mal das Vergnügen, einen dicken haarigen Monsterhund zu kennen, der in seinem früheren Leben irgendwann mal ein Elch gewesen sein muss. Davon hat er einen genetischen Defekt zurückbehalten.

Leider hat er diesen Defekt in seinem jetzigen Leben genau auf der gegenüberliegenden Straßenseite unseres Hauses hemmungslos ausgelebt, so oft und heftig es ging. Wenn jemand vorbeikam, wenn jemand vorbeifuhr, wenn er etwas hörte, wenn er nichts hörte, wenn er allein war, wenn es ihm gut ging, wenn es ihm schlecht ging und wenn er gar keinen Grund hatte.

Sein krankhaft heiseres Bellen klang wie das Röhren eines Elches und beschallte gnadenlos das gesamte Dorf.

Dieses Elchhundmonster hat mich fast in die Nervenheilanstalt gebracht. Kurz bevor ich den allerletzten Nerv einbüßte, ist Herrchen glücklicherweise geschieden worden. Lediglich von seiner Angetrauten, nicht von seinem Tier, denn so musste er zusammen mit dem Elchhundmonster ausziehen. Das hat mir die Entscheidung abgenommen, das Problem anderweitig zu beseitigen. Ich habe aber immer den leisen Verdacht gehegt, dass es der Ehefrau ähnlich ergangen ist und sie sich auf diese elegante Weise gleich beider Übel entledigt hat. Ich war darüber sehr erleichtert und besonders darüber, wie sich die Dinge doch manchmal ganz von selbst zum Besten fügen.

Gwyns Lärmempfindlichkeit stimmt mich daher solidarisch und ich leihe ihr daher gerne mein Ohr. Erleichtert redet sie sich all ihre gesammelten Sorgen von der Seele. Über die Lärmbelästigung, über Tom-und-Bill, die Polizei und die Gefährdung der Delfinengel. Stopp. Gerade als ich mich in meiner Zuhörerrolle so richtig aufgehe, fällt mir ein, sollte es nicht eigentlich umgekehrt sein? Bin ich denn nicht wegen der Heilung meiner Ängste und Sorgen hier bei ihr? Ich gehe in mich und denke darüber nach. Sehr interessant. Aber vielleicht ist ja dies das Prinzip von Heilung. Indem ich anderen zuhöre, verlieren mein Ego und meine Belange an Bedeutung. Ein weiteres interessantes Lehrstückchen. Lektion 2 vielleicht?

Ich bin erstaunt was ich auf der Suche nach mir und meinem Weg alles so finde. Und nun noch solch aberwitzige Lektionen zum Sammeln. Sie schleichen sich förmlich von hinten an. Tauchen überraschend aus der Versenkung auf, wie die kleinen Pop-ups am Bildschirm. Nettes Gimmick. Ich ahne, diese Reise ist voller Überraschungen. Erstens kommt es anders, zweitens als man denkt. Und mir dämmert langsam, dass alles was ich kenne, hinter mir liegt, auf der anderen Seite des Globus, im ordentlichen, aufgeräumten Deutschland. Schön in Schubladen verstaut und zugeschoben. Diese Welt hat hier keine Bedeutung. Nur ich allein in der Fremde. Alice im Wunderland. Aha, so also fühlt sich das an. Eine abenteuerliche Mischung aus Neugier, Spannung, Aufregung und Ängstlichkeit. Aber auch Lust. Auf mehr von diesen sonderbaren Erlebnissen direkt aus der Wundertüte des Lebens.

Dritter Tag

Heute nimmt Gwyn mich mit zu den Delfinen! Abenteuer und wieder eine neue Herausforderung. Ich kann nämlich meinen Kopf nicht unter Wasser tauchen. Grundsätzlich nicht. Untertauchen ist allerdings eine ziemlich wesentliche Voraussetzung, um bei der Delfin-Aktion mitmachen zu können. Was habe ich mir nur dabei gedacht, als ich diesen Plan schmiedete?

Ich beichte Gwyn mein Problem. Wenn ich allerdings unbewusst gehofft hatte, ich könne deswegen kneifen, so hatte ich die Rechnung ohne die Delfinfrau gemacht. Denn natürlich war sie außer allem anderen obendrein noch Delfincoach und die weltbeste Adresse, um alles zu lernen, was man für die Begegnung mit Delfinen so braucht. Mein Kopf-nicht-unter-Wasser-kriegen sei da mal die leichteste Übung. Und ich dürfe die Delfine nicht unterschätzen, die ja schließlich auch engelmäßig unterwegs seien. Von daher müsse ich keinerlei Bedenken haben. Nein, nein hatte ich auch nicht. So viel heiligen Profibeistand, das reicht bestimmt auch noch für die nächsten drei Leben. Und sicherlich reicht es auch, um mich erfolgreich von meiner lächerlichen Kopf-Unter-Wasser-Phobie zu heilen. Euphorisch glaube ich in diesem Augenblick an alles, sogar an Wunderheilung.

Mein Zuversichtsbarometer sinkt jedoch wieder auf den Nullpunkt, als mir dämmert, dass ich da leider noch nicht bin. Ich stehe immer noch in Gwyns Einfahrt, die Schnorchelausrüstung in der Hand, mit schlotternden Knien, und habe ziemlichen Schiss. Ich nehme meinen ganzen Mut zusammen und versuche einen unerschrockenen Eindruck zu machen. Schnappe meinen Rucksack mit dem Proviant, trockener Kleidung zum Wechseln und meinen Wertsachen, die ich dank eines ausgeklügelten Verstauungssystems während der gesamten Reise niemals auch nur mehr als eine Handbreit aus den Augen gelassen habe, und folge Gwyn zu ihrem Wagen.

Unterwegs erklärt sie mir, dass wir noch eine weitere Frau mitnehmen werden, Liz. Wir sind also zu dritt. Prima, finde ich gut. Ein Dritter macht die Sache leichter, nimmt die hundertprozentige Aufmerksamkeit ein bisschen von mir fort und lässt die Wahrscheinlichkeit eines möglicherweise endlosen Zickengefechts mit der Wasserlinie gegen Null tendieren. Ich erfahre, dass Liz bei Gwyn in Behandlung ist und dass ihr die Delfintherapie Heilung bringen soll. Dies sei bereits der vierte Versuch, sie zu den Delfinen zu bringen. Sie habe einfach zu viel Angst.

Das kann ich ihr wärmstens nachempfinden! Aber hilfreich ist die Information in diesem Moment auch nicht unbedingt. Ich schlucke hastig und schaue tapfer aus dem Fenster, versuche, nicht an mein bevorstehendes

Abenteuer oder meine Angst zu denken. Über all dieser Grübelei verpasse ich glatt, dass es inzwischen aufgehört hat zu regnen. Die Sonne hat es endlich geschafft, durch die Wolkenberge zu brechen, und scheint nun in bester Südseemanier vom Himmel! Ich werte dies als gutes Omen für meine bevorstehende Mutprobe. Es sind definitiv die ersten Sonnenstrahlen seit ich auf Hawaii bin und sie tauchen diese schöne tropische Landschaft in ein goldenes Licht ohnegleichen. Es lässt die Farben erstrahlen und alles sieht wie verzaubert aus. Diese herrlichen Farben, wie ich sie in dieser Einzigartigkeit nur hier in Hawaii erlebt habe. Der Anfang einer Liebe.

Wir holen Liz an dem verabredeten Treffpunkt ab und ich finde sie sehr nett, wenn sie auch nicht sonderlich gesprächig ist. Kein Wunder, wahrscheinlich hat ihr die Angst die Sprache verschlagen. Gwyn steuert den Spot an, wo sie normalerweise die Delfine trifft. Sie schaut sich suchend um, meint aber, sie seien heute nicht da. Und selbst wenn, die Wellen seien viel zu stark, zu hoch und unüberwindlich, zumindest für uns Anfänger. Meine Anspannung steigt ob dieser unerwarteten Auskunft. Wellen, hoch? Gefährlich? Panik in meinem Bauch. Doch wir fahren gottlob zu einer anderen Stelle. Dort sei es besser, meint Gwyn. Keine gefährliche Brandung. Ich atme auf. Die Delfine seien auch schon da. Ich schaue angestrengt übers Wasser, kann aber nichts erkennen. Beide Buchten und deren Wasseroberflächen sehen für mich völlig gleich aus, leer und delfinfrei.

Sie erklärt uns am Strand, wie wir unsere Schnorchel anlegen und was wir alles beachten müssen. Besonders wie wir uns unter Wasser verständigen und atmen sollen. Sie werde uns die ganze Zeit an der Hand halten. Gut so. Das beruhigt mich, soweit dies bei meinem irren Aufregungspegel überhaupt möglich ist. Am liebsten wäre mir sowieso, wie ein Baby an die Hand genommen und sicher durch alle Gefahren dieser abenteuerlichen Welt geleitet zu werden. Ganz besonders durch dieses Gewässer, in das ich mittlerweile gar nicht mehr will. Ich wäre jetzt an jedem Ort der Welt lieber, statt hier, wo ich mich den Untiefen und Gefahren des tückischen Ozeans ausliefern soll.

Und dann geht's los! Es kommt der unvermeidbare Moment, in dem ich meinen Kopf unter Wasser tauchen und dabei dummerweise weiteratmen muss. Die Nervosität ist auf dem Höhepunkt. Drehe ich jetzt durch? Doch es wird eine kurze Lektion. Denn ich bin entschlossen, mich nicht zu zieren, und den Sprung ins kalte Wasser zu wagen. Lieber ein Ende mit Schrecken, als – na ja. Aber ich muss noch ein paar Mal tief Luft holen. Mut ansammeln. Wie empfindlich kalt dieses Meer aber auch ist, verglichen mit den gewohnten Badewannentemperaturen in Korsika.

Ach Korsika! Wie sehr wünschte ich mir in diesem Augenblick, ich wäre in meinem geliebten, vertrauten Korsika und müsste einfach NICHTS tun!

Schon mal gar nicht tauchen. Aber Schluss mit den Ablenkungen! JETZT werde ich meinen Kopf unter die Wasserlinie tauchen. Und das Unglaubliche wird wahr. Mein Kopf taucht wirklich unter! Und bleibt unten. Und ich atme noch! Viel zu hastig zwar, vor lauter Aufregung und Panik, sodass ich hyperventiliere. Und das sieht bestimmt voll lächerlich aus. Gwyn beruhigt mich und begleitet meine hektische Schnappatmung. Ein, Aus. Ein, Aus. Immer wieder, bis der Rhythmus wieder unter Kontrolle ist.

Als ich einigermaßen eingenordet bin, nimmt sie uns beide fest an die Hand, nickt uns kurz zu und schwimmt ohne ein weiteres Wort mit uns hinaus, in Richtung Delfine. Ich bin zwar nicht eben ein Ausbund an Ruhe und Entspannung, aber ich kann immerhin schwimmen. Auch wenn das, was ich da mache, wohl eher dem Plantschen eines Hündchens gleicht, das soeben seine ersten Schwimmversuche unternimmt. Aber die Bewegung hilft gegen die Aufregung, beruhigt mein Nervensystem, ich entspanne mich zusehends. Lektion Nummer 3: Bewegung beruhigt und hilft gegen Nervosität und Hysterie.

Das Flossenschwimmen will ebenfalls gelernt sein, wenn man so was noch nie gemacht hat. Und weil ich gleichzeitig noch die unzähligen, anderen Anweisungen beachten muss, die ich von Gwyn bekommen habe, bin ich allein mit Konzentrieren und Koordinieren vollauf beschäftigt. Ich gebe mein Bestes. Und da wir eine ganze Strecke hinausschwimmen müssen, habe ich Zeit und ausreichend Gelegenheit, mich in Bewegung und Atemrhythmus einzufinden. Und siehe da. Sobald ich nicht mehr dauernd krampfhaft daran denken muss, entspanne ich mich nach und nach, dann klappt es auch mit den Flossen.

Mir eröffnet sich unter Wasser eine völlig neue, faszinierende Welt, mit den buntesten und seltensten Fischen. So was habe ich bisher noch nie gesehen, höchstens im Kölner Aquarium und da auch nur mit depressiven Fischen in Beckenhaltung. Deshalb gilt das nicht. Ein Glücksgefühl durchströmt mich und breitet sich warm in meinem Inneren aus. Ich habe es tatsächlich geschafft! Ich, der Angsthase vom Dienst. Plötzlich drückt Gwyn einmal kräftig unsere Hand, das vereinbarte Zeichen, auf »Unterwasser-Rundumblick« umzuschalten.

Von einer solchen Technik hatte ich bis dato noch nie etwas gehört. Aber klingt unglaublich nach Profi-Tauchen. Tja und so etwas Schwieriges beherrsche ich! Ich fühle mich wie Supermann kurz vor der Errettung der Welt und platze fast vor Stolz. Bevor mein Ego tatsächlich abhebt, sehe ich sie plötzlich, die Delfine!!! Neben mir, unter mir. Um mich herum. Überall!

Es ist wie ein unwirklicher Film, in dem ich Zuschauer bin. Aber ich bin mittendrin. Kein Film, kein Traum, das hier ist echt. Wow! Ich bin so aufgeregt. Noch aufgeregter als sowieso schon. Wir befinden uns mitten in einem großen Delfinschwarm. Eine Delfinmutter mit ihrem Jungen ist auch dabei. Es sind *Spinner Dolphins*. Sie heißen so, nicht weil sie spinnen, sondern weil *to spin* drehen, wirbeln, tanzen bedeutet, und ihrem lebhaften, verspielten Charakter entspricht. Sie wirbeln im Wasser, schießen kreiselnd aus den Wellen – wie man es so nur aus dem Fernsehen kennt. Ich kann sogar ihre Ortungssignale hören! Ich könnte vor Freude schreien. Aber unter Wasser schreien, kommt nicht so gut. Alles, was ich hervorbringe, ist ein gurgelndes Geräusch aus meinem Schnorchel.

Es ist faszinierend, den Delfinen bei ihrem Spiel zuzusehen. Sie sind so elegante Schwimmer, würdevoll und graziös. Manchmal erschrecke ich mich, weil sie mich foppen und von hinten ganz dicht und unerwartet unter mir durchtauchen, die gesamte Formation! Es ist unglaublich und irre aufregend. Ich habe das Gefühl, mir bleibt fast das Herz stehen. Ich verharre reglos, angesichts dieses spielerischen Treibens um mich herum. Die Tiere sind tatsächlich so nah, dass wir uns in die Augen sehen können. Was für ein Abenteuer! Und das gleich am dritten Tag. Ich kann mein Glück nicht fassen.

Delfine haben eine ganz besondere Beziehung zu den Menschen. Es ist tatsächlich so, dass sie auf der Suche nach menschlicher Nähe vom offenen Meer in die Buchten kommen. Sie lieben Menschen und das Zusammensein mit ihnen. Aus einem mir unerfindlichen Grund glauben sie, dass sie mit Menschen besonders gut spielen können. Wie sie darauf nur kommen? Mit Kindern kann ich mir das ja noch vorstellen. Aber mit uns Erwachsenen? Ich weiß nicht recht. Spielen ist, glaube ich nicht so das Ding von erwachsenen Menschen.

Wie dem auch sei, die Delfine fühlen sich auf eine außergewöhnliche Weise zu unserer verrückten Spezies hingezogen. Das erklärt auch ihre heilsame Wirkung auf Menschen. In der Tat fällt mir dazu ein, dass ich von außergewöhnlichen Therapien mit Delfinen gehört habe. Autistische Kinder zum Beispiel schickt man zur Delfintherapie nach Kalifornien. Klar, ich weiß ja jetzt, dass es sich um Engel handelt. Und die haben's voll drauf. Ich glaube wirklich, dass das hundertprozentig funktioniert. Denn diese unglaubliche Wirkung erlebe ich soeben am eigenen Leibe. Die Delfine haben mich mit ihrem ganz eigenen Charme verführt.

Wenn die Delfinengel die Absicht haben, mit dir Kontakt aufzunehmen, erläutert uns Gwyn, kann es durchaus vorkommen, dass sie sich aus dem Schwarm lösen und direkt auf dich zuschwimmen. Und *Piep-piep-piep*, nehmen sie Verbindung mit dir auf. Sie bleiben dicht vor dir stehen und schauen dir geradewegs in die Augen – und sie lächeln dich an! Gwyn warnt uns jedoch davor zurückzulächeln, da sich sonst unsere Tauchermaske löse und Wasser hineinliefe. Wir sollten viel mehr versuchen, nur innerlich zurückzulächeln. Mal ganz ehrlich, als sie uns das erzählt, halte ich es für baren, esoterischen Unsinn.

Bis zu dem Moment, wo sich ein kleinerer Delfin aus dem Schwarm löst und flossenwedelnd in unsere Richtung schwimmt. Er bewegt sich auf MICH zu und bleibt keinen Meter entfernt, schräg unterhalb von mir stehen und schaut fast schüchtern zu mir herauf. Er sieht mich mit einem durchdringenden und zugleich so sanftmütigen Blick an, dass ich überwältigt dahinschmelze. Ich habe keine Vergleichsmöglichkeiten zu irgendetwas ähnlichem, das ich je bisher erlebt habe. Ich bin diesem überirdischen oder besser »untermeerischen« Augenblick völlig ergeben. Und plötzlich lächelt mich dieser kleine Delfin an! Einfach so. Irre! Ich muss natürlich spontan zurücklachen. Aus tiefstem Herzen. Und sogleich läuft meine Taucherbrille voll Wasser. Wir haben uns angesehen und uns angelacht, das ist Glück pur. Dieser kleine Delfinengel hat mich wasserscheues Angsthäschen aus Europa ausgewählt, um sich mit mir schlapp zu lachen! Ja, hast du da noch Töne? Was für ein herrliches Mysterium. Ich habe etwas über spirituellen Sinn und Unsinn gelernt. Und über meine Vorurteile. Ich bin gerne aufgetaucht, um meine Taucherbrille wieder zu richten!

Manchmal schwimmen die Delfine auch richtig mit den Menschen. Aber das ist selten. Man darf sie nicht berühren, sondern muss respektvoll ihre Einladung abwarten. Denn sie berühren dich nicht. An diesem Morgen beobachte ich, wie ein Delfin eine andere Frau, die nicht zu unserer Gruppe gehört, einlädt, mit ihm zu schwimmen. Sie hält sich an seiner Flosse fest und die beiden schwimmen gemeinsam in den Ozean hinaus. Entweder ich war eben Zeuge eines überaus seltenen Ereignisses oder es war Flipper höchstpersönlich, der dieses Kunststück vor vierzig Jahren schon standardmäßig drauf hatte. Vielleicht wohnt er jetzt hier und zieht diese Nummer immer sonntagnachmittags ab.

Glücklich und erfüllt treibe ich in dem kristallklaren Wasser. Meine persönliche Mutprobe ist bestanden, meine Angst überwunden. Ich bin initiiert. Jetzt darf ich bestimmt auch an der Tafelrunde des alten Artus in Gwyns Haus teilnehmen! Die Begegnung mit diesen einzigartigen Geschöpfen erfüllt mich mit Dankbarkeit und Bescheidenheit. Ich spüre tatsächlich die Weisheit der Delfine und wie wir Menschen ebenso ein Teil dieser Weisheit sind. Die Mischung von Intelligenz und Verspieltheit hat es mir am meisten angetan und verdichtet sich zu einem Gefühl, das ich mit mir nehmen werde. Dieses tiefe Erleben lässt mich alles um mich herum vergessen und irgendwie schwerelos in den Wellen treiben. Alles um mich herum erscheint mir so unwirklich.

Gwyn fragt mich zwischendurch ein paar Mal, ob ich zurückwolle, aber wie in Trance verneine ich jedes Mal, bis sie mich dann doch bei der Hand nimmt, und meint, wir schwämmen jetzt alle schön zurück, ich sei ja schon ganz blau gefroren. Tatsächlich. Jetzt, wo sie's sagt, merke ich erst, wie hundekalt mir ist. Ich zittere am ganzen Leib wie Espenlaub. Auch fühle ich mich vollkommen erschöpft von der immensen Anstrengung und den vielen intensiven Eindrücken. Und mit einem Mal bin ich sackmüde. Mir wird bewusst, dass jeder meiner Muskeln komplett leer gepumpt ist. Diese ganze Aktion hat nach meiner deutschen Zeitrechnung mitten in der Nacht stattgefunden.

Erleichterung macht sich breit, als ich wieder festen Boden unter meinen Füßen spüre. Und als ich entdecke, dass es am Strand sogar warme Duschen gibt, ist mein Glück vollkommen. Ich glaube, ich verbringe eine halbe Ewigkeit unter der wohligen Wärme der Dusche, bis meine Haut anfängt zu dampfen und beginnt aufzuweichen. Die Sonne tut ihr übriges, denn nun erlebe ich auch, wie sengend die tropische Sonne sein kann. Mir ist's nur Recht, ich sauge ihre ganze Hitze gierig in mich auf. Welch Wohltat nach der Auskühlung im kalten Wasser und all den aufwühlenden Erlebnissen.

Nun habe ich auch die innere Ruhe, mir alles genauer anzusehen und die Metamorphose vom Regen- zum Sonnenmodus zu bewundern. Wie schön alles ist. Und wie herrlich die Farben leuchten, die die Sonne in die Landschaft malt. Es entsteht ein ganz anderes Bild als die bislang trübe Regenansicht. Wie lange habe ich darauf gewartet, diese helle Bilderbuchlandschaft zu Gesicht zu bekommen. Sie ist wie ein Kunstwerk, ein buntes Gemälde. Von der Wirkung durchaus mit der Mona Lisa in Paris zu vergleichen, die magisch Millionen von Menschen in ihren Bann zieht, die um die ganze Welt reisen, nur um dieses Bild zu sehen. Eine Faszination, die weit über das Louvre hinausreicht. Während der warme Sand meine erschöpften, verkrampften Muskeln wärmt, atme ich die Schönheit dieses Augenblicks ein. Diese Sonne! Sonne und Süden gehören in meinem Glaubenssystem zusammen, sonst stimmt mein Weltbild nicht mehr.

Den Rest des Tages hänge ich nur noch ab und versuche, der permanenten Müdigkeit nicht nachzugeben, denn meine innere Uhr steht ja eigentlich auf Nachtschlaf. Nachts bin ich hingegen dauernd wach und muss mich zum Schlafen zwingen. Es gehört wohl zu dieser Reise dazu, dass auch mein Zeitgefühl komplett auf den Kopf gestellt ist. Dass die Nacht auf diese Weise zum Tage wird. Eine neue Definition von Nachtleben. Nachts leben. Allmählich beginne ich, an dieser Art Nachtleben Gefallen zu finden.

Gwyn und ich verleben einen friedlichen Abend auf ihrem *Lanai*. Gemütlich auf unseren Lounge-Liegen ausgestreckt, schweben wir hoch über der Küste und genießen die herrliche Aussicht aufs Meer. Hauptthema sind natürlich das Delfinabenteuer, ihre Arbeit und Tom und Bill. Wir spielen diverse virtuelle Szenarien durch, um eine annehmbare Lösung für Gwyn zu finden.

Angefangen mit der Idee, dass Bill doch als nächstes einfach Tom erschießen könne, um dann anschließend von der Polizei kurzerhand ins Gefängnis entsorgt zu werden. Dafür würde die Staatsmacht dann ja wohl hoffentlich anrücken.

Außerdem hätten wir noch die Variante, dass sie selbst als Krawallbraut auftritt und ebenfalls anfängt zu poltern, mit Sachen zu werfen und ein bisschen um sich zu schießen. Ja, und sie könnte sich auch einen Hund oder gleich mehrere zulegen, die dann kräftig beim allgemeinen, heiteren Hundebellen mit einstimmen würden. Dann wäre hundebilanzmäßig alles ausgeglichen. Oder anderes Szenario: Sie aktiviert ihre Tafelritter und schickt sie aus, um Tom und Bill im Kampf zu bezwingen. Diese Phantasien sorgen für Heiterkeit und während wir so albern, vergisst sie ganz, dass sie ursprünglich ärgerlich und aufgebracht war.

Ich erfahre von Gwyn viel über das Leben hier und die Hawaiianer, so dass allmählich der Verdacht in mir keimt, dass trotz ihrer wiederholten Beteuerungen, wie paradiesisch dieser Ort sei, das Paradies doch vielleicht woanders liegen könnte als hier bei Gwyn in Kealakekua Bay. Nachdem ich alles addiert habe, die *Criminals* Tom und Bill, den permanenten Regen, die durchdringende Klammheit, dass man einen Allrad-Truck braucht, um hier in den Bergen über die Runden zu kommen, und dass der Kaffee wie Plörre schmeckt, gelange ich zu der Überzeugung, dass dies nicht der Ort ist, wo ich dauerhaft sein möchte. Egal wie schön es auch sein mag, sobald die Nachbarn mal in Urlaub sind und man hier vielleicht mal nicht im Regen ertrinkt.

Natürlich regnet es gleich darauf wieder. Es ist nass, nass und noch mal nass. Ich versuche, den vielen Regen einzufangen, indem ich ihn fotografiere, die vielen vor Nässe triefenden Pflanzen. Und indem ich den Sound des herabprasselnden Regens aufnehme. Ein lautes Tosen der vielen endlosen Tropfen, in unterschiedlichen Stärken. So viel Regen, so viele Wolken, die Erde müsste eigentlich längst gesättigt sein, überschwemmt. Die Feuchtigkeit dringt überall ein, kriecht in jede Ritze. Macht alles ungemütlich, muffig, schimmelig. Es ist so feucht, dass sogar meine folienverschweißten Bonbons feucht werden. Ein trockenes, frisches Plätzchen ist ein Luxus und nirgends zu finden.

Und es ist kalt. Sicherlich auch wegen der hohen Luftfeuchtigkeit. Oder es ist mein Kreislauf, denn Gwyn läuft den ganzen Tag mit ihren wunderschönen Sarongs umher. Aber mir ist das entschieden zu kalt. Gott sei Dank habe ich kurz vor der Abreise noch die warme Outdoor-Fleecejacke zum Wandern gekauft. Sie wird sich noch zu meinem liebsten Kleidungsstück mausern, denn sie ist so herrlich molligwarm und megakuschelig! Aber sie ist auch unglaublich pink, sodass ich darin immer aussehe wie Miss Piggy im Weltraum. Jedenfalls bin ich so nirgends zu übersehen und kann ganz bestimmt weder von einem Auto überfahren, noch von einem Hai gefressen und ganz sicher jederzeit als Touristin identifiziert werden. Als Tarnanzug ist sie jedenfalls gänzlich ungeeignet.

Also mal wieder Regenprogramm. Man stelle sich nur mal vor, Hilo, der größte Ort auf Big Island, wirbt sogar damit, dass er mit 275 Regentagen einer der nassesten Orte der Welt sei! Tolle Werbung. Wer will denn so was? Und das auch noch im Urlaub! Unvorstellbar. Regen satt und ausschließlich. Sehr reizvoll. Ich visualisiere soeben meine nächste Urlaubsplanung: Du Schatz, können wir nicht mal wohin fahren, wo es so richtig geil regnet? Am besten durchgehend! Bitte! Ich hab von einem echt tollen Ort gehört, voller Exotik, mit absoluter Regengarantie. Springt der Schatz garantiert sofort auf und schreit: *Hurra, nix wie hin!*

Und ich dachte immer, zu Hause regnet's viel. Über Regen in Deutschland meckere ich jedenfalls nicht mehr. Für Gwyn allerdings ist und bleibt das Paradies hier bei ihren Delfinengeln. Und die leben bekanntlich im Wasser und das ist ja bereits nass. Sie liebt dieses Land wegen der Delfine und deshalb ist sie hier. Die Krawallbrüder Tom und Bill sind sicher nicht der Grund.

Vierter Tag

Die letzte meiner Nächte im modrigen Bett in Kealakekua Bay ist überstanden. Und es regnet einmal nicht! Hurra. Gwyn geht jeden Tag regelmäßig und pünktlich um 6.00 Uhr zu den Delfinengeln. Ich begleite sie heute noch einmal, bevor ich abreise und zu meiner nächsten Station pilgere. Heute ist die Brandung an dem Spot, den wir gestern meiden mussten, für sie in Ordnung. Himmel, aber für mich nicht. Leider sehen die Wellen, wenn man vor ihnen steht, noch mal doppelt so hoch aus wie aus der Distanz. Und ich selbst fühle mich doppelt so klein, wenn ich im Wellental liege und die Krone sich monstermäßig über mir auftürmt. Ich bekomme direkt Panik, als die Welle, die ich nicht mehr schaffe, tosend über mir zusammenkracht. Ich werde brutal durchgeschleudert und ringe verzweifelt nach Luft, schlucke literweise Wasser – als hätte ich nicht schon längst in Regenform genug abbekommen – und habe keine Lust mehr.

Gwyn muss mich beruhigen. Wir sind eigentlich schon hinter der Brandung, daher außer Gefahr. Sie schnorchelt mit mir Richtung Delfinschwarm. Ich habe den Eindruck, dass das Wasser heute wärmer ist als gestern. Der Delfinschwarm ist viel größer. Aber diese Truppe heute ist nicht so aktiv wie die von gestern, nicht so zum Spielen aufgelegt. Gwyn erklärt mir, dass Delfine tagsüber Schlafphasen einlegen, während derer sie aber weiter schwämmen, nur mit weniger Power. Unglaublich. Mir wäre gar nicht aufgefallen, dass sie all diese tollen Kapriolen sogar im *Sleep-Modus* und mit geschlossenen Augen machen! Trotzdem ziehen sie majestätisch in Formationen an und unter uns vorbei. Vollendete Vorstellung, nicht die Spur von Schlaf zu bemerken. Ich neide ihnen diese Fähigkeit, so halbschlafen zu sein und dennoch so elegant dabei auszusehen. Im Schlaf habe ich schon Probleme, mich nur von einer Seite auf die andere zu drehen. Wie elegant ich dabei aussehe, möchte ich lieber nicht wissen. Jedenfalls ist noch niemand um die halbe Welt gereist, um mich für diese Leistung zu bewundern.

Leider ist die Sicht hier nicht so gut wie in der Bucht, in der wir gestern waren. Das hängt mit der Brandung zusammen. Wenn sie zunimmt, wirbelt der Meeresgrund stärker auf und die Sicht wird trübe. Ich kann nur noch die Hälfte sehen und die Delfine immer erst, wenn es fast zu spät ist, will heißen, wenn sie bereits schlafwandelnd an uns vorbeigezogen sind. Selbst im Schlafmodus sind sie schneller als ich im fittesten, frühmorgendlichen Wachmodus.

Plötzlich taucht ein Polizeiboot auf. Mein Lieblingsthema. Na prima. Nein danke, heute kein Bedarf! Da hätte ich ja gleich Urlaub im Militärcamp machen können. Ich fühle mich hilflos, gerade, wo ich in meiner immer noch ungewohnten Tauchermontur eh schon um mein Überleben kämpfen muss. Sie haben es allerdings auf ein paar Leute abgesehen, die in Kanus da sind, um die Delfine zu beobachten. Offenbar darf man sich die Tiere nur aus dem Wasser anschauen, nicht vom Boot aus. Die Polizei warnt die Leute, mit den Delfinen zu schwimmen, das sei verboten.

Gwyn ist erstaunt, dass die Polizisten die Touristen nicht ganz verjagen, sondern nur das Anfassen der Tiere untersagen. Sie regt sich darüber auf, dass sie amtssprachlich das Wort »erlauben« benutzen und die Leute in der Tat weiter schwimmen lassen. Womöglich sieht sie ihre Delfine bedroht. Da ich diesmal unbehelligt geblieben bin, kann ich es mir leisten, ihre Reaktion leicht belustigt zur Kenntnis zu nehmen – und mich da raus zu halten. Ich frage sie, ob wir wieder zurückschwimmen könnten, da das Polizeiboot keinerlei Anstalten mache zu verschwinden. Ich bin nicht unter Einsatz meines Lebens hier hergekommen, um ein Polizeiboot zu bestaunen, das erfolgreich die Delfine vertrieben hat, die ihr Halb-Nickerchen inzwischen woanders abhalten. Langsam wird mir das Polizeiaufkommen ein bisschen viel.

Leider hat die Dünung inzwischen stark zugenommen, und ich fürchte mich vor dem Rückweg durch die Brandungswelle. Insbesondere, von diesen unberechenbaren Monsterwellen erfasst und auf den Strand geschleudert zu werden. Aber es hilft nichts, wenn ich wieder an Land will, muss ich wohl oder übel da durch. Ich krampfe mich an Gwyn fest und befolge exakt jede Silbe ihrer Anweisungen. Als es um die Wurst geht, hole ich einmal tief Luft und das Letzte aus mir heraus, und schaffe es tatsächlich beim ersten Versuch, sogar ohne auf die Felsen aufzuschlagen! Das hat nämlich übelste Verletzungen zur Folge, da das Gestein sämtlich vulkanisch und daher messerscharf ist. Früher wurden sogar chirurgische Werkzeuge aus dem Vulkangestein gefertigt. Das einzige, was ich bei diesem waghalsigen Kunststück einbüße, ist der Lack meiner Fußnägel.

Ich bin so was von erleichtert und gottfroh, wieder festen Boden unter den Füßen zu haben. Ich muss es wohl einsehen: Wasser ist nicht mein Element. Zum ersten Mal seit meiner Ankunft freue ich mich richtig auf ein reichhaltiges Frühstück. Denn ich bin wahnsinnig hungrig. Ich lasse es mir schmecken und genieße die exotischen Früchte und meinen Pott Tee, der grandios gut schmeckt. Heute gibt es sogar ein Rührei auf Toast dazu.

Ich packe meine Sachen und werfe sie ins Auto. Ich bedanke mich bei Gwyn für die wohltuende und angenehme Gastfreundschaft und die einmaligen, tiefgreifenden Erlebnisse. »Mahalo!« Das ist Hawaiisch und heißt »Danke«. Also: »Guten Tag und Danke« – »Aloha und Mahalo«! Zu mehr habe ich es im Hawaiischen nicht gebracht. Aber dafür kann man diese beiden Wörter universell und zu absolut jeder Gelegenheit verwenden. Ein liebevolles Mahalo, und alles ist gut. Ich nehme ihr noch das Versprechen ab, dass sie mir schreibt, wie die Geschichte mit Tom und Bill ausgeht, und verabschiede mich herzlich von ihr. Ein neues Abenteuer ruft. Und ich bin bereits voll freudiger Erwartung. Die Sonne macht den Abschied freundlich und warm, und so fahre ich beschwingt und in Frieden von hier los.

Die Fahrt dauert zwei bis drei Stunden und geht durch abwechslungsreiche, freundliche Landschaften. Hier könnte ich glatt einen Werbefilm über Hawaii drehen. Wie im Bilderbuch. Zunächst ist es sehr tropisch üppig. Überall wachsen, hängen und liegen die prächtigsten Blüten im Überfluss herum. Sinnbild tropischer Üppigkeit. Von den Häusern her wird es ebenfalls hübscher. Leider konnte ich bisher nicht viele schöne Häuser sehen. Die meisten wirken eher wie Containerbauten, in Leichtbauweise errichtet. Zwar in einer hawaiianischen Variante, pastellfarben und mit Palmen vor der Tür, aber immer leicht abgenutzt und vernachlässigt. Die Häuser haben Ähnlichkeit mit Provisorien, so als ob die Bewohnter gedächten nur übergangsweise darin zu leben. Aus welchen Gründen auch immer. Diese Wohnweise ist das genaue Gegenteil von unserer deutschen Einstellung, für die Ewigkeit bauen zu wollen. Genauso wie die deutschen Eigenart, alles so adrett und »neat« gestalten zu müssen. Bei uns ist ein Haus eine Lebensaufgabe, in jeder Hinsicht.

Überhaupt würde ich, von meinem deutschen Standpunkt aus, die gesamte Eingliederung der Gebäude und Orte in die Natur nicht als wirklich gelungen bezeichnen. Vielleicht gibt es hier ja keine entsprechenden Bauauflagen wie bei uns, so dass bautechnisch jeder machen kann, was er will. Oder der hawaiianische Landschaftsarchitekt befand sich in der entscheidenden Phase im Dauerrausch. Der wahre Grund wird jedoch sein, dass die Leute schlicht und ergreifend nicht genug Geld haben. Die Ästhetik fällt dann als erstes hinten runter.

Ich sehe viel Müll, abgestellte und liegengelassene Sachen, und auch verlassene und verfallene Häuser. Komisch, das ist nicht US-amerikanisch, so wie ich es kenne. Und hier in diesem Paradies nun so etwas? In seiner Urfassung war das Paradies, glaube ich, mal müllfrei, abgesehen vielleicht vom Apfelkitsch, den Adam sich ja schlecht in die Tasche stecken konnte, so nackt wie Gott ihn erschaffen hatte. Die Mülltonne war da noch nicht erfunden, vermutlich weil es noch keine Müllabfuhr gab. Die hatte Gott im Frühstadium der Erschaffung noch nicht auf seinem Projektplan. Denn trotz seiner Allwissenheit konnte er wohl kaum eine derart rasante Müllvermehrung bei den Menschen vorhersehen. Aber die Menschen haben ihn auf eine doppelt harte Probe gestellt. Inzwischen produzieren sie Abfall, den die Müllabfuhr gar nicht mehr bewältigen kann, wie Atommüll und Lithiumbatterien. Und dazu noch jede Menge geistigen Müll. Nun ist also Gott wieder am Zug und muss zusehen, wie er dieses Problem gelöst bekommt. Hoffentlich hat er bald eine bahnbrechende Eingebung, bevor die gesamte Menschheit im Abfall versinkt. Eine ursprünglich nicht vorgesehene Form des Weltuntergangs.

Müll auf Hawaii ist aber ein Riesenproblem, wie ich dann wenig später erfahre. Früher wurden in Hawaii nur Dinge hergestellt, die auf den Inseln auch wieder entsorgt werden konnten oder von allein wieder zerfallen sind. Heute, mit dem ganzen Plastikmüll, den nicht verrottbaren Stoffen, ist das nicht mehr möglich. Selbst die Hawaiianer sind Teil dieser traurigen Entwicklung. Und so müssen sie zusehen, wie sie selbst mithelfen, ihr eigenes Land zu verdrecken. Dies ist einer der Gründe für die Depression der Ureinwohner. Kein Wunder, dass sie sauer sind, anfangen zu trinken und aggressiv werden. Und es ist auch einer der Gründe, warum die Öko-Bewegung hier auf Hawaii einen derart starken Zulauf hat und überall präsent ist. Ein bisschen zu präsent, denn nun herrscht statt der Abfallwilderei begeisterter Öko-Kontrollfanatismus. Da wüsste ich momentan nicht, was schlimmer ist.

Auf Hawaii gibt es keine lokale Müllentsorgung. Jeder kleinste Fitzel Müll wird mit großen Containern auf das amerikanische Festland verschifft, das gut 3.500 Kilometer entfernt ist. Kein Wunder, dass die Preise hier so gesalzen sind, denn es muss nicht nur alles eingeflogen, sondern auch wieder restlos weggeschifft werden. Nun wundert es mich auch nicht mehr, dass die Hawaiianer so pingelig mit dem Müll sind.

Später am Strand von Isaac Hale Beach Park, habe ich beobachtet, wie staatliche Reinigungskolonnen den Strand von Abfall befreien, den rücksichtslose Menschen, Touristen wie ich eben, fahrlässig dort fallen ließen: Zigarettenkippen und Bonbonpapierchen, die man mit bloßem Auge kaum erkennen kann. Ich vermute, dass bei der Bewerbung für diesen Job nur die absolute Elite mit Adleraugen und Dioptrien-Werten unter null eine echte Chance hat.

Die Methode ist aber äußerst effektiv, denn ich werfe garantiert nichts mehr weg. Mein Gewissen plagt mich schon prophylaktisch, lange bevor ich irgendwelchen Abfall in der Hand halte. Die Einheimischen hält es aber nicht davon ab, sich hin und wieder doch ein paar Freiheiten herauszunehmen, meist heimlich, vorzugsweise nachts, wenn sie sich unbeobachtet fühlen. Lediglich anderntags ist die hübsche Bescherung in der Natur unübersehbar. Aber dann ist die Tat bereits unwiderruflich vollbracht und nicht mehr zurückzuverfolgen. Doch der Beruf des Müllfahnders ist in Hawaii noch nicht sonderlich en vogue, denn es gibt wilde Mülldeponien an jeder Ecke, leider. Trotz der Warnschilder alle zehn Meilen an den Straßen, die mit empfindlichen Geldstrafen drohen.

Während ich über diese Frage noch nachsinne, tuckere ich langsam die Küstenstraße entlang. Erstaunlich, wie wenig Verkehr auf der Straße ist. Das macht das Fahren sehr angenehm. Damit hatte ich nicht gerechnet. Als Deutsche bin ich mit dem Auto-Gen ausgestattet und erwarte unbewusst, alle Menschen überall in einem fahrbaren Untersatz und immer in irgendwelchen Staus gefangen anzutreffen. Aber offensichtlich will hier niemand irgendwo anders hin, als dorthin, wo er gerade ist! Frei nach dem Motto: »*Wat soll dä dann woanders, dat hät doch keine Senn.*« Erstaunlich wie weitblickend die Bläck Föss doch so einen Liedtext dichten konnten, der auch auf die Hawaiianer passt.

Entlang der Straße wird es einsamer und ganz menschenleer. Meine einzige Unterhaltung sind die wiederkehrenden Warnschilder, dass ich keinen Müll wegwerfen darf. Langweilig, denn das weiß ich ja inzwischen längst. Mein Autoradio geht auch nicht, weil ich mich in den Vulkanbergen befinde. Da ist der Empfang schlechter als schlecht. Außer Rauschen gibt's nichts im Äther. Ich folge also weiterhin un-unterhalten der Küstenstraße, die einmal um die ganze Insel führt, und das war's. Mehr nennenswerte Straßen gibt es nicht.

Später auf Maui ist es noch krasser. Aber viel rechts und links abbiegen ist nicht zu empfehlen. Abzweigungen entpuppen sich meist nur als irgendwelche Zufahrten zu Privathäusern, deren Befahren strengstens verboten ist. Man muss höllisch aufpassen, dass man nicht mal aus Versehen irgendwo einbiegt. Dann kann aus Spaß ganz schnell Ernst werden, weil man Gefahr läuft, wegen des schweren Vergehens von »*Trespassing*« sofort verhaftet zu werden. Jawoll. Ist Leuten passiert, die ich getroffen habe. Touris natürlich. War eh klar.

Mein Ziel ist *Volcano*. Übersetzt, einfach nur Vulkan. Ein Ort also, wo der Name Programm ist? Schon etwas seltsam. Oh Grusel, mir wird nun doch ein wenig mulmig, als die Landschaft um mich herum immer karger wird und vor allem schwärzer vom Lavagestein, und mir somit die Präsenz und Realität des Vulkans tiefer und tiefer in die Knochen sickert.

Als ich aber in Volcano eintreffe, ist es doch sehr viel freundlicher als angenommen. Aber völlig anders als *Kealakekua Bay*. Der Ort liegt am Berg und im Regenwald. Rings herum ist die Landschaft weitaus offener und vor allem sonniger. Und dazu beinah menschenleer, jedenfalls deutlich einsamer. Und noch ruhiger. Ich bin nun auf der westlichen Seite von Hawaii. Dort ist die Besiedelung dünner und es geht weniger touristisch zu. Fast wie Wüste, jedenfalls genauso öde. Nur ist das Ganze grau-schwarz. Und hier riecht es leicht verbrannt. Volcano liegt am Fuße des *Mauna Loa*, mit seinen 4.170 Metern der höchste und gefährlichste aktive Vulkan der Welt. Vom Meeresboden aus gerechnet sind es sogar 9.000 Meter. In unmittelbarer Nähe befindet sich der noch aktive *Kilauea*-Vulkan. Jetzt scheint es heiß zu werden, nicht nur landschaftlich gesehen.

Ich biege soeben auf den Parkplatz meines Cottage Parks ein, da kommt Sandy bereits auf mich zugelaufen, ein drahtiges, kleines Persönchen, und begrüßt mich schon von weitem mit Aloha. Sie zeigt mir mein kleines Cottage, ein einfaches, aber sauberes, und vor allem TROCKENES, und nicht verschimmeltes Holzhäuschen. Juchhei! Es liegt zusammen mit noch ein paar weiteren Hütten in einem regenwaldartigen Park, der Garrets ganzer Stolz ist, weil er ihn selbst angelegt hat. Garret ist Sandys Ehegspusi, und die beiden managen zusammen den Cottage Park.

Meine Hütte hat alles, was ich brauche, und das Beste ist: Hier muffelt nichts!!! Ich finde auch schnell heraus warum. Das Geheimnis ist ein patenter Luftentfeuchterapparillo. Er macht zwar einen Höllenlärm, aber er funktioniert einwandfrei. Entweder Krach oder Modermief. Man kann nicht alles haben. Ich bin sprachlos, wie viel Feuchtigkeit wirklich in dieser Luft liegt, die mittels des Entfeuchter-Apparillos herausgezogen wird. Jeden Abend kippe ich einen Kanister mit ungefähr fünfzehn Litern Wasser ins Klo. Aber das Bett ist absolut clean und megakuschelig, und auch sonst riecht es nicht schimmlig. *If you're happy and you know it clap your hands, clap clap ...* Ich clappe.

Heute treffe ich Annie, meine Coachin, die mich in den kommenden Tagen auf meiner spirituellen Reise betreuen wird. Daher ist Trödeln nicht angesagt. Das Auspacken wird vertagt. Ich schnappe mir lediglich Bleistift, Papier und die Wegbeschreibung und auf geht's. Für diese Fahrt, die acht Minuten hätte dauern dürfen, brauche ich geschlagene 30. Selbst auf dieser kurzen Strecke schaffe ich es, mich noch gründlich zu verfahren. Vor der Abreise in Deutschland hat mir Annie noch die Information durchgegeben, nach einem großen, grünen Einfahrtstor auf der linken Seite Ausschau zu halten. Das habe ich abgespeichert. Das große, grüne Einfahrtstor.

Plötzlich bin ich auf einem drei Meilen langen Weg, der voller grüner Einfahrtstore ist. Herrje. Ich bin schon bei einem total heruntergekommenen Haus mit herumlaufenden Hühnern und verrosteten Autos in der Einfahrt ausgestiegen und habe verschüchtert »*Hello*« gerufen, weil ich nirgends weder eine Klingel noch einen Namen fand, aber ein grünes Tor, das ich für das Richtige hielt. Zum Glück war aber keiner da. Wäre dies Annies Haus gewesen, hätte ich das Betreten als weitere Mutprobe angesehen oder auf Coaching im Freien bestehen müssen! Um mir weitere Erfahrungen voller Schrecken zu ersparen, beschließe ich Annie anzurufen. Sie meint, dass ich noch ein ganzes Stück fahren müsse und dass sie sich vor die Einfahrt an den Weg stellen würde. Gute Idee! Und endlich am Ziel, kann ich auch das grüne Einfahrttor erkennen und begreife, warum sie es mir als Wegweiser beschrieben hat. Es ist wirklich eine gute Handbreit größer und ein klein wenig eindrucksvoller als alle anderen dreihundert grünen Tore an diesem Weg.

Annie ist schätzungsweise Mitte sechzig. Aber ich bin nicht gut im Schätzen. Sie könnte daher auch 85 oder 49 sein. Wie versprochen, steht sie leicht gebeugt und irgendwie zart und zerbrechlich vor ihrer Einfahrt und wartet auf mich. In ihrem weißen, wehenden Kleid und den schwarzen Haaren sieht sie aus wie eine Elfe. Es dauert keine fünf Minuten, da habe ich sie in mein Herz geschlossen. Ich bin voller Zuversicht, was die gemeinsame Arbeit mit ihr an meiner inneren Reise in dieser Woche betrifft. Annie ist schamanisch angehaucht. Sie bemüht sich sehr um mich, schenkt mir ihre ungeteilte Aufmerksamkeit und ist hundertprozentig für mich da. Das hilft mir, und ich kann mich fallen lassen. Und vor allem: Sie ist unendlich weise und erfahren. Ein wahrer Schatz. Und das wird sich in den nächsten Tagen noch herausstellen. Vertrauensvoll überlasse ich mich daher ihrer Führung, in der Hoffnung, dass alles gut wird.

Nach einem kurzen Orientierungsgespräch, erhalte ich eine mehrstündige Ganzkörpermassage, im besten Boyesen-Stil, ohne dass Annie die Biodynamik oder gar Frau Boyesen, die Erfinderin der Biodynamik, kennen würde. Sicher handelt es sich um eine schamanische Technik, die die Schamanen als Gastgeschenk mitgebracht und in ihre Tradition integriert haben, nachdem sie Frau Boyesen in Dänemark besucht haben. Das ist ja super, denn diese göttliche Technik hat früher schon wahre Wunder bei mir bewirkt. Mir war nicht bewusst, wie verkrampft ich war und wie viel Muskelkater ich von der Delfin-Aktion zurückbehalten hatte. Und keine Ahnung, was ich noch an Altlasten so von zu Hause mitgebracht hatte. Angst, Anspannung und Kälte ergeben einen ziemlich intensiven Verkrampfungscocktail. Meine Hals- und Nackenmuskeln sind wie Beton. Annie arbeitet wirklich intensiv mit mir und als ich wieder zu mir komme, muss ich feststellen, dass sie mich fast sieben Stunden lang behandelt hat!

Ich fühle mich muskelseitig, als hätte ich auf dem Bau geschuftet. Mich befällt eine bleierne Müdigkeit. Aber emotional fühle ich mich wie gereinigt und erneuert. Ich hatte zunächst noch mit der Möglichkeit geliebäugelt, mir ein Essen im Restaurant um die Ecke zu gönnen, fahre aber nun direkt in meine Hütte zurück. Dort bastele ich mir ein Butterbrot aus den Bestandteilen meines frugalen, mobilen Proviants, futtere gemütlich und warm in meinem trockenen Bett und schlafe, inmitten der Krümel ganz unverhofft ein.

In der Nacht wache ich auf und bin hellwach. Diesmal stehe ich auf, besorge mir alles, was ich zum Schreiben benötige, und befreie erst mal alle Worte aus meinem Kopf. Alles, was ich bisher erlebt habe. Beobachtungen, Eindrücke, Erfahrungen und Gedanken. Alles fließt wie von selbst auf das blanke Papier. Ein langer, sanfter Strom an Worten. Er reicht bis in die frühen Morgenstunden. Welch herrlich unbeschwertes Leben!

Fünfter Tag

Der neue Tag beginnt im Sonnenschein und ich bin glücklich. Es ist nicht übermäßig warm, aber angenehm. Volcano liegt ja schon auf beachtlichen 1.250 Metern Höhe.

Heute möchte ich wandern, unter diesem opakblauen Himmel und das schöne Wetter feiern. Ich muss mich unbedingt etwas bewegen, möchte es aber nicht übertreiben, da ich mich immer noch recht wackelig auf den Beinen fühle. Außerdem möchte ich rechtzeitig zu meiner nächsten Sitzung mit Annie zurück sein. Garry ist ortskundig und hilfsbereit und sucht mir die geeignete Wanderung heraus.

Mich erwartet ein Erlebnis der besonderen Art. Die Wanderung führt mich über den erkalteten Krater des letzten Ausbruchs von 1997. Mitten durch den Krater hindurch! Die Oberfläche ist fest, aber die Abkühlung nach einem Ausbruch dauert Jahrzehnte, daher gibt es dicht unter der vermeintlich festen Kruste immer noch flüssige, heiße Lavaschichten.

Der Abstieg hinunter zum Krater erfolgt zunächst ganz gemütlich und führt durch einen wunderschönen tropischen Wald. Ich bin ganz allein mitten im Vogelgezwitscher, einer exotischen Pflanzenwelt und den spektakulären Farben. Aber allmählich wird es recht heiß. Ich spüre, wie mit jedem Schritt, den ich absteige, zunehmend eine mystische Macht von mir Besitz ergreift, die mich hinunter, auf den Grund des Kraters zieht, so als sei der Boden magnetisch und dulde kein Entrinnen. Das erinnert mich unwillkürlich an den »Herr der Ringe« und den unheimlichen Sog, den der Ring auf seinen Träger ausübte.

So öde wie in »Herr der Ringe« sieht es auch aus, als ich den Boden des Kraters erreiche. Rings um mich herum, soweit das Auge reicht, nur totes Gestein. Grau-schwarze Einöde. Verbrannte Erde. Tod und Vernichtung. *Devastation* ist wirklich das treffendste Wort für dieses Bild. Was für eine Welt krassester Gegensätze hier in Hawaii! Ich spüre die Hitze der Lava, die unter dieser vermeintlich festen Oberfläche brodelt.

Ich wurde davor gewarnt, den Boden zu berühren, aber ich muss es dennoch tun. (Wie war noch die Sache mit dem rosa Elefanten? Die todsichere Garantie, auf jeden Fall an einen rosa Elefanten zu denken, ist auf g-a-r k-e-i-n-e-n Fall daran zu denken!) Ich berühre selbstverständlich doch den heißen Boden. Er ist wirklich sehr warm. Und er ist fest. Aber Vorsicht, er sieht nur fest aus. Wirklich fest ist er mitnichten. Mir ist etwas unheimlich zumute. Ich schaue mich um, ich bin allein. Soweit das Auge reicht, niemand in Sicht. Auch finden sich überall in der Lavadecke Ritzen und Spalten, aus denen allerlei Dünste, meist harmlose Wasserdämpfe, aufsteigen. Aber es gibt auch Stellen, wo Schwefel- und andere giftige Gase entweichen. Ein Wegstück weiter oben am Berg mussten sie für die Touristen sogar sperren, weil die Schwefelwolken lebensbedrohliche Ausmaße annahmen und einige der armen Touristen-Leutchen umgekippt sind. Hat Garry mich womöglich auf Todeskurs geschickt? Ob ich wohl besser umkehren soll?

Das vermeintlich Sichere, der feste Boden, ist eine Illusion. Er ist nicht das, was ich sehe. Ich kann mich nicht auf ihn verlassen. Dies ist also Lektion 4 für mich. Sicherheit ist eine Illusion, und: Die Dinge sind oft nicht das, was sie zu sein scheinen. Das gibt mir für den gesamten restlichen Weg genug Stoff zum Nachsinnen.

Ich erfahre später von Garry, dass sich unter dem Vulkan ein riesiges, unterirdisches Netzwerk aus Röhren und Tunneln befindet, eine Folge der vielen Explosionen, die sich während eines Vulkanausbruchs so ereignen, aber auch zu Zeiten der Inaktivität möglich sind. Nur dass dieser Vulkan niemals inaktiv ist. Ständig ist er in Bewegung und in seine Arbeit vertieft, das feste Innere der Erde zu kochen und unter allen möglichen Dämpfen und teils giften Gasen flüssig zu halten, wie in einer Art ewiger Feuerküche.

Immer wieder kommt es zu kleineren Ausspeiungen, wo Magma in die Luft geschleudert wird oder sich in rotgeäderten Netzen langsam den Weg ins Meer bahnt. Im Visitor Center des Nationalparks kann ich dieses feuerrote Magmagespinst anderntags auf Video sehen. Fast so gut, als wäre man selbst mitten im Geschehen. Wenn die Lava mit Temperaturen von 1.600 °C auf 28 °C kaltes Wasser trifft, kommt es zu jeder Menge gewaltiger Explosionen. Die ganze Küste verschwindet dann unter einer riesigen Wolke aus Wasserdampf und allerlei Gasen, und man hat den Eindruck, man erlebe soeben den Untergang der Welt. Nachts kann man dieses Phänomen der Magma-Flows ganz wunderbar beobachten, weil sie sich orangerot in die Schwärze der Nacht hineinglühen. Und das ist sehr beeindruckend, aber auch voll gespenstisch.

Die unterirdischen Explosionen brechen mitunter Tore in den Vulkan, die man später sogar durchschreiten kann, wenn sie erkaltet sind, sofern der Zugang über dem Meeresspiegel liegt. Aber es gibt todesmutige Taucher, die es wagen, sogar die Gänge unter Wasser zu erkunden. Diese Manöver sind allesamt lebensgefährlich und nicht wirklich zu empfehlen, falls man in seinem Leben noch etwas Wichtiges vorhaben sollte.

Als ich die Mitte des Kraters erreiche, erblicke ich in all der Verwüstung und Einöde einen grünen Busch. Aus diesem toten Gestein hier erwächst aller widrigen Umstände zum Trotz neues Leben! Das nenn' ich mal Hoffnung. Und der Beweis, das Leben ist stärker. Ich mache ein Foto, denn diesen Eindruck möchte ich festhalten.

Der Weg ist völlig unmarkiert und wirklich nur mit geschultem Blick erkennbar. Es sieht alles gleich aus, soweit das Auge reicht: grauschwarze Lavawüste. Ein paar Mal komme ich vom eigentlichen Weg ab, da keine Markierungen mehr zu sehen sind. Ich bin froh, als ich den Kraterrand der gegenüberliegenden Seite erreiche, denn der Aufstieg, der zunächst über zig Treppenstufen erfolgt, geht wieder durch den tropischen Wald und ist zum Abschluss dieser Wanderung durch die unglaubliche Einöde ein wahrer Genuss für die ertaubten Sinne.

Ich finde sogar eine Bank, auf der ich mein Obst vertilge, das mir Sandy jeden Morgen, zusammen mit Milch und Kuchen vorbeibringt. Ich habe es mir als Proviant eingepackt. Ananas, Mangos und Bananen. Erfrischend, saftig und süß. Köstlich. Mir tropft der Obstsaft nur so aus dem Mund und läuft mir das Kinn hinunter. Ich fühle mich wie ein kleines Kind, das kleckernd beim Picknick im Gras sitzt. Die Obstschalen werfe ich in meinem Übermut einfach in hohem Bogen hinter mich in den Dschungel. Halt. Halt. Das ist aber verboten. Zu spät. Wie ich nämlich später erfahre, ist auch dies »Abfall«, der nicht natürlich dorthin gehört und Ewigkeiten braucht, um zu verrotten. Das möchte ich auf keinen Fall verantworten. Also lasse ich diese grobe Fahrlässigkeit in Zukunft lieber sein.

Mitten im Wald bleibe ich stehen, weil ich ein merkwürdiges Zeichen auf dem Boden entdecke. Es ist eine aus Wurzeln gewachsene, liegende Acht. Lange betrachte ich dieses Zeichen und setze meinen Weg fort. Ein paar hundert Meter weiter halte ich aber wie ferngesteuert inne und mache kehrt. Es zieht mich eindeutig und machtvoll zu diesem Zeichen zurück. Ich stehe vor dem Symbol der Unendlichkeit.

An dieser Wurzel durfte ich einfach nicht vorbeigehen. Denn wie ein alter Indianer lerne ich gerade die Zeichen um mich herum zu erkennen, sie zu lesen und ihnen zu folgen. Sie als Quelle einer inneren Führung und Intuition zu nutzen. Wie die Wurzel so vor mir liegt, in den Boden eingewachsen, sieht sie geheimnisvoll und rätselhaft aus. Und wirkt auf mich, als ob sie jemand absichtlich und nur für mich dort installiert hätte. Der Sinn dieses Unendlich-Zeichens wird sich mir später noch erschließen. Heil und wohlbehalten in meinem kleinen Heim angekommen, gönne ich mir eine lange, warme Dusche. Ich fühle mich zwar körperlich müde, aber durch das Laufen von verschiedenem Ballast befreit, erfrischt und bereichert. Neue Energien erwachen in mir. *Empowered*, wie der Motivationstrainer sagen würde.

Die Arbeit mit Anny geht weiter. Sie hilft mir auf meinen Weg, wie ich wieder meiner eigenen Intuition vertrauen und folgen kann. Dazu lerne ich die Zeichen Gottes zu lesen, seine Sprache mit der er sich uns mitteilt. Ich erzähle ihr von meiner denkwürdigen Wanderung und dem Wurzelzeichen. Auf einmal sind Zeichen überall. Ich ahne allmählich wie das System funktioniert. Dass es nicht daran ist, auf ein Zeichen zu warten, sondern schlicht, es zu sehen. Ich gewinne Kraft, Stärke und Energie.

Mit den Antworten auf meine Fragen ist es ähnlich. Auch hier geht es nicht darum auszuziehen, um sie umständlich irgendwo suchen zu gehen. Nein, denn alle Antworten sind längst in mir. In dem unbewussten Bereich meines Selbst, der Teil der umfassenden, göttlichen Weisheit ist. Um sie zu spüren, muss ich lernen, achtsam zu sein und still zu werden. Vor allem ruhig. In mich hinein zu lauschen. Lärm, Hast und Stress sind Gift auf diesem Weg. Hier lerne ich von Annie einige ungewöhnliche, aber äußerst nützliche Techniken, mich selbst zu beruhigen. Sie werden in meinem persönlichen Toolkit gespeichert, für den täglichen Gebrauch und das Meistern zukünftiger schwieriger Lebenslagen.

In dieser Nacht schlafe ich trotz der Anstrengung des Tages wieder nicht lange. Gegen zwei Uhr nachts bin ich ziemlich munter. Und bevor ich mich vielleicht langweilen könnte, verordne ich mir: *Expedition-time!* Einer Eingebung folgend, ziehe ich mich rasch an, rüste mich aus für eine nächtliche Expedition.

Ich packe den Rucksack: meinen Allzeit-Bereit-Beutel, Taschenlampe, Wasser und meinen geliebten Pachima-Schal, ohne den ich grundsätzlich nirgendwohin gehe. Denn er gehört zu meiner absoluten Grundausstattung der überlebenswichtigen Dinge. Ich werde jetzt zum *Kilauea* fahren, um das nächtliche Glühen des offenen Puu-OO-Kraters zu sehen!

Mir ist so abenteuerlich zumute, als wäre ich auf einer Expedition im Weltraum. Allein die Fahrt zum Puu-OO ist schon gruselig und angsteinflößend, aber ich konzentriere mich auf die dunkle Straße und fahre unerschrocken weiter. Ich irre durch eine komplett menschenleere und gottverlassene Gegend, passiere Stellen, wo gespenstische Schwefeldämpfe aufsteigen. Hitchcock hätte seine helle Freude an einem solch abgefahrenen Drehort gehabt. Mir jedoch rutscht das Herz endgültig in die Hose, als ich wie zur Krönung unerwartet an einem Militärcamp vorbeikomme.

Meine Spezialität: Staatsgewalt in Uniform. Ich fahre nur noch zehn Meilen pro Stunde, damit ich nur ja nicht auffalle. Ich möchte auf keinen Fall eine weitere Begegnung mit irgendwelchen *Officers* riskieren, die mich womöglich gerne verhören wollen. Denn wenn das zum Programm wird, überlege ich mir ernsthaft, ob ich mich für die nächste USA-Reise nicht gleich als Polizist verkleiden soll. Dann würde ich zumindest nicht mehr auffallen und hätte außerdem die Berechtigung, mich so richtig schön aufzuspielen. Hört sich auf jeden Fall nach einer spaßigen Alternative an.

Aber mit zehn Meilen pro Stunde an einem Militärcamp vorbeizuschleichen ist die sicherste Methode, um garantiert aufzufallen. So sehe ich das jetzt, wo ich hier sitze und alles aufschreibe. Ich habe aber Glück, mich hält trotzdem niemand an, liegt wahrscheinlich an der unchristlichen Uhrzeit. Mitten in der Nacht schlafen sogar die Militärs.

Zu dumm aber auch, dass ich ausgerechnet zu diesem nächtlichen Manöver meine Karte in der Hütte vergessen habe. Ich versuche mich zu orientieren, was mir aufgrund der Dunkelheit, meiner Nachtblindheit und meiner Ängstlichkeit ziemlich schwerfällt. Ich habe das Gefühl, bereits eine endlose Strecke zurückgelegt zu haben. Als ich gerade dabei bin, aufzugeben und umzukehren, erspähe ich plötzlich den Lookout-Point zu meiner Linken.

Ich parke das Auto, bleibe aber drin sitzen. Ich traue mich nicht auszusteigen. Die Luft riecht nach Schwefel, vermischt mit diesem speziellen Brandgeruch des Vulkangesteins, der über dem gesamten Teil dieser Insel liegt, und den die Nachtluft noch verstärkt. Ich bin so mutterseelenallein wie man nur allein sein kann. Ich sehe nichts. Über mir nur unendlich dunkler, weiter Himmel mit einem gespenstischen Vollmond. Selbst der hat sich hinter einem Haufen Wolken verkrochen, weil es auch ihm heute entschieden zu gruselig ist. »Verpiss dich ruhig und lass mich auch noch im Stich«, denke ich trotzig, während mein Mut weiter sinkt und mein Atem allmählich an der Autoscheibe beschlägt. Ich frage mich, wie ich ernsthaft auf eine solch übergeschnappte Idee kommen konnte, nachts so allein hierher zu fahren, nur um mich in einem Auto sitzend zu Tode zu fürchten.

Andererseits, warum sollte sich ein Räuber einen solch unwirtlichen Ort aussuchen? Wo es so viele bequemere Orte gibt, die wesentlich besser für Überfälle geeignet sind. Und wo es noch dazu kaum Aussicht auf viel Beute gibt? Das macht keinen Sinn. Um ein vernünftiges Ergebnis zu erzielen, sollte ein Räuber zumindest dort sein, wo sich Menschen aufhalten. Also hier sind keine. Auf Meilen nicht eine einzige menschliche Seele. Ich kann mich also beruhigen.

Irgendwann klettere ich schließlich doch aus dem Schutz des Autos und versuche, die Autotür geräuschlos zu schließen. Wenn mich keiner hört, kann mich auch keiner sehen. Absolut logisch, wie ich finde. Nur kann ich umgekehrt genauso wenig sehen. Irgendwo müsste doch meine Taschenlampe sein. Ich krame sie aus der Tiefe meines Beutels hervor und leuchte mir den Weg. Ich erkenne nun, dass es nur ein paar Schritte sind, bis man nicht mehr weitergehen kann, weil man sonst dem glühenden Kern zu nahe kommt und es vermutlich zu gefährlich wird. Ich knipse meine Taschenlampe wieder aus. Völlige Dunkelheit umgibt mich. Über mir und zu meinen Füßen breitet sich dicke, schwarzfließende Nacht aus. Meine Augen versuchen sich allmählich, in diesem unheimlichen Szenario Orientierung zu verschaffen.

Als ich mich irgendwann an die Dunkelheit gewöhnt habe, übertrifft das, was ich sehe, alle meine Erwartungen. Ich stehe vor der offenen Kratermündung Puu-OO, dem glühenden Herzen des Kilauea. Er ist gefüllt mit einem feurigen, heißkochenden Magmasee, der ständig zischt und spuckt, mal mehr, mal weniger. Manchmal läuft er über, dann kann man Zeuge der Lavaströme werden, die in glühenden Bahnen bis zum Meer hinabfließen. Hawaii gewinnt auf diese Weise schon einiges an Land hinzu, aber es sind auch schon etliche Siedlungen der flüssigen Lava zum Opfer gefallen. Viele Menschen haben ihre Häuser und ihre Existenzen verloren. Aber trotz all dieser Widrigkeiten bleiben die Leute hier wohnen. Verstehe das, wer will. Und niemand kann sagen, wann es damit ein Ende hat. Selbst die Forscher wissen nicht, wann der Vulkan endgültig erlischt.

Heute läuft das Magma nicht über, aber dem Puu-OO entsteigt fauchend ein gewaltiges orangerotes Leuchten, das von dem ewigen Feuer aus dem Inneren der Erde genährt wird! Ich kann kaum in Worte fassen, was dieser Moment für mich bedeutet. Still und ehrfurchtsvoll starre ich auf das geöffnete Herz der Erde. Flüssige Erde, ewiges Feuer. Gewaltiges Symbol für Stärke und Kraft. Die Unendlichkeit in diesem ununterbrochenen Feuerstrom. Das Wurzelzeichen von heute Morgen kommt mir in den Sinn. Unendlichkeit. Ich bin von der Macht und dem Mysterium des Augenblicks völlig ergriffen.

Ich stehe einfach da, gebannt, und mit schlotternden Knien, im Schatten dieses rotglühenden Leuchtens, umgeben von nächtlicher Schwärze. Ich weiß nicht wie viel Zeit vergeht. Sie scheint stillzustehen. Aber außer der Zeit ist nichts still hier. Es zischt und spuckt. Das Tosen des nie endenden Feuers ist gewaltig und übertönt alles, auch meinen angstvollen Herzschlag. Dieser unirdische Sound gräbt sich in mein Gehirn. Und in meine Erinnerung. Das ist es, was mich an diesem Schauspiel am meisten beeindruckt. Ich stehe da und höre. Fühle und höre. Das Feuer der Erde. Weit über Zeit und Raum hinaus. Ein Erwachen, ein Neubeginn.

Irgendwann fahre ich tief bewegt und wie in Trance heim und schlafe fest und traumlos.

Sechster Tag

Kaum erblicke ich die ersten vorwitzigen Sonnenstrählchen, die durch meine Gardinen blinzeln, bin ich hellwach und mein einzigartiges Vulkan-Erlebnis der vergangenen Nacht ist sofort wieder lebendig. Meine innere Reise hatte hier an diesem offenen Krater ihren Höhepunkt. Das weiß ich. Das war das Innerste. Tiefer geht nicht. Ich fühle mich auf eine seltsame Weise angekommen, zu Hause. Obwohl ich so weit von zu Hause weg bin. Das ist paradox, aber deshalb nicht weniger zutreffend.

Ich setze mich auf, hole Stift und Block und schreibe alles auf.

Der Kilauea Vulkan.

Ich wurde Zeuge einer göttlichen Offenbarung. Offenbarung dessen, was jenseits der Welt der sichtbaren Dinge liegt. Der Wahrheit, die unter der Oberfläche verborgen ist. Gott ließ mich in sein Innerstes, sein weit geöffnetes Herz schauen. In das endlose Feuer blicken, das nie verlöscht. Ich sah wie es überfließt, sich selbst verbrennend, heiß und mächtig. Das ewige Licht. Für mich und für alle Menschen.

Ich kam an diesen glühenden Ort der Erde, wofür ich eine Reise um die halbe Welt auf mich nahm. Einem göttlichen Ruf folgend. Um mich hier wissen zu lassen, dass dieses Feuer gleichzeitig auch mein Feuer ist. Meine Leidenschaft. So mächtig, so heiß, so tief. Niemals versiegend, überfließend und gewaltig. Eine Urkraft ganz und gar für mich. Von Anbeginn in mir.

Gottes Präsenz in dieser glühenden Mutter Erde verbrennt jeden Schmerz, alles Leid und Übel, jede Angst. Versiegelt die tiefsten Wunden, heilt alle Verletzungen. Ablehnung, Nichtachtung und Lieblosigkeit.

Dieses Erdenfeuer heilt. Mich. Und die gesamte Menschheit. Indem sich Mutter Erde selbst verzehrt, nährt sie uns alle, mit ihrer tiefen, urmütterlichen Liebe.

Hier passiert Heilung, angesichts des mächtigen, heißen Ausbruchs des Vulkanherzens. Indem es für mich dahinschmilzt und sich für mich verbrennt. In diesem Moment größter Ohnmacht und Schwäche offenbart es mir seine wahre Größe und Stärke. Wo das Feuer am heißesten brennt, ist die Liebe am größten.

Dieses Feuer in seiner Gegensätzlichkeit, Hingabe und Leidenschaft, Tod und Leben, spricht zu mir. Damit ich seine Liebe spüre. Damit ich spüre wo ich herkomme und wo ich hingehöre. Es spricht die Einladung, ihm zu folgen, als Verbündeter des Lebens. Gemeinsam zu brennen für unser aller Liebe. Wie könnte ich angesichts solcher Macht und Zuversicht noch ängstlich sein?

Am Tag zuvor ging ich noch über festen Boden, erkaltete, fest gewordene Lava. Ein Boden, den ich dachte zu kennen, auf den ich getrost meinen Fuß setzen kann. Der mir Sicherheit gab. Tatsächlich schritt ich nur wenige Millimeter über schwelender Glut. Jetzt, hier am Tor zur Feuerwelt, öffnet sich die Erde und all ihre Kraft und Macht explodiert. Unmittelbar vor meinen staunenden Augen. Und nimmt den ganzen festen Halt, alle Sicherheit mit sich fort. Ja, es ist wahr. Es gibt keine Sicherheit, wenn ich mich auf den festen Boden verlasse. Eine Illusion.

Folge ich mutig dem Weg des Feuers, habe ich nur noch den brodelnden Kern meines feurigen Herzens, auf den ich mich verlassen kann. Der Weg des Feuers ist der Weg des Herzens. Glaube ich an seine heilende Kraft, kann ich wachsen und die Sicherheit in mir selber finden. Dieses starke, warme Herz feit mich gegen alle Ängste und Sorgen dieser Welt. Gegen alle Anfeindungen, Leid und Lieblosigkeiten.

Gott zeigt mir dieses heilige Feuer, wie es von Anbeginn in mir ist. Ich trage es in mir wie die Erde das Feuer. Ich muss es nur zulassen, spüren. Und darauf kann ich bauen. Mich darauf verlassen. Meine innere Kraft und Leidenschaft. Mein inneres, ewiges Licht, das niemals erlischt. Auf ewig mein Herz wärmt. Und die Herzen all derer, die ich liebe.

Die Sitzung bei Annie heute ist hart. Die Wahrheit, die ich erkennen muss ist gnadenlos. Angesichts der Erlebnisse der letzten Nacht, fällt mir heute bei Annie die Erkenntnis wie Schuppen von den Augen. Ich spüre den vergangenen, lebenslangen Schmerz so intensiv, dass es mich unendlich traurig und niedergeschlagen macht. Die Anstrengung, mir das anzusehen und es auszusprechen, ist übermenschlich groß, kostet mich all meine Kraft und Überwindung. Ich muss mich erkennen, und gerade als ich denke ich schaffe es nicht, berührt mich Annie schmetterlingszart am Arm, sieht mir in die Augen und ich sehe ihre Liebe und das Feuer des Vulkans darin. Das Licht in der Dunkelheit. Und alles löst sich mit einem Male auf.

Sie bettet mich daraufhin auf ein Sofa mit unzähligen Plüschkissen und ich erzähle ihr von meinem nächtlichen Erlebnis und wie ich heute Morgen alles aufgeschrieben habe. Sie bittet mich, ihr meine Notizen vorzulesen. Und so lese ich. Während des Lesens, erlebe ich alles noch einmal und bin so überwältigt, dass mir die Tränen in die Augen steigen. Annie folgt aufmerksam jedem Wort, und immer wenn ich innehalte, nickt sie aufmunternd und bedeutet mir, fortzufahren. Als ich fertig bin, steht sie von ihrem Sessel auf und hockt sich vor meinem Sofa auf den Boden. So zart, sieht sie aus wie eine weiße Göttin. Sie gesteht mir, wie sehr sie dieser Bericht bewegt habe. Wie sie sich von den Worten habe entführen lassen und direkt mit mir vor dem Krater gestanden habe. Wie sehr sie beeindruckt sei, von meiner Erzählung und der Art wie ich dieses Erlebnis verarbeitet habe.

Heute möchte Annie die schamanische Reise mit mir machen. Ich soll 10 meiner aktuellen Lebensfragen aufschreiben, worauf ich eine Antwort suche. Spannend. Ich suche Antworten. Deshalb bin ich hier. Meine Fragen schreibe ich auf, sie lassen keinen meiner Lebensbereiche aus. Und das Ritual kann beginnen. Der erste Teil besteht darin, mich in eine Art Trancezustand zu versenken, in einen Bewusstseinszustand, in dem ich tief mit mir selbst und meinem Unbewussten verbunden bin. Annie arbeitet energetisch und benutzt die Reikitechnik. Ich reagiere stark darauf.

In meinem Herzen und in meinem Geist passieren unglaubliche Dinge. Mein ganzer Körper vibriert. Ich fühle es in mir strömen, pulsieren, schmerzen und entspannen. Ich kenne diese intensiven Reaktionen auf energetische Arbeit. Nun muss ich mich fallen lassen und verliere irgendwie das Bewusstsein. Da ich mich in guten Händen weiß, bin ich zuversichtlich, ja glücklich. Alles ist stimmig. Wie gut doch die Vorsehung für mich sorgt.

Irgendwann stellt Annie in diesen Unbewusstseinszustand hinein meine Fragen. Und ich erhalte Antworten, die völlig anders sind als ich erwartet hatte. Die Puzzlesteinchen fügen sich zu einem Gesamtbild. Diese verrückten Antworten fühlen sich richtig an. Nachdem ich von Sorgen beladen und in einem desolaten Krisenzustand von zu Hause aufgebrochen bin, mit dem Gefühl, dass kein Stein mehr auf dem anderen sitzt und keinen Lebensbereich ausließ, macht sich allmählich Ruhe, ja sogar Heiterkeit in mir breit.

Nach der lebensnotwendigen Erfahrung am nächtlichen Vulkan, finde ich nun in meine Leichtigkeit und meinen Spaß zurück. Ich spüre meine Leidenschaft. Und die Liebe, die in mir ist im Überfluss. Ich spüre den goldenen Mittelpunkt in meinem Inneren, das brennende Feuer, den Quell der Liebe. Für mich und für andere. Diese erstaunliche Schamanenreise hat die Fäden zusammengeführt. Ich fühle mich geordnet und sortiert. Wieder habe ich so viel Neues gelernt. Und ich habe Antworten erhalten. Ich werde noch ein Weilchen brauchen, um alles zu verdauen. Ich bin voller Dankbarkeit für diese wunderbare Erfahrung.

Annie hat mich sehr ermutigt, mehr zu schreiben oder überhaupt zu schreiben. Sie findet sogar dass ich mein Tagebuch unbedingt veröffentlichen soll, so begeistert ist sie von der Idee, auch andere daran teilhaben zu lassen. Sie sieht eine Gabe in mir, die mich zu meiner Erfüllung führt. Das Schreiben sei meine Berufung. Und der Grund warum ich hier sei.

Ich komme aus einer nüchternen, turbulenten Geschäftswelt. Ich kann mich in meinem Umfeld nicht im Geringsten schreibend sehen. Aber ich werde darüber nachdenken. Hier in Hawaii, außerhalb meines gewohnten Kontextes, habe ich ausreichend Zeit und Ruhe dazu. Mir ist zunächst wichtig, dass ich meine Erlebnisse und Prozesse dokumentiere. Ich spüre aber, wie ich mich beim Schreiben mit meinem Herzen verbinde und somit mehr und mehr mit mir selbst. Wie ich auf diese Weise bei mir selbst ankomme. So viele Reisen an einem einzigen Tag!

Als ich völlig erschöpft in mein Bett sinke, erinnere ich mich an Janoschs Kindergeschichte »Oh wie schön ist Panama«, wo der kleine Tiger und der Bär auf der Suche nach Panama, ihrem gelobten Land, sind. Nach tagelangen Märschen zeigt die Krähe den beiden Ahnungslosen ihr eigenes Haus aus der Vogelperspektive, und es kommt ihnen wie das Paradies vor, und sie denken, sie sind in Panama angekommen. Ein bisschen fühle ich mich wie der kleine Tiger und der Bär. Ich fahre ahnungslos um die halbe Welt, um aus der Distanz, einer anderen Perspektive, das Kostbarste, das Schönste, mein Zuhause in mir selbst zu finden? Wunderbare Lektion. Lektion Nummer 5.

Dieser unglaubliche Vulkan mit seinem Feuer wärmt mein Herz. Tosend klingt er in mir nach, nicht nur in meinen Ohren.

Siebter Tag

Ich finde mehr und mehr Gefallen am Schreiben. Es macht mir wirklich viel Spaß. Täglich verbringe ich mehrere Stunden damit. Ich liebe mein kleines Notizbüchlein, das ich in Italien gekauft habe. Es sieht irgendwie wichtig aus. Bedeutend. Kann man sich kaum vorstellen, dass man irgendetwas von Wert in Italien kaufen kann, wenn man nur diese kilometerlangen Strandboutiquen mit Nippes kennt, wie sie an der gesamten italienischen Küste zu finden sind. Die Blätter meines Notizbuches sind ziemlich dick, das Papier ist besonders glatt, und ich liebe es, meinen Bleistift darüber gleiten zu lassen und zuzusehen, wie Buchstaben entstehen, dann Worte und am Ende Sätze.

Geschmeidig und unaufhaltsam nutzen sich meine Minen ab. Ich verbrauche mehr Minen als ich dachte, ich habe bereits zwei von fünf verschrieben, aber ich bin zeitlich noch im ersten Drittel meiner Reise. Das wird eng. Ich könnte daraus ein Zeitmesssystem machen und Berechnungen anstellen, wie lang eine Mine reicht, also wie viele Seiten ich damit voll schreiben kann. Ich könnte dieses Wissen dem meistbietenden Bleistiftminenhersteller anbieten, damit er es in seine Produktbeschreibung als Zusatzfeature aufnehmen und diese somit für Power User, also Vielschreiber, interessanter zu machen.

Ich weiß nicht, ist das der Faber-Castell? Der war doch adelig und Graf. Ich bin da nicht so auf dem Laufenden. Ich glaube, das ist der, der in der Fernsehwerbung immer behauptet, er stehe für Qualität mit seinem guten Namen. Ich habe nur den Verdacht, dass der Herr Graf mein frisch gewonnenes Wissen nicht so spektakulär oder weltbewegend finden wird, um es von mir einzukaufen. Zumal er wahrscheinlich gerade auf seinem Altenteil in der Toskana sitzt, sein Bleistiftimperiumgeld munter in den italienischen Strandboutiquen aufbraucht und solche Banalitäten vornehm ignoriert.

Nichts gegen mein kleines italienisches Notizbuch, aber ich vermisse meinen Computer. Damit habe ich mein geschriebenes Chaos besser im Griff. Ständig fällt mir nachträglich noch etwas ein, das ich ergänzen, hinzufügen, umformulieren, überdenken, verschieben, detaillierter beschreiben möchte. Ich habe in meinem Notizbuch schon eine Million Asteriske überall verteilt und befürchte, dass ich niemals in der Lage sein werde, sie jemals wieder an die richtigen Stellen einzuordnen. Auch fällt mir das Tippen sehr viel leichter als das Schreiben mit der Hand. Manchmal tun mir Hand und Arm schon richtig weh vom vielen Schreiben. Die Sortierarbeit werde ich dann später nachholen, wenn ich wieder zu Hause bin. Bis dahin bleibt das Notizbuch mein treuer Reisebegleiter, mein Schatzkästchen, das still meine Geschichtchen sammelt und hütet.

Achter Tag

Die Schlaferei, oder vielmehr das Aufsein scheint zu einem dauerhafteren Problem zu werden. Mir ist zwar klar, dass man einen Zeitunterschied von zwölf Stunden nicht in einer Nacht wegschlafen kann. Aber ich dachte nicht, dass ich es nach einer Woche immer noch nicht geschafft haben würde. Anfangs kämpfte ich dagegen an. Tagsüber, insbesondere am späteren Nachmittag bis frühen Abend, habe ich mich trotz bleierner Müdigkeit wachgehalten, um nachts dann trotzdem nicht schlafen zu können. Dann habe ich mich hin und her gewälzt, in dem krampfhaften aber vergeblichen Versuch, mich mit allen Mitteln zum Einschlafen zu zwingen. Mit transzendentalen Atemtechniken, mit Singen von Schlafliedern, Schäfchen zählen, Kopfstehen, Biertrinken und so fort.

Inzwischen habe ich mich an meine nächtlichen Wachzeiten und Aktivitäten gewöhnt. Ja, ich stehe sogar auf, mache mir mitten in der Nacht Kaffee und tue, was mir gerade in den Sinn kommt. Damit geht es mir wesentlich besser. Und wer braucht schon Schlaf, wenn er so geile Nächte haben kann. Mein Rhythmus ist zwar nach wie vor versaut, aber ich gebe nichts mehr darauf. Da ich auf niemanden Rücksicht nehmen muss, kann ich tun und lassen, was ich will. Und es ist ja auch piepegal, ob ich tagsüber müde bin. Ich muss hier nichts leisten. Ich bin frei. Es scheint ohnehin nicht die Zeit des Schlafens, eher die des Erwachens zu sein.

Nun schreibe ich nachts, höre meine Lieblingsmusik. Ich esse, was auch immer gerade verfügbar ist, trinke Kaffee oder neuerdings auch mal ein fürchterliches Bier. Michelob Light, aus dem Sixpack. Es war die einzige Sorte, die es im kleinen Store am Ort gab, denn hier scheint niemand Alkohol zu trinken. Bei der Suche kam ich mir schon wie ein hoffnungsloser Alkoholiker auf Entzug vor, der zu allem bereit ist, um sich mit Stoff zu versorgen. Und zwar genau hier in diesem entlegenen Tante-Emma-Store, wo ich es auf das letzte, verfügbare Bier abgesehen habe. Quasi den gesamten Lagerbestand.

Während ich verschämt durch den Laden husche, stelle ich mir vor, wie mich alle genau dabei beobachten, mit dem Finger auf mich zeigen, weil sie mich als Junkie identifiziert haben. Innerlich war ich bereits damit beschäftigt, mich auf eine mögliche Verteidigung vorzubereiten, mit Antworten wie: *hey folks, peace*, ich bin Deutsche, und Bier ist schließlich unser Grundnahrungsmittel, vier Liter sind unsere übliche Tagesdosis. Erst dann sind wir einigermaßen erträglich und tun keiner Fliege was zuleide. Aber ich bin am Ende doch völlig unbehelligt mit meiner neuen Errungenschaft davongekommen, ganz in der Hoffnung, es abends erfolgreich als Gegenmittel zur Schlaflosigkeit einzusetzen.

Diese nächtlichen Stunden des Wachseins eröffnen mir neue Möglichkeiten. Ich liebe es, nachts wach zu sein. Die Stille der Dunkelheit birgt Sicherheit und Frieden. Eingehüllt in den schützenden Mantel der Nacht, fühle ich mich frei. Ich kann viel leichter Dinge tun, auf die ich Lust habe, die mir Spaß machen. So höre ich meine verzaubernde Musik. Und wie ich diese Musik liebe! Und lese Bücher von Jan Weiler. Ich liebe Jan Weiler, nicht ihn natürlich. Seine Bücher. Er hat eine so herzerwärmende aber gleichzeitig fröhlich frische Art zu schreiben, die mich sehr berührt und auch irgendwie anspornt. Er ist mein Vorbild. Ich wünschte von ganzem Herzen, ich könnte so schreiben wie Jan Weiler und so singen wie Alison Krauss. Seufz!

Es ist fünf Uhr morgens. Ich möchte aufstehen, um eine letzte morgendliche Wanderung hier am Vulkan zu machen. Plötzlich erschreckt mich ein unheimliches Rumpeln. Die Erde bebt! Ich bin mitten in ein Erdbeben geraten! Alptraum! Das Ende meiner Tage. Mich packt Todesangst. Irgendwelche unsinnigen Gedanken rasen durch meinen Kopf. Raus aus dem Bett, unter den Türpfosten. Nein raus aus der Hütte. Vor die Tür. Schauen was die Einheimischen machen. Deren Anweisungen befolgen. Nach der Sirene oder einem anderen Alarm lauschen. Nach Hilfe rufen. Wo ist mein Handy?

Doch bevor ich so richtig begreife, was los ist, ist es auch schon wieder vorbei. Ein paar Sekunden. Dann – Totenstille. Aber ich traue dem Frieden nicht. Ich schleiche vor die Tür. Nichts. Alles ist friedlich. Die Vögel fangen schon wieder an zu zwitschern, so als ob nichts gewesen wäre. Ich gehe wieder rein, denn ich friere. Ich verkrieche mich im Bett, ziehe die Bettdecke bis unter die Nase und warte. Mir ist immer noch angst und bange. Ich kenne mich mit Erdbeben nicht aus und ich überlege, ob ich zu Hause anrufen soll, damit jemand das für mich im Internet recherchieren kann, ob noch was nachkommt, was denn da zu tun ist. Nein, was für ein Unsinn!

Mir fällt ein, dass ich mich mitten im Vulkanland befinde. Ich lebe in Volcano! Was, wenn es nun einen Vulkanausbruch gibt? Alles in die Luft fliegt? Ich denke an die Menschen, die immer hier leben. In Volcano, am Fuße eines aktiven Vulkans. Sie müssen die passende Einstellung dazu haben – eine andere Perspektive. Erdbeben und Vulkanausbrüche gehören hier zum Leben dazu. Ein Vulkanausbruch hierzulande ist vom Risiko her genauso einzuschätzen wie ein Verkehrsunfall für jemanden, der in Zentrum von Rom wohnt. Oder wie ein Herzinfarkt für einen Workaholic. Anders funktioniert es nicht.

Aber ich habe Glück und darf noch ein Weilchen weiterleben. Es bleibt friedlich. Und es bleibt das einzige Erdbeben während meiner Reise durch Hawaii. Gott sei Dank, denn diese Erfahrung brauche ich nicht in der Wiederholung. Sie hat mich ziemlich aufgemischt!

Ich mache mich dennoch auf zu meiner Wanderung. Bewegung hilft mir, wieder ins Gleichgewicht zu kommen. Ich möchte nur laufen, sonst nichts. Als ich an der Ranger-Station vorbeikomme, frage ich den Ranger nach dem Erdbeben. »*Oh were you up?*«, spricht er mich ganz erstaunt und sehr freundlich an. »*This was at 5 a.m.*!« Ich dachte nur, wer in aller Welt kann denn dabei ruhig weiterschlafen? »*Yes*«, sage ich. Daraufhin meint er nur ganz lapidar, »*Hmm. Three point two.*« Er meint damit den Wert auf der Richterskala. Oh, bloß? denke ich ironisch und entgegne mit gespielter Lässigkeit, »*Three point two. Of course! That's practically nothing!*« Ist ja fast ein Witz und nicht der Rede wert, wer regt sich darüber schon auf? »*We have that all the time*«, bestätigt mir der nette Ranger gutgelaunt.

Was ihn viel mehr beschäftigt als das Erdbeben, sind die vielen lila Blüten auf meinem weißen Auto, auf die er voller Verzückung und Anerkennung zeigt: »*How beautiful that is*«, so als ob ich mein Auto absichtlich auf diese Weise für diesen Anlass dekoriert hätte und er nun auch gerne so ein Muster auf der Motorhaube hätte. Darauf aufmerksam gemacht, muss ich ihm beipflichten. Mein Auto ist wie übergossen davon. Ich sehe aus, als käme ich direkt aus der Milka-Reklame. Ich lasse ihn wissen, dass ich extra einen tropischen Baum engagiert habe, der nachts diesen Deko-Job mit Hilfe von Wind und Erdbeben erledigt und heute seinen Job besonders gut gemacht, und reichen Blütenregen erzielt habe.

Wir lachen herzlich. Befreiend. Ich lache auch über die Wahrnehmungsunterschiede. Während der eine sich über ein Erdbeben sorgt, freut sich der andere über Blüten! Das Erdbeben ist zwar nicht vergessen, aber wieder in den richtigen Kontext gerückt. Danke, ich meine natürlich *Mahalo!* für diese Lektion, Herr Ranger. Das war Lektion Nummer 6.

Für die Wanderung habe ich von Garry einen Führer bekommen, der den interessierten Wanderer auf die unterschiedlichen Arten des Lavagesteins hinweist. Dass die Lava nicht immer gleich ist, hängt mit den unterschiedlichen Temperaturen zusammen, die bei einem Vulkanausbruch so entstehen. Man könnte ja meinen, erdschmelzendheiß sei bereits heiß genug. Aber nein, da gibt es sehr wohl feine Abstufungen. Auch die Schnelligkeit und Art der Abkühlung, durch Luft oder Wasser, spielen eine Rolle und auch die unterschiedliche Beschaffenheit des Untergrunds, auf den die flüssige Lava trifft. So können sich unglaublich glatte Böden bilden, aber auch Geröllhalden mit völlig porösen, geschwürähnlichen Auswürfen.

Eine besondere Ausformung der Lava bezeichnen die Hawaiianer als die »Haare der Pele«. Dabei handelt es sich um Vulkanglas, das haarförmig auf den Boden regnet. Eine andere exotische Form nennen sie die »Tränen der Pele«. Das sind millimeterkleine, glattpolierte Lavatröpfchen, die schwarzglänzend schimmern wie Onyx.

Pele ist die hawaiianische Göttin des Feuers und der Vulkane. Ihr Name bedeutet »geschmolzene Lava«. Dem Glauben nach wohnt Pele auf dem Kilauea-Vulkan oder vielmehr darin. Die Hawaiianer bringen ihr zu Ehren Opfergaben wie Gin, Zigaretten oder Blumenkränze an den Kraterrand. Außerdem tanzen sie dort den Hula für ihre Göttin Pele. Ich stelle mir gerade vor, wie Pele, zigaretterauchend und gintrinkend in ihrem feurigen Krater hockt, mit Blüten bekränzt und mit übereinander geschlagenen Beinen gnädig die Hula-Darbietung der Eingeborenen verfolgt.

Inmitten eines riesigen Geröllfelds bemerke ich auf einmal, dass die Lavastücke einen schillernden Glanz haben, der mir ganz neu ist. Wie als seien die Stücke mit Silber und Gold und manchmal auch mit verschiedenen Leuchtfarben eingefasst. Beglückt über diesen Fund, beschließe ich sofort, für jeden meiner Liebsten zu Hause einen ganz persönlichen Stein mitzunehmen. Wegen des Gepäcks dürfen es nur die allerkleinsten sein, Gewicht haben sie ja so gut wie keins. Ich betrachte sie liebevoll versonnen in meiner offenen Hand und spüre ihre warme Energie durch meinen Körper strömen. Behutsam schlage ich sie in ein Taschentuch ein und verstaue sie im Rucksack.

In meinem Cottage bastele ich mit einer roten Blüte, die ich vor meiner Hütte finde, und einem exotischen Blatt eine Verpackung für den Stein, den ich für Annie ausgesucht habe. Als Abschiedsgeschenk, denn es ist mein letzter Tag mit ihr. Als ich ihr das vulkanische Juwel überreichen möchte, wird sie ganz blass und erzählt mir, dass man auf keinen Fall irgendetwas, und schon gar keine Steine von diesem Vulkan wegbringen dürfe. Sie bittet mich, alle Steine wieder zurückzulegen. Denn sie seien heilig und gehören nur diesem Ort.

Als ich sie mit großen Augen ansehe, berichtet sie mir, dass es in der Poststation von Volcano bereits einen gewaltigen Berg an zurückgesandten Steinen gäbe. Allesamt von Menschen, die Vulkansteine mitgenommen hatten, und denen die unwahrscheinlichsten Dinge widerfahren seien. Sie konnten sich erst davon befreien, nachdem sie die Steine endgültig nach Volcano zurückgeschickt hatten. Ich bin fassungslos. So was. Aber ich glaube ihr das aufs Wort.

Dieser ganze Flecken hier ist so machtvoll und schaurig unheimlich, dass ich ihr das sofort abnehme. Mir ist wirklich nicht danach, mit solchen Dingen zu spaßen. Also bringe ich die Steine am anderen Morgen brav wieder zurück an ihren Platz, nicht ohne mich bei der Göttin Pele aufrichtig dafür zu entschuldigen, sie mir kurz ausgeliehen zu haben. Ich war aber trotzdem sehr wehmütig, sie nicht behalten zu dürfen, denn sie waren wirklich außergewöhnlich schön!

Es ist also mein letzter Tag in Volcano. Ich bin vollkommen erfüllt von den vielen außergewöhnlichen Erlebnissen, die dieser unvergessliche Ort mir beschert hat. Ich freue mich aber auch von hier wegzukommen. Der Anblick der schwarzen, trostlosen Kraterlandschaft, gepaart mit dem Geruch nach Verbranntem, drückt meine Stimmung. Wie um das Maß voll zu machen, gießt es schon seit Stunden wie aus Eimern. Aber was erwarte ich auch? Ich bin schließlich im Regenwaldgebiet, da ist Regen Programm! Ich freue mich auf etwas Heiteres und Fröhliches. Mein Gemüt benötigt dringend Aufmunterung. Daher bin ich nicht traurig, wenn ich morgen abreise und mich auf zur nächsten Etappe machen kann.

Die Arbeit mit Annie war so intensiv, dass ich auch hier eine Pause brauche. Sie ist mit mir durch mein ganzes Leben gewandert. Die meiste Zeit war es harte Arbeit, und es hat mich meinen ganzen Mut gekostet, mich Wahrheiten zu stellen, die ich nie gekannt oder komplett verdrängt hatte. An den Stellen, wo es Heilung für mich gab, hat sie angehalten und mich gehalten. Ich bin so aufgewühlt, fühle mich wie durch die Mangel gedreht. Ich habe so viel Stoff zum Nachdenken, Nachfühlen und Nacharbeiten bekommen, dass ich ganz benommen davon bin.

Ich habe Annies Art genossen. Sie ist zwar älter, aber dennoch so kindlich und so witzig. Wir haben viel zusammen gelacht und gealbert wie Kinder. Sorgen und Nöte einfach weggealbert. Es war wunderbar und hat mir so gut getan, mit ihr zusammen alles von der Seele zu lachen. Unsere kleine, geheime Konspiration. Sie ist so klug und weise und hat mir wirklich Mut gemacht. Ich fühle mich bestens aufgestellt für einen neuen Start in meinem Alltag zu Hause.

Darum geht es schließlich, dass ich es zu Hause schaffe, heil und ganz zu bleiben. Jedenfalls kann ich diese wunderbare Therapie gegen Burnout jedem bedenkenlos empfehlen. Ich habe Annie wirklich lieb gewonnen. Sie verabschiedet mich mit den Worten: »Und sende mir das Manuskript deines Buches!« Sie glaubt so fest an mich. Ach Annie, ich werde dich so vermissen! Aber als Schreiberling sehe ich mich dann doch noch nicht.

Auf dem Weg zurück in mein Cottage muss ich ein paar Tränen verdrücken. Es macht mich traurig, Annie zu verlassen. Sie ist mir trotz der kurzen Zeit so ans Herz gewachsen. Ich denke darüber nach, wie einsam sie hier ganz alleine wohnt. Ihr Haus liegt ziemlich weit außerhalb von Volcano und sehr abgeschieden. Ich wundere mich, dass sie sich dort nicht fürchtet. Aber niemand fürchtet sich hier. Nur ich wahrscheinlich.

Ich werde aber auch an jeder Ecke von diesen sonderbaren Schildern gewarnt: »*Neighborhood Crime Watching*«. Das ist eine Bürgerinitiative, wo Nachbarn sich zusammentun, um gegenseitig ihre Häuser und Grundstücke zu beobachten und verdächtige Subjekte oder Aktivitäten der Polizei zu melden. Eingreifen dürfen sie natürlich nicht. Das wäre ja wieder Einmischung in die Privatsphäre.

Und nicht vergessen, auch Kriminelle und Vandalen haben ja eine Privatsphäre und ihre Rechte, die es zu achten gilt. Das haben wir ja von der Geschichte mit Tom und Bill gelernt. Da fällt mir ein, Gwyn hatte kein solches Crime-Watching-Schild. Kein Wunder, dass Tom und Bill sich dort bei ihr niedergelassen und schadlos gehalten haben. Hier hätten sie keine Chance gehabt, weil sie nämlich sofort beobachtet worden wären. Mir jedenfalls jagen diese Schilder eher Angst ein. Eine ständige Erinnerung, dass es Menschen gibt, die man beobachten muss, weil sie es nicht gut mit einem meinen, und vor denen man sich schützen muss. Und nun beobachten die Nachbarn natürlich auch mich. Mache ich mich verdächtig? *Big Brother is watching you.*

Mich beschäftigt die Frage, warum die Nachbarschaften so was für nötig befinden, wenn alles so friedlich und paradiesisch ist. Als ich Sandy und Garret von meiner Beobachtung berichte, erzählt Garret mir voller Stolz, dass niemand auf Hawaii Angst haben muss, denn Hawaii habe den ersten Preis als sicherster Staat Amerikas gewonnen. Weil, man höre und staune, in Hawaii die Kriminalitätsrate am niedrigsten ist. Trotz Tom und Bill und dieser 2:1-Quote. Die Sicherheit ist also verbrieft und amtlich. Von wann ist das Ergebnis, und wie oft wird die Statistik aktualisiert?

Davon hat Garret nichts gesagt. Jedenfalls schließen die beiden deshalb ihre Autos und Häuser nicht ab. Das brauche man hier einfach nicht, weil man sich so sicher fühlen könne wie in Abrahams Schoß. Nun ja, diesen Abraham kenn ich nicht. Der hat vor über 2.000 Jahren gelebt, da waren die Spielregeln bisschen anders. Aber Garret besteht darauf, die Menschen seien äußerst friedlich hier. Sie selbst würden sich sonst hier nicht wohlfühlen. Sie wohnen schließlich schon seit Jahren hier und betreiben seitdem die Vermietung der Cottages. Es ist noch nie etwas passiert.

Mir ist das lieber, als zu glauben, dass mich jede Sekunde jemand überfallen könnte. Sicherlich ist es das Ergebnis des total engagierten *Crime Watchings,* das die Amis wie einen neuen Sport betreiben und einen Eifer an den Tag legen können, den man so vielleicht nur von der hartnäckigen Anti-Raucher-Kampagne kennt. Erfolgreich ausgerottet. Und der klägliche Rest der Raucher ist bestens dressiert aufs Vor-der-Türe-Rauchen, selbst wenn man im einhundertersten Stockwerk des Empire State Buildings arbeitet. Aber auch das Draußen-Rauchen wollen die Amis noch abschaffen. Da können sie ihren ganzen Ehrgeiz entfalten. Und es macht ihnen sichtlich Spaß. Cleaning im großen Stil. Cool. Amerika ist mal sauber.

Ich werde jäh aus meiner Grübelei gerissen, denn ich komme zum letzten Mal an dem Geistergrundstück vorbei, das so eklig ist, dass ich heute die Augen zumache und mich schütteln muss. Dies ist die einmalige Gelegenheit, eine kleine Story für alle Gruselliebhaber einzuflechten, die auf Schleim und Schmodder stehen.

Als ich dieses Anwesen zum ersten Mal sehe, will ich meinen Augen nicht trauen, und hoffe, es ist nur eine Halluzination. Beim nächsten Mal denke ich, ich mach mal ein Foto davon, habe mich aber dann doch nicht getraut, stehenzubleiben, wer weiß, wer mich dabei beobachtet. Jetzt weiß ich es, die Nachbarn natürlich! Das gesamte Anwesen bietet ein einziges Bild des Grauens und Ekels.

Es handelt sich im Prinzip um eine lebende Müllhalde, die sich einwandfrei im Verrottungsprozess befindet. Das gesamte Hab und Gut des Besitzers ist wie Abfall übereinander getürmt und zur Schau gestellt, als Einladung für Besichtigungstouristen wie mich, aber auch für alle Tierarten, als Brut- und Begegnungsstätte. Eine »OT«, Offene Tür, für Ratten und Mäuse. Davor steht ein Wagen, der vielleicht vor einiger Zeit noch funktionstüchtig war, der aber inzwischen Schrott ist, die Scheiben zerbrochen und über und über mit Abfall bedeckt. Wie andere Leute ihre Blumen gießen, wird hier regelmäßig mit frischem Müll nachgekippt, um die unteren Lagen zu düngen, die bereits komprimiert sind.

Das Ekligste aber sind die ganzen Essensreste, die den Wagen überziehen wie Schimmelsporen den Käse, dort rumgammeln, und es dem Ungeziefer möglichst gemütlich machen. Ich erwäge kurz, ob vielleicht eine künstlerische Provokation dahinter stecken könnte. Aber diese Erklärung verwerfe ich schnell, dafür sieht alles zu sehr nach echtem Leben aus. Hinter dem ganzen Mist befindet sich eine Art Behausung, in ähnlich üblem Zustand. Ich nehme zunächst an, das Anwesen sei unbewohnt, vor allem weil es unbewohnbar ist. Aber gestern, als ich vorbeifuhr, sah ich einen jungen Mann auf dem Grundstück und ein paar Katzen, welche die Gammelreste den Ratten abjagten. Mir ist schlecht geworden, und ich hätte mich beinahe übergeben. Kotzübelwürg.

Aber vermutlich will dieser arme Mann ja nur ein bisschen Aufmerksamkeit, und keiner registriert das. Keiner will ihn beobachten, trotz aller Nachbarschaftsschilder, da kann er anstellen, was er will. Müll und Abfall auf einem Privatgrundstück ist ja nicht kriminell und wird daher weder beobachtet noch gemeldet. Leider hab ich so was öfter gesehen, auch wenn dieses Objekt das krass ekligste war. In jedem Fall ist es ein aufrüttelndes Kontrastprogramm zu dem sonst vorherrschenden, softigen, rosaroten Blüten-Hula-Hula.

Ich habe keine Ahnung wie es bei uns ist. Haben wir eigentlich Gesetze gegen Verwahrlosung und Verwüstung auf dem eigenen Grundstück? Bei uns gibt es ja Gesetze so gut wie für und gegen alles. Aber ich denke, dass allein schon aus Hygienegründen mindestens das Gesundheitsamt einschreiten würde. Und wenn nicht die Gesetzeshüter, dann die Nachbarn. Und das machen sie, ganz ohne irgendwelche Schilder. Da wird schon dafür gesorgt, dass niemand machen kann, was er will. Bei uns herrscht eben einfach Ordnung. Auch privat.

Als ich in meiner kleinen Hütte ankomme, freue ich mich, wie adrett und sauber sie ist und leere freudig den vollen Behälter meines Entfeuchtungsapparillos aus. Weitere 18 Liter Wasser erfolgreich aus der Luft gefiltert! Heute habe ich mal Hunger und keine Lust auf einen einsamen Abend. Ich möchte zur Abwechslung unter Leute und ein bisschen Party machen. Garrets Empfehlung ist »Kiawe Kitchen«, ein Restaurant berühmt für seine exquisite Pizza. Hmm, lecker Pizza.

Ich springe unter die Dusche und ziehe mir etwas von den netteren, ausgehkompatiblen Sachen an, die ich mit habe. Das Restaurant ist im Ort und zu Fuß leicht erreichbar, aber es ist schon dunkel. Ganz dekadent, im besten Amistil, fahre ich die paar Meter mit dem Auto und verhunze meine Öko-Bilanz dadurch drastisch.

Ich freue mich auf meinen Ausflug ins Restaurant, das erste, seit ich hier bin. Schon aus Kostengründen meide ich das Auswärtsessen. Restaurants sind schweineteuer in Hawaii. Und meist sind die Portionen für mich sowieso viel zu groß. Leider kann ich die Reste auch nicht mitnehmen. Da ich nichts zum Aufbewahren habe, würde mir nur alles verderben und ich hätte womöglich noch jede Menge Ungeziefer am Hals. Ih-bäh.

Ich möchte soeben die Türe zum Restaurant öffnen, als ich das Schild »*Please wait outside to be seated*« sehe. Ach ja, stimmt, bin ja in USA. Da muss man warten bis der Platzanweiser kommt. Ich finde es nur leicht befremdlich, dass ich dies draußen tun soll. Ich habe aber von hier einen ungehinderten Blick durch das offene Fenster, auf die Theke und die Bedienung und versuche, Blickkontakt mit der Kellnerin aufzunehmen. Sie ignoriert mich geflissentlich, bis mir die Hutschnur platzt und ich »*Hello*« rufe. Sie blickt kurz auf und sieht mich fragend an, als ob ich ein störendes Anliegen haben könnte, das nichts mit ihrem Restaurant zu tun hat. Sie ruft »*one second*«.

Die *Seconds* werden zu Minuten, während sie irgendwo im Innern des Restaurants und hinter diversen Zapfhähnen verschwunden bleibt. Bis ich inzwischen ziemlich ungehalten meine, ich würde nun schon fast zehn Minuten hier draußen warten, um einen Tisch angewiesen zu bekommen, ob auch mal was passieren würde oder ob ich mich zu Hause so lange schlafen legen soll. Daraufhin meint sie, ich könne gerne auch reinkommen. Ihre Kollegin käme gleich.

Ach Leute, ich hätte also seit fast zehn Minuten auch drinnen warten können? Ich atme dreimal tief ein und aus, chante zehnmal »Ohm« und spreche mir vor: »Ich bin vollkommen ruhig und gelassen und niemand auf dieser Welt schafft es, mich aus der Ruhe zu bringen, auch diese hinterwäldlerisch dumme Servier-Schnepfe nicht, die scheinbar ihre eigenen Schilder noch nicht gelesen hat und falls doch, den Inhalt samt Hirn und Benehmen an der Serviererinnen-Garderobe abgegeben hat.«

Ich trete jedenfalls ins Warme und bin schon mal einen kleinen Schritt weiter, nämlich genau einen Meter. Die Kollegin kommt nach weiteren drei Minuten auf mich zu, was ich inzwischen für schnell halte, und führt mich an meinen Platz. Na prima, geht doch. Ich sitze. *Wonderful*. Ich bekomme die Speisekarte und bestelle einen weißen Glühwein. Ich weiß, sorry Leute, das passt nicht nach Hawaii, aber egal, mir ist kalt und es erinnert mich ein bisschen an zu Hause. Leichte Form von Heimweh. Bier und Wein kann ich mir sonst überall bestellen.

Der Glühwein kommt auch recht flott und ist lecker, wenn auch etwas zu süß, aber egal, passt schon. So, noch schnell bestellen, und mein Glück ist perfekt. Ich möchte eine einfache Pizza, auf »fancy« steh ich bei Pizzas nämlich nicht so, und frage die nette Kellnerin gerade, ob ich wohl eine Halbe haben kann, da schneidet sie mir glatt das Wort ab: »Nein, geht nicht.« Aha. War irgendwie auch klar, oder? Ich starre auf den Teller am Nebentisch, wo sich ein Pärchen eine Pizza teilt, und wage noch einen Versuch, ich wäre ja schließlich nur eine Person. Ich schaffe keine ganze Pizza – »*No, sorry Ma'am*«, und sieht mich gnadenlos an.

Bin ich sauer genug, um den Manager kommen zu lassen? Denn mittlerweile ist die Aneinanderreihung der Servicesünden in diesem Lokal an meiner Schmerzgrenze angekommen. Außerdem hatte ich solche Lust auf Pizza. Deshalb bin ich schließlich hier. Ja, ich bin sauer, aber ich entscheide mich für einen netten Abend mit mir selbst. Also Frieden. Ich sage ihr daher, dass das äußerst bedauerlich sei, weil ich nämlich extra wegen der Pizza hier sei, aber nun müsse ich noch einmal in die Karte schauen, ob ich etwas anderes finde. Sie stapft demonstrativ hinternwackelnd davon. Ich finde natürlich nichts, worauf ich Lust hätte, und bestelle mir einen Salat mit Ziegenkäse.

Normalerweise reichen mir die Vorspeisen. Aber nicht hier. Diese Portion ist wirklich *minifuzzig* und sogar für mich zu klein, obendrein kostet sie noch 20 Dollar! Hab ich was verpasst? Bin ich hier im Ritz-Carlton oder so? Ich dachte ich säße in einem stinkgewöhnlichen Pizzalokal in der tiefsten Provinz.

Nun bereue ich meine Entscheidung, nicht mit dem Manager gesprochen zu haben. Aber meine Mahlzeit ist ja noch nicht zu Ende. Vielleicht sammele ich erst noch ein paar Kundenunfreundlichkeiten, damit sich das Beschweren nachher auch lohnt. Da spricht mich der Typ vom Nebentisch an und bietet mir ein Stück seiner Pizza an. Wie rührend. *Mahalo*!

Er hat die Story anscheinend verfolgt und sieht mich voller Mitgefühl an und meint, die Pizza wäre ja selbst für sie beide schon zu viel und er könne auch nicht verstehen, warum sie mir nicht einfach eine halbe servieren. Na echt mal, und ich erst, wo ich von dem exquisiten Service meines Hausitalieners bei mir daheim so verwöhnt und womöglich komplett verdorben bin, denn er serviert mir die Pizza immer so wie ich sie haben möchte. Ganz, halb, in Stücken, oder auch püriert, seufz!

Ich bedanke mich freundlich bei ihm und frage die beiden, wo sie herkommen und wie sie heißen. Sie sind vom *Mainland* und machen einen nachgeholten Honeymoon auf Hawaii. Der Typ ist derjenige, der das Gespräch führt. Sie schweigt auf eine vornehme American-wife-typische Art. Sie ist eine High-Maintenance-Tussi. So werden Frauen klassifiziert, die einen bestimmten Gesellschaftsstatus anstreben, Heim, Haus und Kind. Sie verkörpern einen ganz bestimmten, vordefinierten amerikanischen Lifestyle.

Die Art wie man heiratet, den richtigen Verlobungsring, die distinguierte Schule für die Kinder, der exquisiteste Dekorateur für das traute Heim und die obligatorisch vielen Dienstleister für Nägel, Haare und Haut, die Frau wettbewerbsfähig halten. Solche Frauen campen nicht und sie machen sich nicht schmutzig. Sie fluchen nicht und lassen sich emotional nicht gehen. Sie sind perfekt und steril und merken meist erst viel zu spät oder im schlimmsten Fall gar nicht, dass sie auch ein entspanntes, lustiges Leben hätten haben können.

Ich schaffe es, die blonde High-Maintenance-Tussi mit ein paar Fragen aus ihrer gesellschaftlichen Reserve zu locken, so dass noch ein nettes, angeregtes Gespräch zustande kommt. Es dreht sich hauptsächlich um Hawaii, Big Island und Volcano. Touristenthemen halt. Sie reisen über alle möglichen Inseln, so viele sie innerhalb einer Woche schaffen können. Denn die Amerikaner haben nicht so viel Zeit oder Urlaub wie wir. Sie fahren eine Woche oder maximal zehn Tage. Das war's. Das ist aber dann auch schon echter Luxus für sie. Und was sie in diese Zeit nicht reinquetschen können, haben sie am Ende verpasst. Als die beiden sich erkundigen, wie lange ich Urlaub mache und ich ihnen erzähle, dass ich sechs Wochen Zeit zum Reisen habe, bleibt ihnen vor Staunen der Mund offen stehen.

Ich mache mich als Touri-Guide nützlich, mit Tipps, was sehenswert ist und wo sie hin gehen müssen. Ich kann sogar mit Adressen von möglichen Anlaufstationen dienen, die ich alle griffbereit in meinem Handy habe. Die nette Begegnung mit diesen beiden Honeymoonern unterhält mich und rettet den Abend. Denn das Essen konnte man getrost vergessen, nur der überzogene Preis bleibt als schlechter Nachgeschmack in Erinnerung.

Mit dem Bezahlen machen sie mir auch noch mal Stress und verderben sich damit ihr Trinkgeld. Das ist in den USA verpflichtend, mir aber egal. Sollen sie mich doch verhaften. Dieses Lokal betrete ich nicht mehr. Und empfehle es auch ganz sicher niemandem weiter. Dabei stamme ich aus der Service-Wüste Deutschland und müsste eigentlich hochgradig abgehärtet sein.

Ich verlasse das Restaurant und habe Hunger! Aber Volcano ist einer der beiden Orte weltweit, wo es keinen *McDo* gibt. Also ziehe ich mir später noch zwei der oberleckersten Müsliriegel aus meiner von Deutschland mitgebrachten Notration rein. Hmm, so gut hätte die Pizza niemals sein können, wie diese beiden köstlichen deutschen Müsliriegel hier! Ich fühle mich in meiner Einstellung bestätigt, dass meine mobile Butterbrot und Früchte-Ernährung richtig gut ist und keineswegs ein Mangelgefühl bei mir hinterlässt. Im Gegenteil. Ich brauche nicht mehr. Und nach diesem Erlebnis erst recht nicht.

Neunter Tag

Auf zu neuen Ufern! Ich freue mich auf den Ortswechsel. Als nächstes ist das Yoga Camp dran. Dort habe ich eine Übernachtung als Zwischenstopp gebucht, bevor ich meine Workshop Woche mit der EmoYoga-Gruppe antrete. Die Fahrt dorthin dauert nicht lange und ist sowas von entspannt, mal abgesehen von den letzten paar Meilen.

Ich fahre wie immer gemütlich, damit ich etwas von der schönen Landschaft habe. Sie ist hier wieder ganz anders. Offener und lieblicher. Es gibt mehr tropische Vegetation. Und es ist vor allem auffallend viel wärmer als in Kealakekua Bay oder Volcano. Gut, Volcano war auch ziemlich hoch. Aber ich bin dankbar für eine wärmere Gegend, mir war oft kalt und das in Hawaii!

Hier nun eine kleine Episode, die den Fahrstil der angeblich relaxten Einheimischen beschreibt. Es gibt, wie in Amerika überall, auch hier auf Hawaii ein Speed-Limit. Es wechselt allerdings dauernd und hält dich als ausländischen Autofahrer permanent auf Trab. Tempomate machen hier echt keinen Sinn. Manchmal, auf den etwas breiteren Strecken der Küstenstraße, die ja nur einspurig ist, kann man 55 Meilen pro Stunde fahren. Ansonsten variiert die Geschwindigkeitsbegrenzung zwischen 20 und 25 Meilen und geht in der Regel bis 45 Meilen. Als Ortsunkundige und weil ich mich ständig nach der Karte orientieren muss, aber auch die Landschaft nicht verpassen möchte, fahre ich meist am unteren Limit. Auch die Untergrenze wird, wie sollte es anders sein, per Schild angezeigt! *»Minimum Speed«* heißt es dann. Doch selbst wenn ich *Maximum-Speed* plus noch mal zehn Meilen Puffer obendrauf, also 65 *Miles per hour* fahre, gibt es trotzdem irgendwann eine Schlange hinter mir. Ich bin also immer zu langsam!

Fazit: hier hält sich also niemand an Speed-Limits! Das kann ich mir als Ausländer natürlich nicht leisten. Damit ich mich also weder von den eiligen Menschen hetzen lassen muss, noch ein Hindernis sein will, habe ich mir angewöhnt, zwischendurch an den Rand zu fahren, um alle vorbeizulassen, die sich hinter mir angesammelt haben.

Hier nun, kurz vor meinem Ziel, inmitten des einsamen Tropenwalds, ist die Straße sehr eng, eigentlich fast einspurig, und in sehr schlechtem Zustand, kurvig und unübersichtlich. Die Ränder sind ungesichert und fallen gefährlich steil ab. Ich fahre langsam. Hinter mir kutschiert ein Typ seinen Monstertruck und drängelt, ja nötigt mich regelrecht, fährt mir viel zu dicht auf. Hinter ihm sind noch zwei weitere Fahrzeuge aufgelaufen. Ich kann erst ein paar hundert Meter weiter zur Seite fahren und wundere mich noch, dass das Drängel-Monster nicht wie erwartet erfreut und zügig überholt, sondern zögert, bis es dann doch irgendwann sichtlich genervt an mir vorbeifährt. Hab ich nicht verstanden.

Nun aber die Lady hinter dem Monstertruck. Die brüllt mich im Vorbeifahren völlig unvermittelt durch ihr offenes Fenster an: »*You almost caused an accident*«*!* Ich sehe sie absolut entgeistert an, denn ich bin noch voll im Bewusstsein meiner vorbildlich rücksichtvollen Ausweichleistung und finde diesen Vorwurf voll ungerecht. Ich möchte ihr sagen, dass ich bloß freundlich sein wollte. Aber da ist sie auch schon vorbei. Ich bin noch immer völlig perplex, als der dritte Wagen an mir vorbeifährt. Ich denke nur, bitte du nicht auch noch auf mir rumhacken! Keine Ahnung, was ich für eine verzweifelte Grimasse geschnitten haben muss. Der Typ sieht mich ganz mitleidig und etwas verschüchtert an, und schwupps, da ist auch er schon vorbei, glücklicherweise wortlos.

Ich atmete auf und versuche die Botschaft dahinter zu ergründen, falls es eine gibt. Ich ecke an, wenn ich mir meine Zeit nehme. Zeit, die ich brauche, wenn ich langsamer bin als andere. Seltsam. Garret hat mir eben vor meiner Abfahrt noch erzählt, dass Hawaii nicht nur den ersten Platz in der Kriminalitätsstatistik belegt hat, sondern auch in Punkto Stressfreiheit. Das hier ist also der friedlichste aller US-Bundesstaaten. Hallo? Ich habe das Gefühl, dass ich haufenweise gegensätzliche Doppelbotschaften bekomme. Ich weiß nämlich nicht mehr, was ich glauben soll. Drängeln, Nötigen, Brüllen. Eine völlig neue Auffassung von Stressfreiheit! Damit also hat Hawaii den ersten Platz belegt??? Schwer zu glauben!

Es sind nur noch ein paar Meter, bis ich im Yoga Camp bin. Beim Check-in sitzt ein ziemlich sonderbarer Typ mit braungebranntem, durchtrainiertem Körper, kahl rasiertem Kopf und einem schicken weißen Plastikohrring am linken Ohr. Er ist der Empfangschef und so beschäftigt, dass er nicht mal Zeit hat, mich zu begrüßen. Oder mich nur anzusehen. Ich werde blind abgefertigt. Dann springt er unvermittelt auf und, ohne mich eines Blickes zu würdigen, läuft er mir voraus, um mir eine haptische Führung durch das Hauptgebäude zu spendieren.

Schwerpunkt: Wände be-*greifen*. Es gilt, diese einzigartigen Wände des Etablissements zu bewundern – und sie zu streicheln! Denn, welche Sensation, sie sind aus LEHM! Mein drahtiger Führer flippt darüber völlig aus. Als sähe er diese Wände zum ersten Mal in seinem Leben. Er ist so fasziniert von diesem Wunder der Baukunst, dass er sich gar nicht mehr einkriegt. Bei jeder weiteren Wand steigert sich seine Lehmbegeisterung noch. Da kommt ja noch einiges auf mich zu, bei dem Riesengebäude, wie könnte ich mich daraus nur erretten?

Als wir zum Herrenklo kommen und der plastikgepiercte Lehmfan mich mit ehrfurchterstickter Stimme vor dem Pissoir auffordert, nun die Krönung aller Lehmwände anzufassen, komme ich zu dem Schluss, dass Clayman hier nicht mehr alle Tassen im Schrank oder zu viel von den falschen Kräutern geraucht hat, und dass ich ihn und ergo den gesamten Ort nicht leiden kann.

Ich bin leider nicht verrückt genug, um die heiligen Lehmwände so zu würdigen, wie sie das verdient hätten. Lehm. Also echt, wir reden über das was zu Tonnen in meinem Garten rumliegt und mir das Leben beim Graben erschwert. Über Matsch, um das Kindchen mal direkt beim Namen zu nennen! Dieser arme Mann kann ja nicht wissen, dass wir in Europa mit Stein und Lehm bauen, seit die Neandertaler vor paartausend Jahren aus ihren Höhlen gekrochen sind, wo sie zufällig in den Matsch gefallen sind, der sich mit ihren Fellen sofort zu einer unauflöslichen Verbindung ausgehärtet hat, die nach dem Entkleiden quasi von alleine stand, und alle sich nur gewundert haben, dass es die Form einer Hütte hatte. Die Geburtsstunde der Lehmhütte sozusagen.

Ich verrate es ihm auch nicht, vor lauter Angst, er könnte dann vielleicht auf die Idee kommen, sofort mit mir nach Europa zu fahren, um sich wie Dagobert Duck statt in Goldtalern in Lehmziegeln zu baden. Und wo er dann wegen Lehm-Überdosis und Hyperbegeisterung vermutlich einen Herzkasper kriegt. Dann hätte ich zu allem Überfluss noch einen ziemlich toten Clayman an der Backe. Erklär das mal seinen ahnungslosen Hinterbliebenen in diesem hinterregenwäldlerischen Yoga-Camp.

Er versucht mich trotz meiner verhaltenen Begeisterung noch für die Yoga-Frühstücksparty zu akquirieren, wo voll die Post abgehe, mit echtem Raw-Green-Juice von biologisch glücklichen Yoga-Camp-Pflanzen. Für die Nicht-Wissenden beziehungsweise diejenigen, die sich nicht in der Health-Food-Szene auskennen: Es handelt sich dabei um püriertes, rohes Gemüse, das ohne irgendwelche Zusätze, als grün-bräunlicher Shake zu sich genommen wird. Igitt. Allein beim Zuhören hat es mich schon geschüttelt. Und dafür wollte er noch zehn Dollar extra haben. Kein Ei, kein Marmeladenbrötchen, kein Kaffee! Wuäh.

Ich will aber meinen schädlichen Kaffee morgens! Egal wo ich bin. Ist natürlich für Yogis viel zu ungesund und total unspirituell. Es steht extra in der Hausordnung, dass sogar so persönlichkeitstechnisch unterentwickelte Kaffeetrinker wie ich trotzdem herzlich willkommen sind. Echt tolerante Leute hier, Hut ab! Aber die kaffeesüchtigen Gäste müssten ihren Giftstoff schon selbst mitbringen, da man hier aus Überzeugungsgründen keinen Kaffee in den hauseigenen Schränken dulden könne. Nee, ist schon klar, die Schadstoffe dringen durch die Schrankwände hindurch und sickern direkt in die zarten Psychen der Yogis. Der Schaden wäre nie wieder gut zu machen. Mein Kaffee rückt in weite Ferne, denn ich habe keinen mit! Mit einem solch dekadenten Wunsch würde ich mich nur wieder als totaler Junkie outen. Oh je, das riskiere ich hier besser nicht, sonst kriege ich doch noch die rote Karte und Platzverweis.

Für Alkohol gilt die gleiche Regel. Darf man nur in seinem Bett zu sich nehmen. Wo doch jedes Baby bereits weiß, dass Alkohol allein, im Bett sitzend genossen, einfach nicht schmeckt, und nur in Gesellschaft gepöttet so richtig Spaß bringt. Ich fühle mich unverstanden und leicht fehl am Platz. Ich bin eingeschüchtert, durch den tollen, drahtigen Clayman und die spartanischen Yoga-Mönche, die fast unsicht- und unhörbar um uns herumhuschen. Ah ja, hatte er fast vergessen zu erwähnen, die nächste Yoga-Stunde, die ich mitmachen könne, wäre morgen früh um acht Uhr. Soeben ist mir ganz unyogamäßig die Lust darauf vergangen.

Meine Behausung trägt die wohlklingende Bezeichnung »Jungalow«! Ich bin so gespannt. Wir müssen 400 Meter weit in den Dschungel rennen, um dorthin zu gelangen. Ich immer brav hinter Clayman her, der im flotten Stechschritt vorauseilt.

Ich muss zugeben, mein Jungalow ist ziemlich einzigartig. So etwas habe ich noch nie zuvor gesehen, geschweige denn, darin gewohnt. Es ist ein riesiges Zelt oder eher eine Dachlattenkonstruktion mit einer Art atmungsaktiven Matte darüber und einer Plastikfolie oben drauf, die nicht mehr atmet. Sie hat einen taffen Job und muss gegen diesen überpräsenten Regen standhalten. Ich spähe aus meinem Zelt. Drumherum nichts als Dschungel. Der Waschraum ist im Haupthaus mit den einzigartigen Lehmwänden, wo wir gerade herkommen, also fast einen halben Kilometer entfernt.

Claymans Begeisterung hat merklich nachgelassen, bedauerlicherweise keine Lehmwände hier. Das ödet natürlich an. Er verdrückt sich so schnell es geht wieder in Richtung lehmigem Hauptgebäude. Gut, ich bin ihn jedenfalls los.

Ich bestaune mein neues Domizil nun ganz in Ruhe. Aber irgendwie hatte ich mir etwas Romantischeres unter der Jungalow-Nummer vorgestellt. Diese Unterkunft hier hat so gar nichts Romantisches an sich, ist aber dafür erkennbar schmutzig. Sprich, schon länger nicht mehr geputzt worden. Und voller Insekten, lebender und toter. Wobei man wissen muss, dass es ungefähr zig Million Insektenarten in diesem tropischen Klima gibt. Gott sei Dank keine ernsthaft gefährlichen. Nur unangenehme, wie diese Kakerlake, die jetzt tot neben meinem Bett liegt und so groß wie eine Maus ist.

Ich kontrolliere daraufhin nur noch schnell das Innere meines Bettes, es ist clean. Prima, Viecher gibt es dort zum Glück keine, aber mir schlägt stattdessen der ach so bekannte Schimmelgeruch entgegen. Leider schaffen es die Plastikfolien wohl doch nicht so ganz, die beträchtlichen Mengen an Feuchtigkeit draußen zu halten. Binnen Minuten ist alles klamm. Auch alles, was ich am Leib trage. Klar, dass das Bett moderig riecht. Also lasse ich meine Sachen direkt im Auto. Ich hole nichts mehr raus. Hier werde ich so wenig Zeit wie möglich verbringen. Beschlossen.

Ich möchte ans Meer! Mir dort ein friedliches Plätzchen suchen, einfach abhängen und ein bisschen lesen. Ich fahre nur ein paar Meilen und schon bin ich bei Isaac Hale Beach Park am Meer. Wie schön es hier ist. Der Strand besteht zwar aus ziemlich scharfem Lavagestein, auf dem man nicht liegen kann. Aber seine dunkle Farbe gibt der Landschaft etwas abenteuerlich Mysteriöses. Es riecht auch entsprechend nach Lava, so wie in Volcano. Nur hier bin ich am Meer und sehe die imposante Brandung. Die Farben! Die Landschaft besitzt eine herrliche Wildheit. Und es gibt Wellenreiter. Menschen, welch wohltuender Anblick!

Ich baue mir aus meinem Rucksack und Handtuch einen einigermaßen gemütlichen Sitz und schaue dem Treiben zu. Zeit habe ich im Überfluss. Ich kann einfach dasitzen und stundenlang aufs Meer schauen. Es ist stürmisch und ich freue mich über den Wind in meinen Haaren und den frischen Geruch vom Meer. Frische. Ich atme sie gierig ein. Es ist einfach herrlich.

Später in Kalani erfahre ich, dass dieser Spot als DER Ort mit der frischesten Luft der Welt(!) beworben wird. Zunächst belächele ich das, weil frische Luft für mich als Nordlicht immer auch kühl sein muss. Die Frischluft hier ist aber warm. Das ist ungewohnt. Die Sache ist nun so, dass diese Luft hier, bevor sie zur reinsten Luft wird, erst mal ein paar tausend Kilometer weit über den Pazifik wehen muss. Dabei kommt sie mit nichts anderem als Wasser in Berührung. Auf diese Weise gereinigt, also in ihrem allerreinsten Pur-Zustand, trifft sie nun jungfräulich auf den ersten, westlichsten Zipfel Hawaiis, und das ist Puna, Big Island. Und dies ist offiziell belegt und natürlich gesichert durch ständige Messungen.

Es handelt sich also tatsächlich und nachweislich um den Ort mit der reinsten Luft der Welt! Ich wusste wirklich nicht, dass Luft so rein sein kann. Und hier, an diesem Ort der reinsten Luft, befinde ich mich nun, vermutlich nicht ohne Grund. Wahrscheinlich muss meine verstaubte Städterlunge mal ordentlich durchgepustet werden. Vielleicht wirkt solch besondere Luft ja auch auf die gesamte Matrix. Ich bin jedenfalls in meinem Element. So viel Luft. Herrlich. Ich kann darin baden, sie einsaugen. Einfach so. Ganz nebenbei wie von selbst, ohne Anleitung, ohne Coach ohne viel Tamtam passiert mal eben unbewusste Tiefenreinigung, waschechte Transformation. Spontane Luftheilung, durch simples Einatmen. Die reinste Luft!

Diese Geschichte gefällt mir, und dafür liebe ich diesen Ort noch mehr. Er ist ein Ort für Luftikusse. Ich erkläre ihn offiziell zum absoluten Pilgermekka Nummer Eins für alle Luftzeichen dieser Erde. Eine gute Startbasis für Neues und Veränderungen aller Art. Hier fühle ich mich frei. Mein Kopf ist frisch und leicht und voller Ideen. Die geistige Welt ist meine Welt. Sie ist mir die liebste von allen. Meine Heimat. Dort wo die Worte geboren werden, die Kinder des Geistes. In der Luft finde ich die geistige Nahrung, die mich inspiriert, um meine Worte zu finden. Davon lebe ich. Und deshalb bin ich so gerne an diesem Ort.

Es ist Mittagszeit und ich genehmige mir ein Frühstück aus meinem Proviant. Früchte und Kuchen von Sandy. Toll. Und ich hänge einfach ab. Mir geht's gut. So lange, bis ein etwas finster aussehender Typ Anstalten macht, in meine Richtung zu kommen. Er spricht mich an und stellt mir einigermaßen seltsame Fragen. Wenn es eine Anmache sein soll, gibt er sich nicht viel Mühe oder er kann es nicht besser. Um mich herum liegen nussartig aussehende Früchte, vermutlich von dem Baum unter dem ich sitze. Er deutet mit dem Finger darauf und meint, man könne sie essen, und er würde welche für mich knacken. »*Crack some nuts*.« Aha, verstehe. Danke. Kein Bedarf an Nüssen heute. Ich lehne höflich ab.

Auch alle weiteren Aufforderungen von *Mr. Nutcracker*, ich solle ihm doch meine Lebensgeschichte erzählen, wo ich herkomme und wo ich hin will und was ich hier so alleine treibe. Und dass ich doch unbedingt deutsch für ihn sprechen solle. Der Ärmste, nichts zu machen, ich muss ihn Länge mal Breite enttäuschen. So zieht er dann unverrichteter Dinge und etwas verdrossen wieder ab. Aber er war mir entschieden zu finster für das Nüsse-Spiel.

Ein junger Mann hat diese Geschichte mit *Mr. Nutcracker* aus der Entfernung verfolgt und kommt langsam näher. *Aloha!* Er erkundigt sich, ob alles okay ist. Ich sage ja, und erzähle ihm von der Nummer mit den Nüssen. Er klärt mich auf, dass diese Nüsse zwar essbar sind, aber nur in der größten Not oder wenn man kurz vor dem Hungertod stehe. Aha. Nutcracker ist hiermit also endgültig entlarvt.

Dann hält er den Kopf schief und sieht mich fragend an. Er will wissen, ob ich ihn wiedererkennen würde. Ich verneine. Er stellt sich als Robbie vor und meint, er sei der Typ in dem dritten Auto von heute Morgen gewesen und ich hätte ihm leidgetan, wie ich da so abgedrängt stand und ziemlich verzweifelt ausgesehen hätte. Und er würde sich für das Drängel-Monster sowie die bescheuerte Lady dahinter entschuldigen wollen. Die beiden seien Idioten gewesen. Er wolle mir sagen, ich hätte alles richtig gemacht. Aha.

Ich bin platt. Was ist das denn jetzt für ein Zufall? Gibt es nur diese vier Menschen von heute Morgen auf dieser Insel, die sich alle paar Stunden oder Tage zwangsweise über den Weg laufen müssen? Oder hat mich Robbie verfolgt? Aber nein, er kommt gerade aus dem Wasser, weil er surfen war. Ach so. Diese ganze Story finde ich ziemlich verrückt. Wir unterhalten uns noch ein bisschen über den »Unfall«, den ich fast verursacht hätte, und wie eilig die Leute es auf dieser stressfreiesten aller Inseln doch haben.

Dann reden wir ein bisschen über die Wellen und das Surfen. Robbie ist ein netter, aufmerksamer junger Mann, und weil er immer noch vor mir steht, frage ich ihn, ob er sich nicht zu mir setzen möchte. Er sagt, ja dann würde er mal schnell aus seinem Auto einen Sitz holen. Spricht's und kommt mit einem Klappstuhl wieder, den er vor mich hinstellt, und darauf besteht, dass ich mich drauf setze. Ich hab also schon mal den Aufstieg vom Yoga-Handtuch zum Klappstuhl geschafft! Gentleman ist er also auch.

Ich frage ihn, was er hier macht und wo er herkommt. Er ist quasi auf Urlaub, ein paar Tage Camping, zum Surfen, also Wellenreiten. Beruflich ist er ein freiwilliger Mitarbeiter des Staates Hawaii. Er arbeitet *pro bono* in der Müllentsorgung beziehungsweise beim Recycling. Genau habe ich das nicht verstanden, insbesondere womit er sein Geld verdient. Ich vermute mal, er hatte nicht viel Geld. Nicht viel ist in jedem Fall zu wenig, um davon eine Frau und eine Tochter zu ernähren. Er klärt mich auf, seine Frau hat einen Job und bringt das Geld nach Hause. Sie scheint nicht in die High-Maintenance-Tussi-Kategorie zu gehören.

Robbie hat einen besonderen Status, der neu für mich ist. Er ist weder einheimischer, polynesischer Abstammung noch ein Zugezogener vom amerikanischen Mainland. Das sind die beiden Hauptgruppen, in die ich bisher alle Leute einordnen konnte. Die meisten sind Zugezogene, manche seit zwölf oder siebzehn Jahren, aber die meisten bleiben eher nur kurze Zeit.

Hawaii scheint für viele Amerikaner vom Festland wie ein Sehnsuchtsvirus zu sein. Man wird damit infiziert, durch direkte Berührung mit hawaiianischem Boden oder durch andere, die den Virus bereits in sich tragen. Daraufhin werden die Infizierten zwanghaft nach Hawaii gezogen, müssen ein paar Jahre dort bleiben, und wenn die Sehnsucht gestillt oder das Leben dort zum gleichen Alltag geworden ist wie zu Hause, kehrt man geheilt wieder zum Festlandleben zurück.

Nicht ganz ohne Stolz, erzählt Robbie mir, er sei zwar Amerikaner, aber ein echter Hawaiianer vierter Generation! Seine Ahnen seien damals mit Kanu nach Hawaii gekommen, nach Maui, um genau zu sein. Er ist also hawaiianisches Urgestein, ohne polynesischer Abstammung zu sein. Und vier Generationen sind für einen US-Amerikaner eine historische Ewigkeit. Ich hatte immer das Gefühl, weiter als hundert Jahre zurück kann in Amerika niemand denken. Und sicher ist das auch der Grund, warum es Neue Welt, New Economy und New York heißt, und warum es nichts, aber gar nichts wirklich Altes weit und breit gibt.

Mich beeindruckt auch die Sache mit dem Boot, denn wenn man schon mit dem Flugzeug sechs Stunden braucht, sind es per Boot sicher Tage oder Wochen – und das bei den Riesenwellen. Dass das überhaupt geht! Ich kann mir nicht vorstellen, wie so eine Nussschale eine derart abenteuerliche Reise überstehen kann, ohne zu kentern. Und wie haben sie in diesen kleinen Booten die Lebensmittel für so eine lange Reise verstaut? Da war ja kaum Platz für die Auswanderer selbst. Dazu gehört eine Menge Mut. So betrachtet könnte es eine Form des unauslöschlichen amerikanischen Pioniergeistes sein. Und weil es Einigen in Kalifornien vielleicht immer noch nicht westlich genug war oder zu eng um den Kragen und es sie daher so nach neuen Ufern drängte, waren ihnen die Probleme mit dem Proviant und den Wellen am Ende vielleicht ganz egal.

Ich bin jedenfalls sehr beeindruckt und höre später, wie er sich stolz und knackig vorstellt, wenn er auf neue Leute trifft: »Robbie, Hawaii, 4th generation.« Sein spezielles Statussymbol. Ein echter einheimischer Hawaiianer mit amerikanischen Wurzeln.

Ich frage ihn, ob man die Einheimischen irgendwie erkennen kann. Denn ich könne das nicht. Für mich sehen alle Menschen mit asiatischem Einschlag gleich aus. Er lacht und sagt, na klar, und zeigt auf eine Großfamilie neben uns am Strand, die soeben von riesigen Grillwolken verschlungen werden. Sie haben einen Picknickplatz mit einem Tisch, Bänken und einer Grillvorrichtung belegt, lachen und lärmen. Ich betrachte sie und versuche mir einzuprägen, wie sie aussehen und was sie als Hawaiianer von den anderen asiatisch aussehenden Menschen unterscheidet.

Ich bemerke, dass diese Leute allesamt, auch die Frauen, dick und viereckig sind, mit Schultern in Überbreite und Null Po. So eine Art Trapezform, also umgekehrt als sonst. Sieht irgendwie seltsam aus. Robbie lacht und sagt, das käme daher, dass sie den ganzen Tag wirklich nur fettes Fleisch und fette Sachen essen würden, also richtigen Speck, Schweinebauch und so, und das am liebsten gegrillt. Aha. Die ersten richtig Ungesunden, die sich offiziell nichts aus *Healthfood* machen. Das macht sie mir fast sympathisch. Aber nur fast. Sie können nichts dafür und sie sind wahrscheinlich sanftmütig wie die Lämmer, aber sie machen auf mich einen grimmigen und eher furchteinflößenden Eindruck.

Robbie ist zwar noch jung, ich schätze ihn auf Mitte Dreißig. Aber als Einwohner vierter Generation weiß er viel über Hawaii und die Einwohner. Er erzählt mir von dem Müllproblem, da kennt er sich aus. Und wie verabredet kommen auf einmal zwei in Uniform vorbei, die mit Zangen die winzigen Papierchen vom Lavageröll aufpicken. Sie konnten hören, was Robbie über den Müll in Hawaii sagt. Er grüßt sie mit »hey brother«, das scheint hier eine coole Ansprache zu sein. Ich stelle mir vor, wie hier alle irgendwie miteinander verbrüdert und verschwägert sind und muss über diese Vorstellung lachen. Später bringt er mir noch den dazugehörigen, typischen *Shaka*- oder *Stay-Cool-Brother-Gruß* bei. Man hält die Hand mit geschlossener Faust etwas hip-hop-technisch nach unten, und spreizt Daumen und kleinen Finger nach außen, aber man muss es völlig locker und unverkrampft in dieser Art Hip-Hop-Swing machen, sonst taugt es nichts. Meine Kinder identifizierten diese Geste später sofort als den lässigen *Hang-Loose*-Surfergruß.

Klar, cooler Exportschlager der hawaiianischen Surferbewegung in die ganze Welt. Ich mache es natürlich nicht richtig. Denn ich bin nicht so cool und hänge noch nicht *lose* genug ab. Robbie macht sich lustig über meine steifen Shaka-Versuche. Amüsier dich ruhig auf meine Kosten. Und komm du mir nach Köln, dann lass ich dich aber mal Alaaf machen, bis du nicht mehr kannst.

Robbie ist lustig und ich genieße es, so manches mit ihm einvernehmlich durch den Kakao zu ziehen. Das hat mir bisher auf meinem Trip gefehlt, etwas Sozialkontakt. Wir beschließen, ein kleines Picknick zu veranstalten. Ich habe Proviant und noch ein Bier, das letzte leider, das ich aus dem Sixpack noch übrig habe. Und Robbie steuert ein Sandwich bei. Aber er warnt mich und meint, es sei ein vegetarisches.

Als ich beherzt hineinbeiße, fragt er mich bestimmt dreimal, ob es mir auch wirklich schmecke. Daran war ihm sehr gelegen. Aber es hat wirklich geschmeckt. Weniger, weil vegetarisches Gemüse und Sprossen drauf waren, sondern weil die würzige Soße das Ganze übertüncht hat. Aber das habe ich ihm nicht gesagt. Als ich ihm das Bier reiche, meint er, er trinke nicht viel Bier, eher Wein, aber dann war es doch in einem Zug weg. Ich war froh, dass ich es los war.

Ich fand es inzwischen ziemlich eklig. Seit fünf Nächten trinke ich nun schon davon, immer hoffend, ich könne die Nacht dann besser durchschlafen. Fehlanzeige. Und es schmeckte von Tag zu Tag schlechter. So ungekühlt. Warmes *Michelob Light*. Bäh. Robbie findet es gut. Weil es *light* ist, vermutlich. Denn es kommt heraus, dass auch er so ein Gesundheitsapostel ist. Na ja, wenigstens ein netter.

Robbie hat keine anderweitigen Pläne und schlägt daher vor, dass wir als geile Aktion zum nächsten Supermarkt fahren und Wein kaufen, dann könnten wir noch ein bisschen feiern. Da auch ich nichts anderes vorhabe und ich keine große Lust verspüre, in mein tierfreundliches Yoga-Asyl mit dem zackigen Clayman zurückzukehren, stimme ich freudig zu. Den letzten Supermarkt bemerkte ich, als ich von Volcano herfuhr, zig Meilen von hier entfernt. Daher ist mir nicht klar, dass er genau diesen Supermarkt meint, weil das tatsächlich der einzige in der ganzen Gegend ist.

Angesichts dieser Logistik hätte ich auch gerne auf den Wein verzichtet. Aber ich merke, Robbie ist die Sache wichtig und er will unbedingt dorthin. Na dann, auch egal. Ganz nach dem Motto, der Weg ist das Ziel, lasse ich der Sache ihren Lauf. Er will schließlich fahren. Denn ich habe zum Fahren auf diesen Inselstraßen voll gestresster Hawaiianer keine Lust mehr.

Er kauft süßen Wein und meint, Maitai-Mix aus der Flasche müssten wir dringend auch noch haben. Gut, ich lasse ihn machen. Als er an der Kasse nach Kleingeld sucht und keines findet, will ich ihm behilflich sein, und biete ihm meines an. Oh je, Fehler. Mist, ich hatte vergessen, ich bin ja in Amiland, und da gibt es einen durch nichts zu erschütternden Ehrenkodex. Die Männer zahlen, sonst verletzt du ihren Stolz und ihre Ehre. Shit. Zu Spät.

Als wir wieder auf dem Parkplatz sind, fragt er mich mit gespielter Empörung, ob ich ihn vor der gut aussehenden Kassiererin, die eine dicke, unfreundliche Tonne war, blamieren wollte. Ich nicke belustigt und meine, dass ich mir eine solche Konkurrenz nicht leisten konnte. Wir lachen. Aber die Botschaft ist angekommen. Er weiß ja nicht, dass es bei uns in Europa anders läuft. Also verspreche ich, mein Portemonnaie auf amerikanischem Territorium in Zukunft stecken zu lassen.

Er will zu der einzigen Bar in der Gegend, einer Kawa-Bar, die freitagabends Live-Musik spielt, etwas ganz Spezielles. Also fahren wir den ganzen Weg wieder zurück. Fahren scheint wirklich ein voll korrekter Zeitvertreib zu sein. Und damit es nicht so langweilig ist, und wir was zu tun haben, trinken wir schon mal den Wein aus der Flasche. Hilfe, was für ein schreckliches Zeug. Widerlich süß, mit Wein hat es jedenfalls nichts gemein. Aber egal, wählerisch darf man hier nicht sein. Ich bin nur erstaunt, dass er Alkohol im Auto trinkt. *Drinking and driving* ist in Amerika ein echtes Schwerverbrechen. Aber er ist da völlig lässig. Wahrscheinlich kennt er den einzigen Inselpolizisten und sagt *hey brother* zu ihm.

Wir köpfen auch noch den Maitai-Mix, aber auch der ist ungenießbar. Er dreht seine Stereoanlage auf und beschallt uns für den Rest der Fahrt mit gefährlichem Reggae-Sound. Ein bis drei Songs gehen ja noch, aber dann muss ich passen. Damit der Drogenflash auch vollständig ist, gibt es noch ein bisschen Gras dazu. Richtig schlimm wird es aber, als er unter massivem Körpereinsatz den Sound noch mit eigenen, undefinierbaren Urlauten bereichert und voll auf den Reggae-Trip kommt. Bis jetzt mochte ich ihn eigentlich …

Die Kawa-Bar liegt in *Kalapani*, ganz am Ende der *Kalapani Road*. Auf dem Weg dorthin kommen wir an Kalani vorbei. Ich erzähle Robbie, dass ich ab morgen dort auf einem Workshop bin. Er ist überrascht. Das hat er mir wohl nicht zugetraut. Aber begeistert meint er, er kenne Kalani und finde es dort ganz toll.

Er erzählt mir, dass es ursprünglich eine Schwulengemeinschaft war. Dass das Camp aus Imagegründen peu à peu auch für Frauen geöffnet wurde, weil Kalani plötzlich einen schlechten, weil schwulen Ruf bekam. In Köln hingegen wäre das ja eher eine super Werbung. Die Geschäftsführung achte seitdem peinlich darauf, dass alles ordentlich und adrett ist, damit die Touristen gerne und zahlreich kommen. Aber einen schwulen Touch habe Kalani auf jeden Fall behalten. Diese Eröffnung beruhigt mich, ich mag Schwule. Frauen und Schwule, das passt gut, da kann frau sich entspannen.

Robbie kennt den Sicherheitsmann in Kalani, Mike, und als wir das Kalani-Eingangsschild sehen, biegt er ab, um mich dort vorzustellen. Das war eine gute Idee, denn dadurch kenne ich nun den Weg und ich werde anderntags freundschaftlich aufgenommen. Mike ist ein gut aussehender Typ, der garantiert nicht ins Klischee eines Sicherheitsmanns oder Rausschmeißers passt. Er sieht auch nicht aus, als ob es für ihn hier viel zu tun gäbe. Aber da irre ich mich gründlich, denn ich habe später oft beobachtet, wie er mit seinen Kollegen irgendwelche Leute vom Kalani-Grundstück verjagt hat.

Nach diesem kleinen Abstecher geht die Fahrt weiter Richtung Kawa-Bar und Robbie weiht mich in die Hintergründe dieser Insel-Location ein, immer wieder unterbrochen von neuen, wilden Reggae-Gesangseinlagen. Der Betreiber hat keine Lizenz, um Alkohol auszuschenken, daher gibt es dort offiziell keinen. Bloß Kawa.

Das ist ein sehr, sehr übel schmeckendes Gebräu, gewonnen aus einer Wurzel, die gestampft, zerstoßen und in Wasser eingelegt wird. Das Ganze wird aufgeschüttelt, so dass es wie Pfützenwasser aussieht, und dann in einer Kokosnuss serviert. Es riecht und schmeckt auch wie Pfützenwasser, nach Erde, ganz bitter und zieht einem den Mund zusammen. Einerlei, Hauptsache es ist traditionell hawaiianisch. Der Grund für den Konsum von Kawa liegt in seiner lokal betäubenden Wirkung. Es ist eine Art Lähmungsgefühl, das sich zuerst auf der Zunge und im Mundraum ausbreitet und von dort in den Magen wandert.

Nach dem ersten Schluck schon war mir irgendwie schlecht und ich wollte nicht mehr. Robbie meinte aber, ich müsse das schon trinken, das wäre immerhin Tradition. Auch wenn es übel schmecken würde, gestorben wäre noch keiner dran. Na, da bin ich aber total erleichtert! Es gibt ein Schild (!) für den richtigen Genuss von Kawa und Robbie liest es mir vor, in der Hoffnung, dass es mir dann vielleicht besser schmeckt. Ich lasse ihm diese Freude, bin tapfer und leere im Laufe des ganzen Abends meine Kokosnuss immerhin zu zwei Dritteln. Mehr schaffe ich selbst mit äußerstem, germanischen Heldenmut nicht.

Robbie mag den Kawa aber auch nicht, sieh mal an, wollte mir aber die Touri-Erfahrung nicht vorenthalten. Dankeschön, sehr liebenswürdig! Ich bemerke, dass die Ladies hinter dem Tresen ein paar Kühlboxen mit Bier versteckt haben, das sie verbotenerweise unter der Hand verkaufen. Ich will ein Bier. So sehr. Ich bekomme ein Bier. Oh, wie ist das köstlich, ein richtiges, echtes Bier! Keinen gepanschten Wein, kein undefinierbares Wurzelgebräu, kein Biobierersatz. Kühles, reines, köstliches Bier. Hach, mein deutsches Herzchen ist glücklich.

Die Bar selbst ist selbstverständlich Open-Air, sehr nett, und macht den Eindruck von Geheimtipp, weil nur Einheimische dort sind, wie Robbie mir steckt. Nur das mit der Live-Musik klappt scheinbar nicht so recht. Sie spielen zwar irgendwann mal was, aber es ist so langweilig, dass die Künstler beim Spielen ihrer eigenen Musik einschlafen. Ich glaube, Robbie ist leicht enttäuscht. Er hatte gehofft, mit leidenschaftlichen Musikern und ein bisschen Folklore Eindruck bei mir zu schinden.

Er kennt ein paar Leute dort, mit denen er sich ein wenig unterhält. Diese Inselcommunity scheint nicht groß zu sein. Die meisten dieser Leute starren mich an wie ein Alien. Er erklärt mir, dass ich für sie eine regelrechte Exotin sei. Also doch Alien. Ein ziemlich europäisches. Das erstaunt mich, da ich schon den ganzen Tag die gleichen Klamotten trage und überhaupt Null Styling habe. Ich komme mir alles andere als exotisch vor. Zu Hause würde mir jedenfalls nicht einfallen, so vor die Tür zu gehen. Daraufhin gibt er mir ein bisschen Einblick in die Mann-Frau-Problematik und Beziehungskultur hier in Hawaii. Oder speziell für Big Island? Setzt euch hin und zieht euch warm an, bevor ihr weiter lest.

Das Verhältnis von Männern zu Frauen ist verheerend. Auf acht Männer kommt hier auf Big Island eine Frau. Das sollte ich wohl wissen, wenn ich hier so allein rumreise, meint Robbie. Hmm ja, in der Tat, ist wirklich hilfreich, danke. Schluck. Jetzt verstehe ich natürlich auch *Mr. Nutcracker* am Strand vorhin, aber ich finde, dass er sich für eins aus acht nicht sehr viel Mühe bei der Angraberei gegeben hat. Und ich werte nun die Blicke, welche die Männer mir zuwerfen, anders.

Robbie erzählt mir, dass wenn einer mal ein Mädchen abgekriegt habet, er ja eigentlich froh sein solle. Aber nein, er behandele es nicht gut. Wie blöd von ihm, denke ich, dann muss er dieses 8:1-Spiel ja dauernd von vorne wiederholen. Das ist ja mal anstrengend. Da sei die andere Option schon wesentlich einfacher für die Jungs. Und die sei, so Robbie, dem Pärchen aufzulauern, den Typen zu verprügeln und das Mädchen zu vergewaltigen. Na toll! Mein Hals ist ganz trocken und ich schlucke hastig.

Aber es geht weiter, regelrechte Fight-Clubs würde es unter den Einheimischen geben. »Warum?«, frage ich verständnislos. »Weil sie Langeweile haben«, gibt Robbie wie selbstverständlich zurück.

Big Island ist zwar die größte aller hawaiianischen Inseln, hat aber dennoch nur 170.000 Einwohner. Mit fast zehn Prozent besitzt sie jedoch die höchste Arbeitslosigkeit. Es gibt nichts zu tun. Auf einer so kleinen Insel ist das besonders problematisch, da man schließlich nicht einfach von hier weg kommt, außer mit dem Flugzeug. Keine Industrie, keine Fabrikation, kein

Handel oder sonstige Wirtschaft. Arbeit kommt hauptsächlich vom Tourismus, irgendwelchen Dienstleistungen oder von Künstlern diverser Richtungen. Wer da nicht unterkommt, ist arbeitslos und wird irgendwann depressiv oder aggressiv – oder beides.

Weil die Männer nichts Besseres zu tun haben, prügeln sie sich eben. Sie fordern sich mit organisierten Straßenkämpfen oder gelegentlichen Überfällen heraus, um sich abzureagieren und sich zu beweisen. Kann man verstehen, wenn man nicht gerade vor Ort, weiblich und mutterseelenallein ist. Uijui. Na dann, Prost! Ich nehme beherzt noch einen kräftigen Schluck von dem Betäubungskawagebräu.

Ich glaube, ich habe für heute genug. Und der abgefahrene Drogencocktail zeigt Wirkung. Mein Mund fühlt sich vom Kawa ganz taub an, ich bin ein bisschen knülle, und leicht bekifft noch obendrein. Und ich muss ja noch den Weg zu meinem Jungalow zurückfinden. Robbie setzt mich wieder an meinem Auto ab. Ich bedanke mich bei ihm und wünsche ihm eine gute Nacht. Zu dieser vorgerückten Stunde ist kein Verkehr mehr auf der Straße. Ich gehe mal davon aus, dass jede potenzielle Bedrohung jetzt friedlich im Bett liegt und pennt, auch die beiden Drängel-Stressis von heute Morgen. Sie müssen sich schließlich von dem Gemobbe erholen, so dass ich vor ihnen schon mal sicher bin und die Straße ganz für mich habe.

Als ich in meinem Jungalow ankomme, muss ich mal dringend Pipi. Leider ist das nächste Klo vierhundert Meter entfernt im lehmigen Haupthaus. Und ich habe keine Lust jetzt noch auf eine Wanderung im Dunkeln. Ich pinkele kurzerhand vor die Tür, sprich in den Dschungel. Kein Problem, es sieht ja keiner. Und bei dem vielen Regen ist die automatische Spülung gleich inbegriffen. Wenig später liege ich hundemüde und sehr benebelt in meinen ziemlich feuchten Laken, aber es macht mir, dank des Drogenpegels, fast nichts mehr aus. *Mahalo*, Robbie. Gerettet.

Zehnter Tag

Als ich aufwache ist es noch dunkel. Aber das ist mir egal. Ich überlege, wie ich am besten von hier wegkomme, ohne Clayman noch mal auf den Plan zu rufen. Ich packe meinen Kram zusammen, schleiche mich mit meinem Waschzeug zur Dusche im Haupthaus. Ich stelle fest, dass ich meine Zahnbürste vergessen habe. Das ist eine Katastrophe, wenn ich über den desaströsen Zustand und den üblen Geruch in meinem Mund nachdenke. Ich meine, wenn ich ihn selbst schon übel finde, ist er wirklich übel. Aber ich werde auf keinen Fall den ganzen Weg noch einmal machen. Auch nicht für das sonst über alles geschätzte Glück einer betörenden Mundfrische. Lieber höre ich auf auszuatmen.

Leider ist die Dusche nur kalt. Vermutlich noch so eine Yoga-Spezialität. Ich bin zwar durch meine täglichen Kneippanwendungen an diese Art Schocktherapie gewöhnt, aber mit Null Kreislauf und fast mitten in der Nacht, ist das auch für mich *too much*. Selbst das ist mir gerade egal, denn ich möchte nur noch weg. Also verkrümele ich mich schnell und eile zu meinem Jungalow zurück. Ich raffe hastig die paar Klamotten, die ich dort noch hatte, und die inzwischen so richtig durchfeuchtet sind, zusammen und schmeiße sie kurzerhand lose ins Auto, in der Hoffnung, dass sie dort tagsüber trocknen. Ich fahre sofort los und gebe Gummi. Hier war es definitiv mal scheiße. Sehr schlechtes Karma, wenn ihr mich fragt. Trotz des vielen erdenden Lehms und dem ganzen Yoga-Spirit. Eine ganz und gar zu meidende Stätte.

Es ist noch viel zu früh, um in Kalani einzuchecken. Ich überlege kurz, was zu tun ist, und fahre an mein Lieblingsplätzchen am Strand. Dort packe ich mein Frühstück aus. Was noch so von meinem Proviant übrig ist. Auf einmal ist die Welt wieder in Ordnung, und mir geht es wieder gut. Ich freue mich und fange an zu schreiben.

Es ist so viel passiert, obwohl nicht viel Zeit vergangen ist. Ich lerne etwas über das Zeitgefühl. Irgendwas ändert sich da gerade. Ich habe das Gefühl, viel Zeit zu haben, obwohl so viel passiert. Sonst ist es immer so, dass die Zeit schneller verrinnt, wenn viel passiert, vermutlich weil es mich stresst und ich die Zeit immer als unzureichend und viel zu voll empfinde. Die Zeit jetzt, in der nichts passiert, kommt mir dagegen nicht als leer vor, wie vielleicht sonst, weil ich in dieser Zeit so viel erlebe.

Stille erleben ist voller, zeitintensiver und erfordert meine ganze Aufmerksamkeit. Aber dieses Gefühl gefällt mir. Es zeigt mir, dass ich viele Dinge wahrnehme und auf eine besondere Weise in mir aufnehme. Das achtsame

Verarbeiten der Erlebnisse ist es, was die Zeit verbraucht. Das ist eine neue, interessante Erfahrung. Die nächste Lektion. Zeit dehnt sich aus, wenn sie leerer wird. Cool. Das war Lektion Nummer 7.

Ich bin so versunken in die leere Zeit und meine Schreiberei, dass ich Robbie nicht bemerke, der auf einmal neben mir steht. Was für eine Überraschung! Er wollte eigentlich morgens zum Surfen, musste aber aufhören, weil ihn sein Kater so plagte. Huch, denke ich, so was, der ist nichts Gutes gewöhnt, vor allem nicht diesen Fusel, den er sich da selbst ausgesucht hat. Der Mann braucht dringend ein Coaching, wie man richtig trinkt. Ich habe Gott sei Dank keinen Brummschädel.

Ich frage ihn, ob er schon was gegessen hat, denn das hilft bekanntlich. Ich vererbe ihm meine persönliche Anti-Kater-Regel: Zucker und Salz. Er verneint, und ich biete ihm an, was ich noch übrig habe. Er meint ihm sei schlecht, aber ich bestehe darauf, dass er etwas isst. Als alter, trinkfester Germane kenne ich mich mal aus mit Katern. Robbie lenkt schließlich ein und isst brav. Danach fühlt er sich besser.

Inzwischen ist es nach Mittag und ich möchte noch bei Tageslicht in Kalani sein. Also packe ich meine Sachen zusammen, sage Robbie Bescheid und frage ihn nach seinen weiteren Plänen. Er hat keine. Er will mich zum Abendessen einladen. Ich frage mich nur wohin, hier gibt es weit und breit nichts, keine Restaurants, Kneipen oder Bars, nicht mal eine Parkbank. Die einzige Bar, die es weit und breit gibt, habe ich bereits gestern kennengelernt, und da gab's ja nicht mal Alkohol, geschweige denn was zu Essen. Und auf nochmal Autofahrer-Raggae habe ich nicht viel Lust. Da mein Workshop aber erst anderntags beginnt, hätte ich diesen Abend tatsächlich noch frei. Ob er nicht lieber am Abend zu mir nach Kalani kommen möchte, denn dort habe ich schließlich ein Dinner gebucht, da könne er sich anschließen, wenn er wolle. Ja, das findet er eine gute Idee, er wird Mike fragen, ob er ihn rein lässt. Prima. Alles geritzt.

Ich werfe den Motor meines tollen US-Autos an und mache mich auf den Weg. Ich muss heute nur die Hauptstraße, die *Kalapani Road*, einfach geradeaus fahren. Ist kinderleicht. Auch weil kaum Verkehr ist, so dass ich sogar mal Spaß am Autofahren habe. Es ist die schönste Straße der ganzen Insel.

Leider komme ich nie dazu, ein Foto davon zu machen. Immer stimmt irgendetwas nicht. Vor allem, dass man nirgends anhalten kann. Schmal und kurvig ist sie außerdem noch. Das Tolle ist, dass sie rechts und links von Regenwald gesäumt ist. Überall Lianen, Blüten und Palmen und alles, was man sich nur an Exotischem vorstellen kann. Die üppige, tropische Vegetation bildet ein riesiges Dach über der Straße. Ein Tunnel durch den Dschungel. Verwunschen.

Noch faszinierender sind die klaren, bunten Farben. Ich würde Hawaii als bunt beschreiben. Das ist mir schon in Naturfilmen aufgefallen, die ich zu Hause gesehen habe. Ich hielt es nur bis dahin immer für geschönt. Nun muss ich feststellen, dass die Inseln wirklich bunt sind. Die Farben hier sind nicht wie die pastellenen, leicht verschlafenen Mittelmeerfarben. Auch nicht wie die transparenten, aquamarin-himmelblauen Lichtfarben auf den Seychellen, die den Eindruck machen, als ob man sie trinken könne. Ja Nord- und Ostsee haben ja nicht mal eine Farbe. So ne Art Einheitsgrau vielleicht. Dieses kompakte, klare Blau des Himmels hier ist fordernd, wild und eindeutig. Einzig und allein hawaiianisch. Es gehört Hawaii. Definitiv.

Dazu die Wolken schneeweiß, der Ozean mit seinem hellen Kinderblau. Der Strand mit dem schwarzen Lavageröll. Dann gibt es eine Art Moos, sehr gelb bis grasfroschgrün, das große Flächen entlang des Meeres säumt. Das Gras, das überall hier wächst, steuert ein vollsaftiges Hellgrün zu dem Farbspektakel bei. Die restliche Vegetation ist tief- bis dunkelgrün, das sich in ein strahlendes Lichtgrün verwandelt, sobald die Sonne durch die Vegetationsschichten scheint. Die Erde ist mancherorts ganz rot, wie hier die *Kalapani Road*. Sie hieß früher deswegen sogar mal *The Red Road*. Damit ist das Farbspektrum komplett. Es ist alles so schön bunt hier. Wie im Kinderparadies. Ich liebe alles Bunte.

Aloha! Der Empfang in Kalani ist warm und herzlich. Es ist eine weitläufige Anlage mit sehr vielen Menschen. Ich fühle mich hier pudelwohl und bestens aufgehoben. Alles ist luftig, offen und heiter. Das tut gut. Mein Zimmer ist zwar spärlich eingerichtet, aber hier lebt man in der Gemeinschaft und unter freiem Himmel. Das ist die Idee. Es ist sogar vorgesehen, dass immer zwei und zwei zusammen wohnen. Ich habe daher zum ersten Mal eine Mitbewohnerin. In der Enge des Zimmers geht das aber nur, wenn sie entweder *seeehr* nett ist oder männlich und gut aussehend. Aber ich ahne, dass das mit der Mann-Frau-Kombination nicht zum Kalani-Konzept gehört.

Ich bastele mir schon mal eine Vorrichtung, damit ich meinen Koffer abstellen kann, weil ich ihn nicht ausräumen möchte. Die Aus-dem-Koffer-leben-Technik hat sich inzwischen prima bewährt und spart mir viel Zeit beim Packen und auch beim Suchen, speziell wenn man so viel umziehen muss. Allerdings muss ich den Koffer abends immer gegen die Feuchtigkeit abdecken. Zu diesem Zweck müssen eine kleine Decke und eine Regenjacke herhalten, die diesen Job erledigen. Einmal habe ich es vergessen, da war die erste Schicht Klamotten komplett feucht. Auch nicht schön, wenn es nicht wieder trocknet. Mein Balkon sah anderntags jedenfalls aus wie ein Schiff mit tausend bunten Segeln in den seltsamen Formen Rock bis BH. Und ich war den ganzen Tag mit Wenden und Hängen der Sachensegel beschäftigt. Na, wenn man auch sonst nichts zu tun hat.

Da ich nun schon etwas mehr als eine Woche unterwegs bin, hat sich ein bisschen Wäsche angesammelt. Ich erkundige mich, ob es hier irgendwo eine Waschmaschine gibt. Gibt es nicht. Es gibt einen kostenpflichtigen Wäscheservice. Minimum Input zehn englische Pfund Wäsche. Ich habe bloß ein paar Teile und komme vielleicht gerade mal auf zehn Gramm. Den Preis empfinde ich daher als Wucher. Außerdem muss ich sparen. Ich kann nur so lange bleiben, wie mein Budget reicht.

Ich wasche also die paar Sachen schnell auf der Hand. Nur das Trocknen ist ja bekanntlich das Problem. Ich möchte nicht schon wieder Segelschiff spielen. Da entdecke ich den Ventilator im Zimmer, mit dessen Hilfe ich mir eine abenteuerliche, aber funktionierende Trockenvorrichtung baue. Nun ist das Segelboot indoors, und ich muss mich nicht mehr schämen. Und wenden muss ich dank der ausgeklügelten Ventilatorkonstruktion auch nichts. Not macht eben erfinderisch. Man kann sich jetzt in diesem Zimmer zwar nicht mehr bewegen, schon gar nicht zu zweit, aber ich kriege meine Wäsche trocken und fühle mich wie der weltbeste Profitrocknererfinder. Da kommt nicht mal die Mieletechnik mit. Heureka!

Als Robbie auftaucht, hab ich meinen Haushalt erledigt und bin schon startklar. Ich freue mich so richtig auf ein gekochtes, warmes Abendessen mit allem Drum und Dran. Das erste Vernünftige in dieser Form. Und ich muss mich um nichts kümmern. Jippih. Ach, und das Essen ist wunderbar! Ich habe nicht viel erwartet im Öko-Terrain. Ich dachte, es gibt ausschließlich trauriges, unleckeres Healthfood, wie immer. Aber diese üppigen Mahlzeiten, die jedem die Wahl lassen zwischen Fleisch, vegetarisch und vegan, sind eine echte Überraschung. Und mal keine Verbotsschilder, keine Kakerlaken oder aufgedrehte Claymans, keine Regeln für die Nichtöko-Randgruppe. Na, geht doch.

Ich beschließe, das was ich in der letzten Woche zu wenig hatte, nachzuholen und für die Zukunft schon mal vor zu essen. So gut wie hier werde ich es vermutlich nicht wieder antreffen. Robbie haut auch richtig rein, scheint so, als ob auch er schon länger nichts Warmes mehr gegessen hat. Also alle rundum entspannt und happy. Gelungenes Dinner, gelungener Auftakt für meine Woche hier in Kalani. *Freu, freu!*

Wir hätten gerne danach noch irgendwo ein Bier getrunken, in bester deutscher Biergartenmanier, zumal die milden Abende förmlich zu Bier und Cocktails unter tropischem Himmel einladen. Aber Bier ist dann doch wieder zu unanständig. Das gibt's hier nicht. Ich begleite ihn noch zum Tor, was fast einer Wanderung gleich kommt, weil das Gelände so weitläufig ist.

Am Eingang treffen wir Mike, der sich nach meinem Befinden erkundigt. Ich erzähle ihm, dass ich wegen der Zeitumstellung immer noch unter Schlafstörungen leide. Und weil ich mein Zimmer nun teilen muss, kann ich nicht mehr nachts aufstehen und irgendwelchen *Spökes* veranstalten. Selbst Licht anmachen stelle ich mir ab jetzt problematisch vor. Er holt mir irgendwelche Pillen, die effektiv und völlig ungefährlich seien, mich aber sanft in einen wohligen Schlaf versetzen sollen.

Ich bedanke mich und verabschiede mich auch von Robbie. Er sagt, er ist bis Mittwoch irgendwo anders unterwegs zum Surfen, danach würde er noch mal vorbeischauen. Ich weiß nicht, was am Mittwoch bei mir ist, Pläne gehören nicht zu meinem Programm. Ich lächele und umarme ihn zum Abschied. Das war das letzte, was ich von ihm sah oder hörte. Später ist mir erst aufgefallen, dass wir weder unsere Telefonnummern ausgetauscht noch unsere vollen Namen erfahren haben. So wie er mir über den Weg gelaufen ist, ist er auch wieder verschwunden. Vorbeigesurft.

Ich schlendere langsam und gemütlich die Strecke Richtung Campus zurück. Ich habe es nicht eilig. Ich genieße die herrliche Abendluft und die umwerfende Dämmerstimmung. Verschiedene Palmen zeichnen sich dunkel und malerisch gegen den abendlichen Himmel ab. Auch diese Nacht habe ich noch keine Zimmergenossin und dank der Pille von Mike schlafe ich sogar tief und fest durch. Wer weiß, was ich da geschluckt habe. Vielleicht waren es ja auch K.O.-Pillen oder eine schwule Partydroge. Oder ein Placebo vielleicht, allein der Glaube an eine erwartete Wirkung kann ja bekanntlich Wunder vollbringen. Wenn's hilft, ist mir alles recht.

Elfter Tag

Heute habe ich einen vollen Tag ohne Verpflichtungen, ganz für mich, zum Einleben, denn der Workshop fängt erst am Abend an. Beim Frühstück lerne ich ein paar echt nette Leute aus der Kalani-Szene kennen. Bobby und Henry aus San Francisco, die beide hier angestellt sind. Beide *very* schwul und derart zuckersüß, dass sie mich fortan mit »my little sweethoney« grüßen, egal wie weit ich weg bin, selbst wenn zwischen uns zehn Kilometer Wiese sind. Das ist voll niedlich und irgendwie auch lustig. Und ich spiele gerne mit, es ist ein köstlicher Spaß. Echtes Freundinnengetue auf der ganzen Linie, nur mit Kerlen eben. Das ist mal so was von andersrum. Aber es ist eh schon alles so unwirklich, da passt auch dieses rosafarbene Klischee bestens ins Bild.

Nachdem Bobby mir beim Frühstück seinen neuesten Liebeskummer anvertraut hat und ich so ziemlich über alles im Bilde bin, schlendere ich zurück zu meinem Zimmer und hole meine Schreibsachen. Ich verbringe den Tag mit Essen und Schreiben. Und bin total zufrieden. Alles ist friedlich und herrlich entspannt. Bis der Abend kommt. Da ist es dann mit dem rosaroten Frieden vorbei. Meine Gruppe legt mit EmoYoga los! Was auch immer ich mir darunter vorgestellt haben mochte, nichts von dem, was ich in den nächsten vier Stunden erlebe, trifft es annähernd.

Der Captain-Guru dieser wunderbaren Lehre, die kein Schwein kennt, heißt Lanceloha. Und da ich erst blutiger Anfänger auf dem Emo-Weg bin, muss ich erst noch einiges lernen. Lanceloha versucht uns engagiert die Essenz und den Sinn des Ganzen nahezubringen. Zu diesem Zweck erzählt er uns sehr detailliert die noch viel umfangreichere Geschichte seiner eigenen wundersamen Heilung. In meinem langen, bewegten Leben als Kursteilnehmer solcher und ähnlicher Veranstaltungen, habe ich noch keinen erlebt, der es geschafft hätte, eine ganze Gruppe von sieben Leuten für vier Stunden mit Dauerreden komplett zum Schweigen zu bringen. Ich kann zwei schlappe Stunden zuhören, dann gebe ich auf, schalte ab und schwebe in meine eigene Gedankenwelt. Da ist es bunt und lustig, und ich träume wunderschön vor mich hin.

Diese Performance von Lanceloha hat groteske Züge. Hier sitzen acht Leute, die aus der ganzen Welt zusammengekommen sind, sich nicht kennen, einen Haufen Geld ausgegeben haben, um etwas zu lernen, und in erwartungsfroher Haltung dessen, was da wohl in der nächsten Woche auf sie zukommen mag, und es passiert – NICHTS. Ja, wir haben uns nicht einmal vorgestellt. Außer von Lanceloha kenne ich, bis ich ins Bett gehe, noch keinen einzigen Namen. Aber dafür seine ganze Lebensgeschichte. Jedenfalls befällt mich gegen Ende seines Vortrags eine bleierne Müdigkeit und ich muss immer öfter gähnen. Aber das ist überhaupt kein Problem und gehört zum Programm.

Ich habe immerhin gelernt, die natürlichen, körperlichen Ausdrucksmöglichkeiten wie Gähnen, Lachen, Weinen, Furzen oder Rülpsen sind: a.) völlig natürlich und b.) daher äußerst erwünscht. Deswegen falle ich dummerweise natürlich überhaupt nicht auf mit meinen nicht ganz absichtslosen Gähnern. Sie haben nicht die geringste Signalwirkung an die Führung dieses Zirkels zwecks Kursänderung. Auch die Tatsache, dass ich schlichtweg müde bin, scheint niemanden sonderlich zu interessieren, es wird nicht beachtet. Wie auch? Denn derweil ist Lanceloha äußerst hingebungsvoll in seiner emotionalen Erzählung versunken. Er ist am allermeisten fasziniert von sich selbst, so dass er alles andere um sich herum vergisst, inklusive seines frisch gestarteten Kurses voller Emo-Dummies, die inzwischen alle schnarchend auf ihren Matten liegen.

Er praktiziert während seines Vortrags und auch wenn er keine Vorträge hält, permanent die Kunst des *Tappings*. In der Fachsprache heißt das EFT, *Emotional Freedom Technique*. Das ist die wesentliche Technik, um die es hier geht und die wir in diesem Workshop lernen sollen. Man klopft, mobilisiert, mit den Fingern einer Hand bestimmte Energiepunkte am Körper, die im Prinzip den Akupressurpunkten entsprechen. Das soll Blockaden lösen und die Energien wieder ins Fließen bringen.

Aussehen tut dieses ständige Geklopfe wie ein unablässiger, nervöser Tick und bringt bei mir definitiv meinen Atem zum Stocken. Sicherlich bin ich sehr verkorkst und ein sehr schwerer Fall. Begleitet wird das Ganze von heftigem Ausatmen mit ordentlich Sound dabei. Die Übungen klingen eher nach Schmerzensschreien, deren Ursache man nicht unbedingt erfahren, und man stattdessen lieber den Notarzt rufen möchte.

Ich bin entsetzt. Natürlich fordert er uns auf, es ihm gleichzutun, und ebenfalls all unsere Emotionen zu befreien, uns völlig enthemmt unserem Atem und Stöhnen hinzugeben. Bitte alles fühlen, Leute, und freudig akzeptieren, was immer auch da ist! Alles ist herzlich willkommen und wunderbar. Na prima! Man stelle sich dieses wilde Geklopfe, die Geräuschkulisse und den Lärmpegel multipliziert mit 8 vor und frage sich besser nicht, ob man nach der Sitzung vielleicht eine Therapie nötig hat.

Da bin ich nun bis ans andere Ende der Welt gereist, um zu erfahren, dass ich nur rülpsen brauche, um mich besser zu fühlen? Ich dachte unwillkürlich an meinen Freund M. aus K., der sich sehr intensiv mit seinen basalen Körperfunktionen beschäftigt und diese Botschaft schon immer predigt. Er hätte seine helle Freude an diesen Übungen gehabt, sich hier wie zu Hause gefühlt. Ich versuche zunächst noch optimistisch, die Lektion dahinter zu ergründen. Geht aber nicht. Ich hab so was von »Null Bock« auf Lektionen, sofern sie mit Klopfen, Atmen oder Lärmen zu tun haben. Bäh.

Als ich im Bett liege, packen mich weitere Zweifel. Was? Soll ich das jetzt vielleicht eine Woche lang über mich ergehen lassen? Hilfe, nein, ich will hier raus! Es war wie damals, als ich zu einem alternativen Workshop fuhr und wir die meiste Zeit mit einer Übung zubringen mussten, die *»To-the-north«* hieß und im Wesentlichen aus einem dumpfen, eintönigen Ausfallschritt bestand, der 20 Minuten lang wiederholt wird, immerhin wechselt alle fünf Minuten die Himmelsrichtung! Ich war damals scheinbar die einzige, die nicht in der Lage war, diese göttliche Übung zu beseelen und sie als einen Quell innerer Freude und Bereicherung zu erkennen. Ich fühlte mich eher auf glühenden Kohlen und sehnte mir in Gedanken nur noch das Ende dieser *seeeehr* meditativen Übung herbei.

Das nun scheint eine zweite »To-the-north-Herausforderung« zu sein. Hingabe an vermeintlich Unsinniges. Ich bin ganz offensichtlich nicht verrückt genug. Ich habe ernsthafte Bedenken, was mich noch erwartet, denn das war ja heute nur der erste Tag. Meine Bedenken melden sich sehr zu Recht, wie sich noch herausstellen wird.

Völlig ermattet und erschlagen vom vielen Zuhören, dem Lärmpegel und einer herben Enttäuschung über diesen Superkurs, kehre ich in mein Zimmer zurück, mit dem einzigen Wunsch zu schlafen, und zwar sofort. Ich habe immer noch keine Zimmergenossin. Ein geiler Typ, der für den Anstieg meines Gute-Laune-Barometers hätte sorgen können, liegt aber bedauerlicherweise auch nicht unter meiner Bettdecke. Nein. Nichts von alldem. Ich muss meinen desolaten Gemütszustand gottlob mit niemandem teilen. Ich kann ganz ungeniert in mein Kissen heulen, rülpsen und pupsen. Und ich muss mich auch vor niemandem rechtfertigen oder schützen. Dieser Raum ist ganz für mich allein. Meiner! *FreuHeulSchniefGäähhhhnSchlaaaaf.*

Zwölfter Tag

Als ich erwache, fühle ich mich erfrischt, trotz meines vorabendlichen Tiefs. Bin munter und fidel, auch wenn es noch saufrüh ist. Bis zum Frühstück muss ich noch ein bisschen warten. Aber den Einsatz kann man nicht verpassen, da die Mahlzeiten hier mit einem tutenden Horn angekündigt werden. Für all diejenigen, die ihre Uhr vergessen haben. Es sieht aber ganz danach aus, als habe hier NIEMAND eine Uhr. Vermutlich wieder so ein esoterisches *No-Go*. Diese nette Idee mit dem Gong allerdings haben sie vom Pawlow geklaut. Der hat das so mit seinen Hunden gemacht, bevor er ihnen was zu essen gegeben hat, weil er sie konditionieren wollte. Nachher gab's bei Pawlows aber nur noch den Gong und nichts mehr zu essen. Ich hoffe, diese fiese Wendung haben sie hier nicht mit übernommen. Aber wenn alle nach dem Trompetenhalali auf die Wiesen stürmen in Richtung Futtertrog auf dem »Dining Lanai«, ist der Vergleich mit einer Meute hungriger Hunde nicht sehr abwegig.

Es ist wirklich wunderschön, inmitten von Blüten und tropischen Pflanzen zu speisen. Auch das Frühstücksangebot ist unglaublich reichhaltig. Man könnte sich allein mit dieser Mahlzeit für den ganzen Tag satt essen. Wenn Gott nicht schon in Frankreich leben würde, würde er garantiert in Kalani residieren. Tut er wahrscheinlich auch. Das mit Frankreich ist eine clevere Tarnung, damit er auch mal seine Ruhe hat. Immer diese ständige Verfügbarkeit. Und wer will schon pausenlos angebetet werden? Das scheint mir eine ziemliche Einbahnstraße und schon sehr belastend zu sein. Der liebe Gott auf Auszeit wegen göttlichem Burnout. Das ist mal ein Ding.

Es gibt jeden Morgen mindestens vier oder fünf warme Frühstücksangebote, die von diversen Porridgevarianten über Eierspeisen bis zu Bratkartoffeln reichen. Und das Beste ist, der Kaffee ist *g-u-h-u-h-u-t!* Es gibt sogar normalen, koffeinhaltigen, was sagt man dazu? Und alles ganz ohne moralische Hinweisschilder. Ich nehme also reichlich davon, weil ich ja schon länger auf Kaffeeentzug bin. Darüber hinaus brauche ich ihn auch zur Stärkung, denn heute ist die erste richtige Sitzung meines EmoYoga-Workshops und nach dem gestrigen Intro fühle ich mich, als wenn ich mich irgendwie dafür wappnen müsste. Mit lecker giftigem Kaffee natürlich.

Beim Frühstück treffe ich alle Teilnehmer aus meinem Kurs. Nun kann ich das Versäumte von gestern Abend nachholen und mich mit den anderen bekannt machen. Lanceloha ist der Meister. Logo, wissen wir ja bereits. Joe ist der Vizemeister. Sie kommen beide aus Texas und denken, sie leiten zusammen den Workshop. Dann gibt es ein junges Mädchen, eine Britin namens Karen, die Lanceloha in Kalifornien aufgegabelt und umgehend mitgebracht hat. Die beiden haben was miteinander. Es gibt noch Ali, einen jungen Araber, der im Rahmen seiner Studienarbeit einen Film über Lances Arbeit in Hawaii drehen möchte. Er ist quasi ein echter Emo-Groupie, der Lanceloha überallhin folgt und wirklich ALLES toll findet, was Lanceloha so macht: atmen, singen, klopfen, hüpfen und rülpsen. Und das nimmt er alles mit seiner Kamera auf. Na, auf diesen Film hat die Welt bestimmt gewartet. Wenn ihr den mal im Fernsehen sehen solltet, denkt dran, ich war eine der Darstellerinnen, die nur schwach geatmet und fast nicht mitgemacht haben. Aber ich vermute, deswegen bin ich auch rausgeschnitten worden und komme in dem Film gar nicht vor.

Dann ist da noch Gail, eine junge alleinstehende Frau mit zwei Kindern, die Lance noch aus seiner texanischen Zeit her kennt. Sie hat sich ebenfalls eine kleine Auszeit von ihrem Alltag gegönnt. Gail ist oder war vermutlich auch mal bettechnisch mit Lanceloha liiert. Ich hab sie nicht gefragt, so was spürt man als Frau. Der letzte im Bunde ist Brian, ein dicker, verschwitzter Kanadier von Vancouver Island, mit Schweinsaugen, der sich immer wenn wir im Kreis zusammensitzen, an seinen Füßen rumspielt, ununterbrochen, und mir nicht nur deswegen total unsympathisch ist. Andererseits kann ich wahrscheinlich noch froh sein, so lange es nur die Füße sind. Brian und ich sind die einzigen, die Lanceloha vorher nicht kannten. Mit anderen Worten, er hat mehr oder weniger seine ganze Fangemeinde um sich geschart und, ganz tüchtiger Geschäftsmann, fast alle Teilnehmer selbst mitgebracht.

Nun wird's ernst. Wir starten mit EmoYoga. Das ist die Abkürzung für *Emotional Yoga*. Was auch immer das ist, aber es ist für mich ziemlich schwer auszuhalten. Mehr und noch mehr von diesem nervösen Körper-*Tapping*, dem Schreien und Atmen, und noch mehr Lärm. Hilfe, ich drehe durch. Und ich glaube, ich würde höchstens aus purer Verzweiflung laut schreien und heulen. Ich will nichts davon lernen. Und auch nicht schreien. Jedenfalls nicht hier und nicht so. Das ist ja voll peinlich und total schrecklich. Ich will auch nicht atmen wie ein Voll-Depp und dabei aussehen wie ein blöder Schnappfisch oder Furzen wie ein widerkäuendes Rindviech und schuld daran sein, wenn sich das Ozonloch schneller vergrößert. Und ich will mich in dieser komischen, verrückten Gruppe auch nicht outen. Ich finde alles und alle doof. Ich will auch niemandem hier irgendwelchen »Raum geben«. Den nimmt sich jeder sowieso schon ganz von allein. Ohne mich zu fragen. ICH WILL NIHICHT! Hier ist es definitiv kacke! Ich will nur nach Hause. Und das ist weit weg. Wo zum Kuckuck ist bloß zu Hause?

In der nächsten Sitzung erfahre ich es. Denn so sehr ich bislang auch rumgezickt habe, so ernsthaft entschlossen bin ich nun, das Beste draus zu machen und das für mich herauszuholen, was ich brauche. Ich bin nun einmal hier und es ist das, was ich mir ausgesucht habe. Widerstand zwecklos. Kaum, dass ich den Kampf aufgebe, erhalte ich, wie schon so oft erfahren, eine Antwort, wo ich es am wenigsten vermute. Immer da, wo der Widerstand am größten ist. Wo ich mich verweigere. Langsam begreife ich. Akzeptiere. Werde still. Langsam. Ganz langsam schmilzt der Widerstand.

Ich schaffe es, loszulassen und alles auszuschalten, was um mich herum geschieht, den Lärm, das Gepolter, die Menschen, das Unkontrollier- und Unberechenbare – alles, was mir Angst macht. Ich werde ganz ruhig. Es ist eine Stille inmitten all dieses Gepolters, die tiefer geht als normale Stille. Ich fühle die Energie, wie sie sich in meinem Bauch konzentriert und dort wächst. Erstaunen macht sich breit, darüber, wie sicher und warm es sich dort anfühlt. Und welche Stärke sich hier findet. Ich bleibe dort, wo es so schön warm ist. Mein Herz fängt an zu brennen. Hier brauche ich niemanden, um mich zu füllen oder zu nähren. Alles, was ich brauche, ist bereits da. In mir. In meinem Inneren. Genauso wie ich bin, bin ich richtig. Ich brauche auch keinen Job, um meine Bestimmung zu erfüllen. Ich brauche nicht einmal Raum für mich, da mir bereits das gesamte Universum gehört. Hallo lieber Gott, auch wenn du grad auf Urlaub bist, ich glaub, ich hab was gelernt! Meine persönliche Lektion Nummer 8: Ich brauche nichts, denn mir gehört bereits alles! Juhu! Gut gemacht, kleiner Pilger! Und als ich mich gerade entspannen möchte, kriege ich noch eine Zugabe obendrauf, und zwar eine echt abgespacte Vision. Ich dachte bisher immer, wenn Menschen von übernatürlichen Visionen oder Erfahrungen zu berichten wussten, es handele sich um ziemlich gute Einbildungen oder dreiste Angeberei. Oder es gehört zum Kolorit dazu und ist nur was für Heilige oder mittelalterliche Jungfrauen. Als Markenzeichen sozusagen. Aber die Botschaft, die ich bekomme, ist absolut kristallklar, wenn auch ziemlich abgefahren, eine eher moderne Variante. Sie kommt direkt aus den Wolken, in Form eines Flugzeugs, das ein Werbebanner hinter sich herzieht: *»Shine! And you will be blessed!«* Pling. Das war's. Und wie zur Untermalung in einem Film schwebt der Song von Cat Stevens noch hinterher: *»I know the rest of my life will be blessed.«* Ich bin hellwach, aber komplett sprachlos. Ich kann es kaum glauben.

Nur wie bitte kann man beruflich »scheinen«? So quasi Leuchtturm sein? Wie soll das gehen, im normalen Leben? Die Gebrauchsanleitung dazu wurde leider nicht mitgeliefert. Als es an die Übermittlung der Auflösung ging, hatte der himmlische Visionssender einen Aussetzer oder eine Funkstörung. Vielleicht war es auch fiese Absicht und er wollte bloß nicht alles verraten. Diesen ziemlich entscheidenden Teil an der Geschichte darf ich nun doch wieder selbst herausfinden. Na prima! So eine Art Mitmachstory oder Rätsel vielleicht. So viel zum Thema: Wie gehe ich als Otto-Normal-Verbraucher ganz lässig mit himmlischen Visionen um?

Dreizehnter Tag

Heute hat Lanceloha Geburtstag. Es ist lustig und heiter in der Gruppe an diesem Morgen. Endlich mal. Ich hab ne Idee. Unbemerkt laufe ich zum Parkplatz und hole Sandys Kuchen aus dem Auto, stecke ein paar brennende Streichhölzer rein und serviere ihn als *Happy-Birthday-Cake* in Flammen. Damit habe ich die Überraschung gelandet. Nun hatte ich mir in meinem Überschwang so gedacht, wir schlachten diesen köstlichen Kuchen sofort. Aber nein, geht mal gar nicht! Das wäre dann doch zu unkultiviert und vielleicht auch zu profan gewesen. Lanceloha hat ein feines Ritual daraus gemacht. Dieser Kuchen wurde so ernsthaft und feierlich verspeist wie die Heilige Kommunion selbst. Amen!

Zunächst wurde er nur rumgereicht. In der ersten Runde hat niemand gewagt, sich ein Stück zu nehmen. Nur ehrfurchtsvoll abteilen, mit meinem Schweizer Messer natürlich. War alles voll stilecht. Erst im zweiten Durchgang war dann erlaubt, sich ein Stückchen zu nehmen. Lanceloha hat Joe, der neben ihm saß, mit seinem Kuchen gefüttert. So ging das dann reihum. In dieser Esoterik-Szene kann man auch Geburtstagskuchen eben nicht einfach mal so oberflächlich und ganz unspirituell in sich reinschaufeln bloß weil's so lecker ist.

Am Nachmittag gibt es dann *Touching*. Spirituelles Berühren. Eine Herausforderung für mich. Nicht, weil ich Berührungsängste habe, sondern weil ich gern selber bestimmen würde, wen ich wie und wo berühre und umgekehrt. Jetzt sag mal in so einer heiligen Gruppenübung, wo alle verzückt schwingen, dass du dazu keinen Bock hast. Noch dazu, wenn die Übung *Angel Blessing* heißt. Völliges Unverständnis auf Gruppenseite. Mist. Diese verordnete Nähe geht mir tierisch auf den Keks. Besonders Brian ist unerträglich und abstoßend. Als er mich berührt, sendet er jedenfalls alles andere als reine, feingeistige Signale. Und *Hiiiiilfe*, ich will auch seine Fußekelfinger nicht auf mir haben! Ich wende mich schnell ab. Glücklicherweise war sowieso grad Schluss für heute. Schnell raus vor die Tür! Spirituelle Auszeit bitte! Erleichtert hole ich tief Luft. Hab ich aber mal Glück, dass ich zufällig am Ort der reinsten Luft der Welt bin. Ein Luftbad ist da ja mal wie eine Offenbarung und kommt mir gerade wie gerufen.

Ich freue mich auf das Abendessen. Das bedeutet Szenenwechsel. Wir treffen uns alle zu einem gemeinsamen Happy-Birthday-Dinner. Ich möchte vorher noch duschen und mich ein bisschen nett zurechtmachen. Heute ist der Tag für das einzige Kleid, das ich mithabe. Immerhin. Wir haben viel Spaß zusammen und es gibt sogar Rotwein, wenn er auch nicht besonders gut ist. Aber zur Feier des Tages hat Brian eine ganze Fünf-Liter-Box spendiert. Es ist fast eine kleine Party. Ein paar Stunden später und fünf Liter Rotwein weniger, wollen alle bei Brian weiterfeiern, denn er ist der einzige, der ein ganzes Haus für sich hat mit einem riesigen Wohnzimmer, das so groß ist wie ein Ballsaal. Er hat wohl Schotter und kann sich das leisten. Außerdem hat er dort noch mehr Wein, sagt er. Gut, ich steuere die Musik zur Party bei. Es kann losgehen.

Tatsächlich ist bei Brian viel Platz, mehr als genug für uns paar Männeken. Um diese Tanzfläche zu füllen, müssten wir dreimal so viele Leute sein. Vermutlich tanzt deswegen auch keiner. Es gibt noch mehr Wein. Ich habe eigentlich schon genug. Rotwein vertrage ich nicht. Mischen erst recht nicht. Ich will auch keinen Brummschädel am anderen Tag. Ich muss schließlich fit fürs *Tapping* morgen sein! Daher halte ich mich zurück und genieße stattdessen meine schöne Musik.

Ich versuche mit Joe zu tanzen, aber ich weiß nicht, ob man seine sehr gewöhnungsbedürftige Freistil-Akrobatik als Tanzen bezeichnen sollte. Sieht eher nach experimentell aus. Bei *Let's Dance* würde er in der B-Note ziemlich direkt ausscheiden.

Die Party ist nicht gerade der Burner. Den anderen geht es genauso, daher ist recht bald Schluss. Und wir gehen alle auf einen Schlag nach Hause. Vor meinem Zimmer angekommen, stelle ich plötzlich fest, dass ich meinen Schlüssel nicht dabei habe. *Merde*. Ich wundere mich, weil ich mir sicher bin, ihn zusammen mit meiner Anlage mitgenommen zu haben. Schweren Herzens muss ich also noch mal zurück.

Ich klopfe bei Brian und sage mein Sprüchlein auf. Während ich an der Tür warte, fängt er an, überall zu suchen und findet meinen Schlüssel plötzlich da, wo ich vorhin bereits geschaut hatte. Eigenartig. Er überreicht ihn mir nur zögerlich. Er fragt mich, ob ich denn nicht noch ein bisschen bei ihm bleiben möchte. Er hätte noch Wein und auch was anderes. Ich sehe ihn ganz entsetzt an und als ich den Mund aufreiße, um ihm zu sagen, dass das keine gute Idee sei, wird dieser kleine Fiesling plötzlich massiv zudringlich und mir wird ganz mulmig. Er ist groß und dick und wiegt mindestens das Dreifache von mir. Er ist betrunken und daher sehr, sehr schmierig. Schleimgüteklasse eins.

Plötzlich sind seine Hände auf mir, packen mich und nageln mich fest, er küsst mich, trifft aber nur den Nacken. Voller Widerwillen stemme ich ihn weg, aber er hält mich wie im Schraubstock, und ich spüre seinen Mund immer noch an meinem Hals. Es ist so widerlich. Ich bekomme keine Luft mehr. Er ist irre schwer und hält mich mit eisernem Griff. Ich sage ihm, er soll sofort damit aufhören und versuche mich zu entwinden. Aber er ist taub und macht unbeirrt weiter. Jetzt bekomme ich langsam Panik. Ich bin ganz allein hier, das Haus ist total abgelegen. Hier hört mich niemand. Und der Kerl ist mal echt stärker als ich. Ich darf auf keinen Fall meinen Kopf verlieren.

Ich muss meine gesamte Kraft in mir sammeln, wie beim Aikido, und mich mit einem einzigen Stoß befreien, jetzt oder nie. Mit geballter Kraft trete ich ihm mit meinem Absatz so fest ich kann auf seinen nackten Fuß. Fiesling schreit auf, und ich nutze den kurzen Moment der Überraschung aus, um ihn mit einem kräftigen Ruck wegzustoßen. Frei! Gott sei Dank! Oder vielleicht besser Aikido sei Dank. Das habe ich immerhin fast 15 Jahre lang gemacht, und obwohl es nun schon so lange her ist, ist das Prinzip ganz spürbar immer noch verinnerlicht. Wie Fahrradfahren, das verlernt man auch nicht. Ein unterbewusst ablaufendes Programm. Das hat mich gerettet. Ich schreie ihn an! »Du *Asshole*«, denn ich spreche ja englisch hier. *»And don't YOU dare to ever touch ME again!* Du *Asshole«!*

Ich dreh mich um, stolpere noch über einen Stuhl, der polternd umfällt und mich beinahe mit zu Boden gerissen hätte. Ich schaffe es tatsächlich bis zur Tür, ohne dass er mich noch mal zu packen kriegt. Dafür reicht sein Reaktionsvermögen nicht mehr. Außerdem ist er viel zu fett und schwerfällig. Voller Abscheu und den Schrecken noch in den Knochen, renne ich den ganzen Weg bis zu meinem Zimmer so schnell ich kann, trotz der Dunkelheit. Meinen Schlüssel halte ich siegessicher und fest umklammert in der Hand.

In meinem Zimmer angekommen, schließe ich mit zitternden Händen von innen ab und vergrabe mich unter meiner Bettdecke, bebe aber immer noch am ganzen Leib. Ich bin so angewidert und so aufgebracht. Und die Angst geht nicht weg. Heulend mischt sich meine unterdrückte Wut mit lauten Flüchen. Hey Lanceloha hörst du, ich kann auch laut sein! Ich werde den Verdacht nicht los, dass dieser Fußkrauler-Fiesling alles inszeniert hat, dass er meinen Schlüssel absichtlich weggenommen und versteckt hat, damit ich wiederkommen musste. Mir wird plötzlich schlecht. Das halte ich nicht mehr aus. Ich will nach Hause. Ich habe keine Lust mehr, große Reise in die weite Welt zu spielen. Das ist bitterer Ernst.

Erst recht, als mir all die schauderhaften Stories von Robbie wieder einfallen. Willkommen in der Realität. Zumindest einer davon. Ich bin mal voll eingeschüchtert. Ach, zum Henker, sollen sie mir doch alle gestohlen bleiben. Wie konnte ich nur auf diese bescheuerte Schnapsidee kommen und mich in dem hintersten und absolut gefährlichsten Winkel der Welt verkriechen? Ich hab die Nase so was von gestrichen voll! Mit vorgeschobener Unterlippe erkläre ich Hawaii zum Kriegsgebiet. Und alle Menschen, egal ob Hawaiianer oder nicht, zu meinen Feinden. Ja, genau!

Ja und Brian, dieser fettige Fußkrauler, erst. Den werde ich als Ersten vernichten. Was für ein ausgemachter Widerling. Ich konnte ihn von Anfang an schon nicht leiden. Er trinkt und hat ein Problem mit Frauen. Tagsüber hat er mir noch den Kumpel vorgespielt und einen auf Verbrüderung gemacht. Und jetzt so was. Pfui Teufel. Jetzt kann ich leider sein Verhalten nicht einschätzen. Ich weiß nicht, ob er gewalttätig ist oder wie groß oder gering seine Kontrolle oder wie stark seine Not, sich zu holen, was er will. Ob er mir nachkommt? Ich prüfe das Schloss. Es ist so ein amerikanisches 08/15-Modell. Sicherheit ist, glaub ich, anders. Fußkrauler-Fiesling würde sich darüber bloß totlachen und, wie im Film, diesem lächerlichen Knauf mit einem Fußtritt kurzen Prozess machen. Ich stelle mir gerade seinen schwerfälligen Fettwanst vor. Nein, der kommt mir nicht nach, da müsste er sich ja bewegen, *never*! Der doch nicht. Und treten tut der hier schon mal gar nix. Eher gibt's nen Fettfleck.

Ich beruhige mich nur geringfügig. Schicke ein paar SMS nach Hause, weil ich mich nach Kontakt sehne. Ach, was für ein Unsinn, aber ich fühle mich halt so schutzlos und verwundbar. Als alles ruhig bleibt, entspanne ich mich ein wenig und falle irgendwann in einen unruhigen Schlaf, wo ich von Amerikanern träume, die sich als mongolische Infanterie verkleidet haben und geschlossen auf mich zumarschieren, um mich fertig zu machen. Sie klagen mich der Erregung öffentlichen Ärgernisses an und nehmen mich fest, weil ich die Männer verführe und den Hawaiianern nicht zu Willen bin. Sie werfen mich ins Gefängnis und verweisen mich des Landes. Darüber bin ich dann doch sehr froh, weil ich auf diese Weise endlich nach Hause komme.

Vierzehnter Tag

Als ich aufwache, geht es mir besser. Nur von dieser stressigen Gruppe, dem Camp und vor allem von Mr. Fußkrauler will ich nichts mehr hören oder sehen. Zudem plagen mich heftige Kopfschmerzen. Kein Wunder nach der vergangenen Nacht. Ich informiere Lanceloha und rede mit den Frauen. Ich erfahre, dass Belästigungen Fußkraulers persönliche Spezialität sind, denn Gail und Karen hat er ebenfalls zugesetzt. Wenn schon, denn schon. Die Stimmung ist aber mal definitiv im Keller. Ich dachte eigentlich, ich bin in diesem Paradies, um mich zu regenerieren und wieder zu Kräften zu kommen. Alles wäre so schön blütenrein und Tischlein-deck-dich-mäßig und die gebratenen Tauben fliegen mir nur so in den Mund. Nun fliegen sie mir um die Ohren. Ja, um Himmels Willen, wo haben diese Tauben nur das Fliegen gelernt? Also im Schlaraffenland brauchen sie sich schon mal nicht zu bewerben, diese Penner.

Stattdessen fühle ich mich wie Jeanne d'Arc auf dem Schlachtfeld, umgeben von lauter Feinden. Wie war das noch? Ich soll »scheinen«? Na, das einzige, das in diese Richtung geht, ist meine schimmernde Ritterrüstung im Kampf gegen das Böse. Und gegen all die Widrigkeiten, die vielen Gefahren und Probleme, Fußkrauler-Fieslinge und diese unfähigen gebratenen Tauben, einfach gegen alles.

Jedenfalls muss ich ganz dringend mal aus diesem Setup weg. Ich nehme mir eine Auszeit in meiner Auszeit und mache mich auf den Weg zum nahe gelegenen Hausstrand. Den kenne ich nämlich noch nicht und habe Schwierigkeiten, ihn zu finden. Anscheinend ist so früh morgens noch keine *Beachtime*, denn ich kann nirgendwo parkende Autos entdecken. Ausgerechnet jetzt, wo ich mal eines brauchen könnte, gibt es natürlich KEIN Schild. Nachdem ich ein paar Mal hin und her gefahren bin, habe ich die Stelle doch endlich lokalisiert. Dort steht ein einziges abgetakeltes, nicht sehr vertrauenerweckendes Fahrzeug, aus dem ab und zu ein verlotterter Typ aussteigt und sich verdächtig mit irgendetwas hinter seinem Fahrzeug in der Böschung zu schaffen macht. Sieht aus, als wenn er dort heimlich ein Tier schlachten wollte. Oder noch Schlimmeres. Gruselig. Hilfe! Meine Phantasie geht wohl allmählich mit mir durch.

Ich fahre am anderen Ende dieser Einbuchtung, so weit wie möglich von dem alten Gammeltruck entfernt, an den Straßenrand und mache den Motor aus. Ich lege meinen Kopf aufs Lenkrad und schließe die Augen. In der Hoffnung, alles um mich herum auszublenden, nichts mehr sehen oder hören zu müssen. Dieses kleine, fremde Auto scheint mir der einzige noch sichere Ort auf diesem Planeten. Es ist alles, was ich in diesem Augenblick habe, und dabei ist es nicht mal meines. *Scotty beam me up!* Ich bin innerlich leer und taub, mein Magen ist verkrampft, mein Kopf dröhnt und mein Körper schmerzt.

Plötzlich fließen die Tränen. Sie laufen mir die Wangen runter und tropfen aufs Lenkrad und dann auf meine Beine. Ich würde so gerne einfach auf dem warmen Strand liegen, nur daliegen und nichts tun, nichts denken. Die Sonne aufsaugen. Die Wärme. Und schlafen. Unbehelligt. Es ist ein Nacktbadestrand, der einzige im prüden Hawaii. Ich hätte mich so gerne wie in Korsika gefühlt, meinem Lieblingsurlaubsort. Sorglos, geborgen, frei und sicher. Aber ich habe Angst. Angst, diesen Kontext, die Sicherheit des Autos zu verlassen und aufzufallen, Angst vor diesem unheimlichen Typen, der immer noch um seine Rostlaube herum schleicht und seltsame, verdächtige Dinge tut, wie Tiere abmurksen oder Leichenteile vergraben oder Jungfrauen auflauern, um sie zu foltern. Er wartet wahrscheinlich nur darauf, dass ich ihm in die Falle gehe, und er ohne Eile zuschlagen kann, sobald ich die Klippen in die einsame Bucht runtergestiegen bin, die nur diesen einen Zugang hat, und wo ich dann festsitze. Leichte Beute. *Ready to be* murkst.

Ich weiß nicht mehr, wo ich sicher bin, ob ich überhaupt noch sicher sein kann. Und wer mir alles nach dem Leben trachtet. Ich habe keine Antworten. Und so weine ich einfach weiter. Hinein in den See, der sich zu meinen Füßen bereits bildet. Ich weiß nicht, wo ich hin soll, ich habe keinen Platz. Nur dieses verrückte amerikanische *Rental Car*, in dem ich hinter verriegelten Türen am Ende der Welt sitze und das ich allmählich voll heule.

Der Wasserspiegel steigt. Ich weine um mein kleines Kind, um meine angestrengte Kindheit, um meine verlorenen Lieben, um alles was ich getan und was ich nicht getan habe, um mein einsames, verlorenes Herz, um die Vergeblichkeit aller Bemühungen um meine Enttäuschungen, meine Verletzungen. Ich weine um mich und mein Leben. Was für ein Strom an Tränen. So viel Wasser, von außen, und nun auch noch von innen. Auweia. Als ob es hier nicht schon genug davon gäbe. Am Ende verschimmele ich noch, wie so vieles andere hier. Ob ich dann auch stockig riechen werde? Oh Gott, das ist ein stichhaltiges Argument. Augenblicklich höre ich mit Weinen auf. Es hat sich ausgeheult.

Nein, verschimmeln will ich nicht und ich will auch nicht in meinem Auto ertrinken, weil es vollgeheult ist. Wie wäre so etwas wohl der Nachwelt zu erklären? Europäerin ertrank einsam in Mietwagen. Die Frage, wie die Wassermassen dort hinein gelangten sowie die Ursache dieser Katastrophe bleiben weiterhin ungeklärt.

Wie in Trance lasse ich den Motor an und fahre wieder zurück auf die Straße, die ich nun schon so oft hin und her gefahren bin. Gerne wäre ich einfach ein bisschen ziellos umhergefahren. Aber hier gibt es nur diese eine Straße. Möglicherweise kann man auch auf einer einzigen Straße ziellos umherfahren. Das werde ich wohl ausprobieren müssen, denn ein Ziel habe ich definitiv nicht im Sinn. Eine Straße ohne Ziel also. Ein Weg. Mein Weg. Der einzige Weg, den es gibt und den ich grade zur Verfügung habe. Wieder eine Lektion. Eine ziemlich philosophische diesmal. Die Nummer 9.

Heute führt mich die Straße, welch Überraschung, wieder nach Isaac Hale Beach Park. Ist klar, denn da geht diese einzige Straße ja hin. Ich stelle das Auto ab und hocke mich auf den Sitzplatz unter meinem Baum und schaue einfach nur aufs Meer. Es ist schön. Es ist genauso wie am ersten Tag, genauso wie vor tausend Jahren, genauso wie am Anfang der Zeiten. Ich bin ein kleiner, wenn auch ziemlich verheulter Punkt, die minimalste Schnittstelle auf dem Existenzstrahl dieses Ozeans. Aber immerhin ebenfalls nass. Das verbindet mich mit diesem Element. Dieser riesige pazifische Ozean ist ewig und hat schon viel gesehen, aufgenommen, überspült, ernährt, erfreut, vernichtet, behalten und gegeben.

Das Meer, die unfassbar große Menge an Wasser, dessen ewige Präsenz, beruhigt mich. Ich atme die würzige Luft, den windig fischigen Geschmack, den nur der Ozean hat, lausche den brandenden Wellen, folge der Gischt, die mich ab und zu wie ein leichter Hauch streift. Ich spüre den Wind in meinen Haaren. Rau und sanft zugleich. Die Weite öffnet meinen Blick und mein Herz. So sitze ich einfach da, bis ich nicht mehr kann, weil sich die Vulkansteinchen schmerzhaft in meine Pobacken bohren. Hilfe, dabei habe ich dort schon genug Dellen, die mich an meine irdische Vergänglichkeit erinnern.

Ich fahre zurück nach Kalani und mache es mir im Begrüßungshaus am Geländeeingang auf dem großen *Lanai* gemütlich. Ich bin alleine dort und das ist gut so. Ich fühle mich nämlich noch nicht bereit für irgendwelche Gesellschaft oder hyperaktive, emo-bewegte Yogagruppen. Ich schaue in den Dschungel und betrachte versunken, mit welch natürlichen Mitteln diese schöne Anlage hier gegen die gewaltige, übermächtige Natur abgegrenzt und instand gehalten wird. Ich meditiere über Abgrenzungen, Grenzen, Übergänge und Sicherheit.

Diese Abgrenzung hier besteht aus einer wunderschönen Bambuspflanzung. So hell und so luftig leicht. Hellgrün. Mit gelblichen Stielen. Man kann die Zaunfunktion nur erkennen, wenn man wirklich ganz genau und sehr lange hinsieht. Ich denke an mein Haus in der Heimat, und dass ich mich dort auch mit einem Bambuswald schützen möchte. Ich will einen Bambuszaun vor dem Haus. Das ist wunderschön natürlich und eine fabelhafte Idee. Eben weil sie so einfach ist. Einfachheit ist genial.

An der Abendsitzung nehme ich dann wieder teil. Ich verkünde einfach mal aus der kalten Hose, dass ich bei den Übungen mit Berührung nicht mehr mitmachen möchte. Großes Hallo. Aber ich bleibe dabei. Kein *Touching*. Und schon gar in Anwesenheit dieses fußekraulenden Ekelpakets. Basta. Gail unternimmt einen Versuch, ihre Betroffenheit in dieser Sache anzusprechen. Aber all ihre Bemühungen, sich Raum oder Gehör zu verschaffen führen bei Fußkraul-Fiesling nur zu trotzigem Widerstand. Wenn ihr mal einen Held sehen wollt, hier gibt es einen. Und sogar einen in der Trotzphase.

In rührender Kleinkindmanier fällt er in seine Sandkiste zurück, macht einen auf beleidigte Leberwurst und wirft ein bisschen mit Sand um sich. Er sei Rechtsanwalt und falls wir gedächten, ihn in der Gruppe anzugreifen, wird er sich schon zu verteidigen wissen. Davon verstehe er schließlich was, ruft er in die Runde, das sei sein Job, und da müssten wir uns schon warm anziehen. Hallo! so viel Mut angesichts der Übermacht des furchteinflößenden Feindes in Gestalt zweier dünner, zarter Frauen. Gail und ich zittern schon. Und wie bedauerlich, dass wir so einen tollen Hecht auch noch verschmäht haben. Wie dumm von uns. Wir Mädels sind wohl einfach nicht blond genug.

Na, jedenfalls hat sich Fußkraul-Fiesling ziemlich beispiellos disqualifiziert. Wir können ihn einfach nicht mehr ernst nehmen. Den beiden unerfahrenen Gruppenleitern ergeht es in unseren Augen aber leider auch nicht besser, denn ihr Versuch, das Thema in die Gruppe zu bringen, ist kläglich gescheitert. Und diesmal fühle ich mich zur Abwechslung mal nicht verantwortlich für irgendwelche dunklen Gruppenprozesse. Ich werde den Eindruck nicht los, dass Lanceloha ein bisschen Gruppendynamik mit Psychoprozess spielt und mal schaut, was so passiert, wenn er die nächste Karte zieht oder versucht, eine Sechs zu würfeln, um so vielleicht über Los zu kommen. Gail und ich sind uns wortlos einig und haben mit sehr fraueneigener Zauberenergie das ganze Thema elegant an den ziemlich dämlichen Schmiertypen zurückgegeben. Das ist sein Paket, nicht unseres. Auf diese erstaunliche Weise waren wir es damit auch irgendwie los.

So bin ich also um eine Erfahrung reicher. Und ich fühle mich in meinem Entschluss bestärkt. Ich möchte die Gruppe verlassen. Allein dieser Gedanke befreit mich schon. Ich schlafe neun Stunden wie ein Baby.

Fünfzehnter Tag

Am anderen Morgen erwache ich mit einem Bärenhunger auf Frühstück. Ich esse und esse. Bis ich nicht mehr kann. Ich hole mir ausnahmsweise noch einen dritten Pott Kaffee. Auf diese erquickliche Weise gestärkt, begebe mich auf die Suche nach Lanceloha. Ich finde ihn im Seminarraum und verkünde ihm dort die frohe Botschaft, nämlich meinen Entschluss, die Gruppe zu verlassen. Denkste. Er will mich natürlich nicht gehen lassen. Er ist mitten in der Vorbereitung auf die morgendliche Sitzung gewesen. Nun lässt er alles stehen und liegen, packt mich sofort auf die Behandlungsliege und arbeitet mit mir.

Diese Arbeit tut mir gut. Sie ist wundervoll und heilsam. Frieden kehrt in mein Herz zurück und ich tauche ruhig und klar aus dieser Sitzung wieder auf und in die Realität ein. Sie ist nicht mehr bedrohlich. Ich bin Lanceloha dankbar und voller Staunen, wie gut er in dieser persönlichen Arbeit ist. Ein wahrer Meister. Vielleicht sollte er die Gruppenarbeit auf Singen, Hüpfen, Springen und ein bisschen Emo-Tapping beschränken und sich ansonsten auf seine Einzelsitzungen spezialisieren. Dann passt es doch.

Am späten Nachmittag will die ganze Bande geschlossen zum Isaac Hale Beach Park, zu den *Hot Ponds*. Das sind kleine Warmwasserteiche direkt an der Küste, in denen man schwimmen oder einfach nur abhängen kann. Eine Art warme Natur-Whirl-Pools. Ich fahre mit, weil ich diesen Spot so liebe und dort ein bisschen schreiben kann. Und weil ich ein Auto habe und sie nicht. Ich willige ein, den Chauffeur zu spielen. Werde mich aber separieren. Ich habe das Bedürfnis nach Ruhe und mich für den Rest des Tages nicht mehr bewegen zu müssen. Nullstens. Ich freue mich nur darauf, einfach alles aufzuschreiben und an das geduldige, friedliche Papier abzugeben. Auf diese unspektakuläre Weise kann ich alles wieder ausgleichen. Das Schreiben ist mir ein Segen und eine wahre Seelenhygiene.

Als wir auf dem Parkplatz ankommen, schaue ich kurz, ob Robbie vielleicht da ist. Nein, ist er nicht. Wir ziehen in Richtung *Hot Ponds*, wo ich mir mit Hilfe der mitgebrachten Handtücher einen umgefallenen Baumstamm zu einem gemütlichen Schreibsessel umfunktioniere. In dem Maße, in dem sich die Seiten meines Notizblocks mit Erlebtem und Geschriebenem füllen, versinkt um mich herum die greifbare Welt. Die Geräusche verebben wie in Wattebäuschen. Ich fühle mich leicht und beschwingt, mache zwischendurch kleine visuelle Ausflüge, lasse meinen Blick auf dem Blau des Meeres ruhen. Meine Gedanken wandern. Schwankend, hin und her, wie das Meer. Dem Auf und Ab der Wellen folgend, die imposant anrollen und schließlich sanft im Sand auslaufen. Ich bin froh, dass ich nicht aufgegeben und den Workshop nicht abgebrochen habe. Stehaufmännchen. Ich habe es irgendwie geschafft, diese Situation zu meistern und meinen Frieden wiederzufinden. Außerdem fühle ich mich stark. Ich bin belohnt worden, weil ich mich nicht verpisst habe. Gut gebrüllt, Löwe!

Es beginnt bereits zu dämmern. Ich bin erstaunt, wie früh es hier dunkel wird. Aber ja, das hier ist die Südsee. Hatte ich über all der Aufregung der vergangenen Tage fast vergessen. Ich atme die herrliche, reine! Luft ein und sauge sie tief auf. Mit Leib und Seele. Ich bin in Hawaii und Hawaii ist ganz allein nur für mich da! Hawaii gehört mir! Mein Hawaii und meine verrückte Reise. *Mahalo!* Was für ein Luxus, was für ein Glück!

Da sitze ich hier nun in der beginnenden Dämmerung auf meinem Hawaii in der Südsee und fühle mich so fremd und so weit weg. Polynesien. Geografisch gehört es zu Ozeanien und liegt auf dem 19. Breitengrad. Nur zum Vergleich, Köln befindet sich auf dem fünfzigsten Breitengrad. Ich bin also beinahe in der südlichen Hemisphäre, weit, weit weg von irgendwelchem Festland und sämtlichen sozialen Bindungen. Ich fühle mich wie der einsame Eroberer des Eilands. Klar, die Tage sind natürlich hier in Äquatornähe erheblich viel kürzer. Auch die Sonne ist sehr viel kräftiger. Fünfziger Sonnencreme ist hier ein Muss.

Auf einmal spüre ich, wie sich ein dicker Muskelkater in meinem ganzen Körper ausbreitet, zu dem sich auch noch ein tierischer Hunger gesellt. Ich kann bei dem schnell schwindenden Licht trotz Brille auch nicht mehr genug sehen. Das Sehen ist leider auch nicht mehr so gut wie früher: Erinnerung an meine irdische Vergänglichkeit. Unsanft lande ich wieder in der physischen Realität und packe mein Notizbuch und alle sonstigen Utensilien wieder weg. Die anderen brechen ebenfalls auf, um wieder ins Camp zurückzufahren. Was für ein friedlicher entspannter hawaiianischer Spätnachmittag.

Im Auto lästern die Amis übermütig über die verrückten Namen, die manche Promis ihren Kindern so geben. Michael Jackson beispielsweise, der seinen Sohn *Blanket* und seine Tocher *Paris* nannte. Ich werde zur Zielscheibe ihrer Belustigung, als ich mahnend einwerfe, dass solche Namen eine Verletzung der menschlichen Würde sind, zumal sich die armen Babys ja nicht dagegen wehren können. Und dass es in Deutschland Gesetze gibt, die die elterliche Willkür bremsen und eine solch abstruse Namensgebung verhindern sollen.

Sie lachen sich über die deutsche Gründlichkeit und den Reglementierungswahn kaputt und finden, dass die deutsche Bürokratie doch wirklich sinnvoll ist, wenn sie gerade solche fundamentalen Freiheitsfragen regelt. Und was ich doch für ein prima Botschafter dieser Kultur sei. Haha. Sehr lustig. Ich fahre sie hier durch die holprige Pampa und zum Dank machen sie sich über mich, über die Deutschen und mein Land, lustig. Geht mal gar nicht! Aber ich fühle mich natürlich im Recht und über diese Deutschen-Klischeeklamotte völlig erhaben. Ich zeige mich daher absolut tolerant und großherzig und denke, diese armen Irren können nichts dafür, sie wissen es einfach nicht besser. Diese Amis.

In mir breitet sich ein bis dahin nicht gekanntes Gefühl von europäischem Stolz aus, auf unser geistiges und kulturelles Erbe. Ich bin stolz wegen Schopenhauer, Schubert, Händel und Jung, auch wenn der ein Schweizer war, aber egal, er wird schnell eingemeindet. Eine lange Liste von Namen, die Weltgeschichte geschrieben haben. Ein Zugehörigkeitsgefühl. Ich bin stolz auf meine europäischen Wurzeln, meine Heimat. Ich bin auf einmal sogar stolz auf die deutsche Gründlichkeit und Bürokratie, wenn sie verhindert, dass Kinder Tablett, Gurke oder San Francisco heißen. Das beruhigt mich enorm und ich weiß, wo ich hingehöre.

Und wie zur Bekräftigung dieses Gedankens schmettere ich ein inbrünstiges deutsches »Jawoll!« in die erstaunte Autorunde und bedaure wieder einmal, dass ich keine Gangschaltung habe, mit der ich zur Untermalung einmal kräftig den Motor hätte hochjagen können. Ich ernte jedoch nur weiteres Gelächter und Joe klopft mir lachend auf die Schulter, fragt, ob ich schon mal einen verkrampften, eingebildeten deutschen Touristen hinterm Steuer auf Hawaii gesehen hätte.

Trotz der Runde Belustigung, die ich ihnen spendiert habe, bin ich entspannt und friedlich. Ich kenne kein Völkchen, das so offen und kontaktfreudig ist wie die Amis. *Easy-going* eben. Ihre leichte Art ist wie ein warmer Sommerregen, der dich unvermutet trifft. Wenn diese Menschen dich einfach ansprechen und dich annehmen, so wie du bist, tut das einfach nur gut. Ganz natürlich und selbstverständlich. Diese natürliche, freundliche Art habe ich sonst nirgends auf der Welt so erlebt. Es ist eine einmalige Gabe, die die Amis haben und für die ich sie wirklich unglaublich schätze und bewundere. Ja, die ich ihnen aus tiefster Seele neide, wenn ich in meinem unterkühlten Deutschland sitze, wo selbst jedes kleinste »Guten Tag« Seltenheitswert hat und entsprechend behandelt gehört wie eine millionenschwere Exklusivstory in der Bild-Zeitung. Und man froh sein kann, wenn überhaupt etwas Gesprochenes rüberkommt, auch wenn es zäh wie Teig ist. Oder unterkühlt, wie eine Eisscholle in der Arktis.

Die Menschen hier sprechen dich einfach an, vorurteilsfrei, egal wie du aussiehst, wo du herkommst, was du machst, ob du reich bist oder arm. Diese Leichtigkeit im Umgang macht mich dankbar. Ich bin stolz, diese Menschen zu kennen, die ihre Umgebung mit ihrer liebenswerten Art in einen angenehmen Ort verwandeln. Und die es ermöglicht, dass sich Menschen so leicht und unkompliziert treffen und verbinden können. Manch deutscher Muffel kann sich hier mal eine dicke Scheibe von abschneiden. Ich setze das schon vorsorglich auf meinen Weihnachtswunschzettel an das Christkind. Und während ich mir Gedanken über den Umgang der Menschen untereinander mache, lachen meine Mitfahrer und haben eine gute Zeit. Neidlos muss ich anerkennen, 1:0 für die Amis. Lektion 10 auf meiner persönlichen Pilgerreise. Offene, freundliche Ansprache ist liebenswert und wärmt die Herzen.

Wir sind am Ende unseres Workshops angekommen und machen eine Dankbarkeitsübung. Gute Idee. Ich bin dankbar. Dass ich nach der ganzen EmoYoga-Achterbahnfahrt noch lebe und dass es jetzt endlich rum ist. Diese Übung muss ich zusammen mit Lanceloha machen. Es ist dieses Spiel, bei dem man einander einfach nur in die Augen sieht, ohne sich zu berühren, solange bis einer wegsieht. Ich sehe ihn an. Natürlich geht sofort die Post ab. Solche Übungen mag ich. Intensiv schauen. Er aber auch.

Er hat ein paar grüne klare Augen, die nur so sprühen vor Lebendigkeit und Tiefe. Daher macht es auch solchen Spaß. Er ist außerdem ein wirklich attraktiver, charismatischer Typ. Er erinnert mich an den schöngemalten Jesus auf den Gemälden, allerdings ohne Lanze durchs Herz und ohne Nägel durch die Hände. Und kein Blut. Aber er ist auch ein echt Schlimmer, mit leicht exhibitionistischem Ego. Als Master Lanceloha uns zu Anfang des Workshops demonstrieren möchte, dass es *back to the roots* gehen soll, zu der uns allen angeborenen Natürlichkeit, dürfen wir das dann auch gerne mal in echt bewundern. Halt so wie Gott ihn schuf, entblößt er im Überschwang der Emotionen seine Lenden, um nackt ein paar Mal quer durch den Raum zu hüpfen. Er lebt eben alles aus, exzessiv.

Mit dieser Intensität schaut er mich jetzt auch an. Magisch. Ich versinke darin. Es liegt sofort ein erotisches Knistern in der Luft. Ich hätte ihn wohl auf der Stelle vernaschen können. Aber wir sind ja nicht zum Spaß hier. Wir müssen schließlich gucken! Eine ernsthafte Übung machen. Wir bleiben also konzentriert beim stillen Lächeln und dem platonischen Genuss dieses flüchtigen Glücks.

Am Abend beim Dinner hätte ich eine zweite Karriere als Hollywood-Double starten können. Ein Typ vom Nachbartisch kommt zu uns rüber und meint, ich würde aussehen wie Catherine Zeta-Jones. Cool. Das ging natürlich runter wie Öl. Sehr guter Abschluss des Tages und der ganzen Zeit hier. Während ich mich noch in dem Kompliment sonne, schlagen sich die anderen wiehernd auf die Schenkel und Lance meint, nun hätte ich ja doch noch meine Bestimmung gefunden, da hätte sich die Reise für mich ja schon gelohnt. Allgemeines Gelächter. Ich lache mit. Denn ich bin mindestens drei Meter gewachsen und auf Wolke Sieben. In meiner Begeisterung über meine neue Rolle, will ich schon nach meinem Zorro rufen, lasse es aber doch bleiben, aus Angst, es könnte am Ende jemand »hier« rufen.

Sechzehnter Tag

Ich erwache wieder zu meinem Lieblingsgeräusch: Regen. Richtig! Diesmal prasselt er aufs Dach. Aber so viel es auch regnet, es ist immer rasch wieder vorbei. Nur bei Gwyn war das irgendwie anders. Plötzlich sieht die Welt wieder aus, als ob nichts gewesen wäre. Sonnig, warm und freundlich. Und natürlich furchtbar grün. Alles Wasser, egal wie viel, versickert in der Erde, wird vollkommen aufgenommen. Sehr erstaunlich. Von Überschwemmungen wie bei uns habe ich hier nichts gehört oder gesehen. Das werte ich als gutes Zeichen. Ewiges Fließen. Alles im ständigen Fluss. Im Außen wie im Innen. Hier ist der Schlüssel. Es ist alles fließend, weich und geschieht wie von selbst. Befinden wir uns im Fluss des Lebens, geschieht Heilung. Lektion 11.

Passend dazu durchlebe ich das irdische Kontrastprogramm. Da scheint gerade nix zu fließen. Übelste Kopfschmerzen und heftige Gliederschmerzen. So doll, dass ich kaum laufen kann. Dennoch schaffe ich es, in der Pause bis runter ans Meer zu kommen. Dort gibt es einen kleinen Aussichtspunkt, eine Bank am Meer. Sonst ein äußerst traumhafter Ort. Aber heute kann ich kaum in die Helligkeit sehen. Das Licht tut mir weh, mein Bein, meine Hüfte, mein ganzer Körper schmerzt.

Ich gebe auf, humpele zurück in mein Zimmer und nehme alle Tabletten, die ich in meiner kleinen, mobilen Drogenbar finden kann, und lege mich ins Bett. Na, wenn ich nicht schon krank war, bin ich es spätestens jetzt, nach diesem abenteuerlichen Arzneicocktail. Ich habe das Gefühl, ich sitze in einem Karussell, das nicht aufhören will, sich zu drehen. Mir ist so schlecht! Also auch kein Dinner. Und keine Abendsitzung. Ich will aus diesem Bett nie mehr raus. Ich bin mal voll krank!

Als die anderen davon hören, kommen sie alle – bis auf Fußkrauler-Fiesling, den gibt es für mich nicht mehr – in mein Zimmer, Beistand leisten und Mitgefühl zeigen. Es ist ein Bild wie bei einer Beerdigung, wo die Hinterbliebenen um den Sarg herumstehen und wachen, dass keiner was reinwirft oder womöglich was rausholt. Jedenfalls stehen alle um mein Bett herum und bedauern mich. Ich bekomme eine Behandlung von Lanceloha und von allen die Gemeinschaftsdiagnose: Ich würde mich transformieren und ich hätte gerade die Krise. Ja genau! Die hab ich! Aber was soll ich sagen? Die Behandlung wirkt! Denn als ich so matt bin, dass ich mich nicht mehr sträube, und die Schmerzen endlich lassen kann, gelingt es mir, mich in sie hinein zu entspannen und ich finde Frieden und Schlaf. Coole Sache.

Siebzehnter Tag

Neuer Tag, neues Glück. Ich möchte ein bisschen Urlaubsleichtigkeit, nach den Leiden der vergangenen Nacht. Das Gefühl erleben, dass ich vielleicht doch zum Vergnügen hier sein könnte. Ich komme auf die Idee, die Vorzüge dieser wundervollen Anlage zu nutzen und ein bisschen auf Schicki-Spa-Wellness zu machen. Im Vergleich zu meinen anderen Unterkünften und leider auch zu allen, die noch folgen, befinde ich mich hier in einem Luxushotel.

Ich gehe rüber in die Sauna und lasse die Hitze durch meinen Körper wandern und die Ruhe in meinen Geist strömen, denn ich habe die Sauna ganz für mich allein. Ich schwitze den ganzen Mist einfach aus. Schwitz, schwitz, schwitz. Immer schön raus damit. Manchmal kann das Leben so herrlich einfach sein. Es gibt nichts zu tun. Nur Schwitzen. Ganz simpel. Welch Wohltat! Ist das die nächste Lektion? So verflucht simpel, dass man's kaum merkt. Es gibt nichts zu tun! Nummer 12.

Als ich wieder zurück zu meinem Zimmer spaziere, sehe ich Mike, der ganz wie im Piratenabenteuerbuch mit nacktem, braun glitzerndem Oberkörper, nur ohne Piratenkopftuch, die Kokosnüsse unter der Palme vor unserem Haus aufsammelt. Sicher gibt es heute irgendetwas mit Kokosnuss zum Abendessen.

Er fragt mich, ob ich eine möchte. Ja klar, ich hab richtig Lust darauf, denn mir fällt soeben auf, dass ich, obwohl ich schon so lange hier bin, immer noch keine Kokosnuss hatte. Und das mitten in *Coconut*-Land. Ich nicke also und bitte ihn, mir eine zu köpfen, denn ich habe eh kein geeignetes Werkzeug. Schwer einzugestehen, aber hier kommt selbst mein Schweizer Wundermesser an seine Grenzen. Und während Mike sich galant mit der Kokosnuss müht, fällt mir *Mr. Nutcracker* wieder ein. Der hätte sich hier bei Mike prima Anschauungsunterricht nehmen können, wie man das mit dem Nüsseknacken wesentlich gescheiter und mit absolut weltbestem Sex Appeal anstellt. Nur gilt Mikes Appeal leider nicht mir, sondern wohl eher den ziemlich gut aussehenden Männern vom anderen Ufer.

Der Workshop ist zu Ende und die Truppe sollte eigentlich heute abreisen, bis sich herausstellt, dass es am Abend eine fette Kalani-Party mit einem Riesenfeuer gibt. Daraufhin sind dann alle geblieben.

Die wöchentliche Kalani-Party ist offenbar der gesellschaftliche Mega-Event, bei dem es dann sogar auch Alkohol geben soll. Na bitte. Aber ich möchte lieber noch mal an den Strand. Allein. Ich packe mir schnell ein paar Strandsachen, was zu lesen und zu schreiben ein und mache mich auf die

Socken. Als ich in Isaac Hale ankomme, ist es voll wie am Sangria-Eimer am Ballermann in Mallorca. Nur handelt es sich hier nicht um die Völkerwanderung der deutschen Mallorca-Pauschalisten, sondern um waschechte Heavy-Biker mitsamt ihren Mördermaschinen.

Jedenfalls sind überall Motorradgangs und die wüst aussehendsten Typen, die ich seit meiner Ankunft in Hawaii gesehen habe. Wo kommen die bloß alle her? Es fährt ja nicht mal ein Schiff hierhin, geschweige denn eine Fähre, wo man solch schwere Maschinen hätte mitnehmen können. Ja, sollten die etwa alle hier von der Insel sein? Na, dann muss es irgendwo ein Nest geben. Oder das ist so eine Art Weekend Happening, das sich die Insulaner-Papis ab und an zum Vergnügen gönnen? Sich verkleiden und mit angenommener Biker-Identität in ihrer Gang dann voll auf die Kacke hauen, um von ihrem anstrengenden hawaiianischen Family-Alltag auszuspannen. Sie haben ausnahmslos alle Feuer- und Picknickstellen belegt und ihre Motorräder gut sichtbar drum herum aufgebaut. Es gibt kein freies Plätzchen mehr, also Ruhe kann ich mal vergessen.

Ich setze mich unter meinen Baum und guck mir das bunte Treiben eine Weile lang an. Diese Typen sind mal richtig krass und voller Tattoos und eigentlich ziemlich furchteinflößend. Nur bin ich ja jetzt emo-erneuert und kann sogar als zartes Einzelfrauchen ganz entspannt, mit meiner neu erworbenen Kraft im Rücken, auf meinem Plätzchen sitzen und mich cool finden. Als Übung sozusagen. Mit meinen Büchern, meinen Decken und meiner Flasche Wasser als Rückendeckung. Na ja, ganz ehrlich, eine etwas mickrige Rückendeckung, und so richtig tiefenentspannt bin ich mal nicht. Aber ich versuch's auszuhalten. Als Übung.

Die einzige Trübung ist leider mal wieder die Härte und Ungemütlichkeit des Lavagesteins unter meinem Po. Irgendwann ist es schier unerträglich und ich kann einfach nicht mehr sitzen. Liegen wäre jetzt so ein Luxus! Aber das ist nicht. Ich wünschte ich hätte den tollen Stuhl von Robbie. Aber der ist nicht da. Er ist offensichtlich nicht in der Biker-Papi-Szene.

Ich versuche, alles was ich mithabe, zu einem Sitzpolster umzufunktionieren. Für ein weiteres kleines Weilchen wird es sicher reichen. Ich lehne mich zurück, öffne die Augen und sehe, dass es hier heute einmalig schön ist. So offen und weit. Windig. Frisch. Die riesigen Wellen tosen. Und wieder diese herrlich bunten Farben. Heute ist mein letzter aktiver Erlebnistag auf Big Island. Ich bin froh, dass ich mich an diesem schönen Luftkurort von der Insel verabschieden kann. Direkt am Ozean. Und da der mich auch weiterhin begleiten wird, ist es gar kein richtiger Abschied.

Gestern beim Orakel, dem Abschiedsspiel in der Gruppe, habe ich das Wort »*Excitement*« bekommen. Genau das ist es, was dieser Ozean, ja meine ganze Reise ist: Aufregung pur! So was von lebendig. Ich könnte hier tagelang sitzen und dem ohrenbetäubenden Rauschen, Branden und Krachen der Wellen lauschen, aber die Lavasteine lassen grüßen. Und als mich die zahllosen Rauchschwaden der Biker verschlucken, weiß ich, das war's für mich an diesem Ort.

Die reinste Luft der Welt hat sich ganz plötzlich in stinkprofane Grilldünste verwandelt. Auf Wiedersehen, du unglaublich geiler Strand-Spot. Ich danke dir! Mahalo! Ich überlasse das rauchqualmende Terrain den schweren Biker-Jungs. Ich muss mich jetzt um die Unendlichkeit meines Körpers kümmern, der sehr endliche Bedürfnisse anmeldet. Ich muss mal ganz dringend Pipi.

Morgen ist Transfertag. Ich fliege nach Maui, in ein neues Kapitel meiner Pilgertour. Mehr Aufregung? Mit Sicherheit. Mehr, mehr, mehr von allem! Na ja, nicht wirklich von allem. Den unschönen Mist ausgenommen. Und es bleibt immer noch genug Schönes und Aufregendes übrig. Ich bin glücklich. Hach, was ist das Leben schön!

Achtzehnter Tag

Ich verlasse die Kalani-Oase mit ihrem einzigartigen Charme und breche auf zum Flughafen. Ich rieche die Freiheit und das Neue, das lockt. Und Urlaub vom Psychostress kommt mir sehr recht. Es ist fünf Uhr in der Frühe und ich bin noch leicht schlaftrunken, als Karen plötzlich vor meiner Türe auftaucht. Mit ihrem gesamten Hab und Gut. Sie will mit mir nach Kona fahren. Womöglich liegt der Freiheitsduft nicht nur in meiner Nase und treibt nun auch Karen in die weite Welt. Sie hat in Kona eine Freundin, die sie treffen möchte.

In Karens Gesellschaft verspricht die Autofahrt doch sehr angenehm zu werden. Ich fühle mich wohl mit ihr, sie ist eben Europäerin. Nun gut, Britin aus London, was nicht unbedingt das Gleiche ist. Aber für heute mal egal. Und ich bewundere sie, dass sie, so jung wie sie ist, völlig allein und ohne Plan in der Welt herumgondelt. Sich treiben lässt. Heute hierhin, morgen dorthin. Den Geschmack der weiten Welt testend. Vielleicht ist das auch eine besondere Gabe von Künstlern, denn Karen ist Sängerin und Tänzerin und lebt diese Talente in vollen Zügen aus, voller Eifer und voll jugendlichem Feuer.

Während wir also in der morgendlichen Dämmerung über Hilo nach Kona fahren, erzählen wir einander aus unseren beider Leben, die gegensätzlicher kaum sein können. Das sorgt für Kurzweil und wir merken kaum, wie die Zeit verfliegt. Die Route über den Westen der Insel entpuppt sich als eine wunderbare Entscheidung. Dieser Abschnitt der Küstenstraße ist der letzte, mir noch unbekannte. Und absolut der Schönste. Es ist erfreulicherweise auch kaum Verkehr, könnte aber auch an der unchristlich frühen Morgenstunde liegen. Endlich kann ich mal mein Schneckentempo fahren, ohne ständig Fahrzeuge hinter mir zu sammeln wie der Rattenfänger von Hameln, den es nach Hawaii verschlagen hat.

Was ich jetzt noch nicht weiß: Auf Maui wird das mit dem Verkehr wieder schlimmer. Da haben die Amis diese leidvolle Unsitte zur Kultur erhoben und fahren fast ausschließlich Bullies und Geländewagen. Schwarze Monstertrucks, SUVs riesigen Ausmaßes mit Vierradantrieb. Vermutlich aus Angst vor noch größeren Trucks, denen sie unterlegen sein könnten. Darwin lässt grüßen. Nur die Härtesten mit den größten Fahrzeugen überleben, die anderen gehen unheldenhaft unter. In Mauis überschaubarem Inseldschungel mit seiner einzigen Straße. Kein Wunder, dass man denkt, es wäre Krieg. Aufrüstung mit fahrbaren Untersätzen. Kommt man dort unvorbereitet auf einen öffentlichen Parkplatz, muss man annehmen, man sei auf eine US-Panzerdivision gestoßen, die dort auf ihren Einsatz wartet. Wenn man seinen Frieden will, ist es wohl das Beste, man bleibt, wo man ist. Absichtslos und völlig genügsam.

Oder ich habe noch nicht begriffen, dass diese Fahrzeuge die Ankündigung eines neuen Zeitgeistes sind. Sozusagen die Avantgarde, die uns zeigt, wie es in Zukunft auf unserem Planeten aussehen wird. In *The Fifth Element* fährt Bruce Willis mit seinem fliegenden Taxi auf unterschiedlichen Ebenen in der Zukunftswelt herum. Vielleicht sind Monstertrucks ja so eine Art Vorstufe in der Entwicklung der Fortbewegungsmittel auf dem Weg in diese Fifth-Element-Zukunft. Wie man weiß, hatte ja selbst Brucy so seine Schwierigkeiten, unfallfrei beziehungsweise ohne Löcher in der Karosserie zwischen den Dimensionen herumzukutschieren. Und da macht es natürlich absolut Sinn, die Fahrzeuge jetzt schon mal technisch aufzurüsten und das Blech ordentlich zu verstärken, damit es bisschen besser hält.

Wir können aus dem Pech von Bruce Willis also nur lernen. Dann haben wir im Jahr 2200, wenn es dann so weit ist, vielleicht etwas bessere Karten als der arme Bruce. Aber er hatte ja die absolut oberverschärfte Milla Jovovich. Dafür hat er diese Unannehmlichkeiten sicher gerne auf sich genommen.

Wir hatten noch keinen Kaffee heute und so beschließen Karen und ich, in Kona auf Kaffeejagd zu gehen. Alles, was wir auftreiben können, ist eine unsexy Selbstbedienungstheke im Supermarkt. Es gibt nichts anderes. In Europa wären wir in ein gemütliches Café gegangen. Aber so was findet sich hier auf Hawaii einfach nirgendwo. Überhaupt fehlt dazu die gesamte Café-Kultur. Aber meckern wäre auch unfair, denn dieser Kaffee aus dem Plastikbecher ist eindeutig der leckerste Kaffee, den ich bisher getrunken habe. Wer will da noch nett sitzen? Also nehmen wir selbst Stehen oder in diesem Fall speckige Plastikhocker in Kauf. Im Kaffeekochen sind die Amis leider keine Weltmeister. Sorry. Trotz Starbucks, was allenfalls ein netter Versuch war, der mit flüssigen, an Kaffee erinnernden Süßigkeiten auch keine Offenbarung für die Kaffeewelt war. Man kann ja nicht alles können. Die Amis waren ja schon die Ersten auf dem Mond und haben es geschafft, den Armstrong dort sogar laufen zu lassen, da können sie sich dann auch getrost mal ne Pause gönnen mit bahnbrechenden Welterfolgen. Der Kaffee gehört jedenfalls nicht in diese Erfolgskette.

Frisch gestärkt und bester Laune, fahren wir zum nahegelegenen Strand, wo Karen ihre Freundin treffen soll. Nur die hat sich bis jetzt immer noch nicht bei ihr gemeldet! Ich bewundere Karen. So völlig ins Blaue zu reisen, ohne eine gezielte Anlaufstelle oder Bleibe zu haben, ist schon mutig. Im Gegensatz zu mir, ist sie so was von überhaupt nicht beunruhigt oder in Angst, die Sache könnte schiefgehen.

Hätte ich nicht meinen Flug versäumt, wäre ich bei ihr geblieben. Es fällt mir schwer, aber ich muss sie und auch mich in der Ungewissheit zurücklassen, da mir die Zeit langsam wegrennt. Ich umarme sie kurz und heftig, so als ob ich damit ihre Freundin an diesen Strand zaubern könne. Dann schwinge ich mich in mein Auto und setze ein wenig zu schwungvoll zurück und ramme dabei einen Parkplatzpfahl.

Na toll, wer hat den denn da hingestellt? Der war doch eben noch nicht da. Und jetzt? Kratzer im Mietauto! Und das fünf Minuten bevor ich ihn abgeben muss. Na toll. Ich fluche, muss aber Gummi geben, denn der Flieger wartet nicht auf mich.

In der Zwischenzeit lege ich mir zurecht, dass ich es diesmal drauf ankommen lasse. In allerbester Schweinchenmanier. Und dass es mir diesmal auch egal sein muss, was irgendwer irgendwie von mir denkt. Wenn sie in der Rücknahmekontrolle die kleine Beule überhaupt entdecken, zahle ich und wenn nicht, werde ich es diesmal nicht zur Sprache bringen.

Wieder einmal mache ich mir viel zu viele Gedanken, die Lady, die das Auto kontrolliert, schaut kaum hin, findet alles bestens. Bemerkt meine Beule inmitten derer, die schon vorher drin waren, überhaupt nicht. So wie mein Autolein sehen wohl sonst nur die Neufahrzeuge aus, wenn sie frisch vom Herstellerfließband geliefert werden. Vielleicht bekommt sie die Mietwagen sonst nur schrottreif zurück. Keine Ahnung. Für mich ist das in diesem Fall nur von Vorteil.

Ich raffe mein Gepäck zusammen und eile gleich zu dem bereits wartenden Shuttle-Bus. Offensichtlich hat der Busfahrer mich bereits gesichtet und als potentielle Mitreisende identifiziert. Denn kaum hab ich das letzte Rädchen meines Köfferchens ächzend hinter mir in den Bus gezerrt, da schließen sich bereits die klapprigen Bustüren, und er braust davon, als wäre er ein Agent im Einsatz. Null-Null-Sieben, der in Moskau dummerweise mal wieder den Bus nehmen muss, weil sein Aston Martin zum tausendsten Mal platt gefahren bei Q steht.

Destination Kona International Airport. Ihr erinnert euch, das war der Open Air Flughafen mit den Bambushütten. Ich überlege, warum auch ohne den smart rasenden James Bond, der Rückweg immer gefühlt schneller ist. Und warum die Dinge auf Rückfahrten immer anders aussehen und eine andere Qualität haben als auf den Hinwegen. Vielleicht aufgrund der speziellen Mischung aus Vertrautem und Abschiednehmen.

Jetzt ist dieser Hüttenflughafen noch beeindruckender für mich als auf dem Hinweg. So etwas habe ich nie zuvor gesehen. Nicht ein festes Gebäude. Ein Flughafen völlig unter freiem Himmel! Über den einzelnen Bereichen wie Sicherheitskontrolle, Ankunft, Check-In, Abflug oder Gepäckausgabe gibt es lediglich ein wunderschönes, leichtes Dach aus Bambus. Ich finde, der Flughafen hat eher Ähnlichkeit mit netten Spielzeughäuschen, die Strohhütchen anhaben.

Aber der harmlose Schein trügt. Hier in Kona, vor dem dreißigminütigen, innerhawaiianischen Flug von Big Island nach Maui, erlebe ich eine der schärfsten Flughafenkontrollen. Zunächst werden meine Getränke beanstandet. OK, da ist man von Beamtenseite ganz praktisch veranlagt, die werden kurzerhand in die Tropenbüsche direkt neben die Warteschlange gekippt. Aber dann filzen sie mich und nehmen mir doch tatsächlich meine sündhaft teure Schickimicki-Sonnencreme ab.

Da schleppe ich sie die vielen tausend Kilometer von zu Hause bis in diesen entferntesten Winkel der Welt, pass wochenlang auf sie auf wie ein Luchs, dass ihr kein Leid geschieht, um sie dann auf diesem minifuzzigen Pipiflughafen auf einem Inlandflug und unter einem lächerlichen Strohdach abgeben zu müssen. Unverschämt. Ja, umfüllen hätte ich sie dürfen! Echt prima. Worein füllt man bitte Sonnencreme, wenn man auf Reisen ist? Mein professionelles Tupperdosenarsenal hatte ich blöderweise gerade nicht zur Hand.

Außerdem konnte ich beim besten Willen keinen Sinn in der Aktion erkennen. Die Substanz in der Tube bleibt doch dieselbe, egal in welchem Gefäß – oder hab ich da in Chemie nicht gut aufgepasst? Nach meinen bescheidenen Kenntnissen wüsste ich jedenfalls nicht, dass Umfüllen irgendeine Änderung des Aggregatzustandes bewirkt. Hallo??? Dieser Verlust tut mir echt weh. Ich fand's ungerecht und absolut willkürlich. Und nun hab ich obendrein keinen Sonnenschutz und schreite geradewegs einem unvermeidlichen Verbrennungstod entgegen.

Diese heimtückische Attacke auf meine Gesundheit und mein Eigentum hängt mir noch eine ganze Weile nach. Trauernd schiebe ich meinen Koffer Richtung Gate – Stuhlreihe unterm Strohdach – und mampfe mein Lunchpaket, das noch mit jeder Menge kalanischer Liebe zubereitet wurde. Die fließt nun zusammen mit den vielen Biosprossen direkt in mein unterzuckertes System. Die Kohlenhydrate regulieren meinen Hormonhaushalt. Mein voller Bauch stimmt mich wieder friedlich und ich richte mich auf eine längere Wartezeit ein. Ist aber nicht. Auf einmal geht alles sehr schnell. Besonders der Flug. Superkurz. Starten, landen, und schon bin ich da. Das war's. Aber der kurze Blick auf Maui von oben ist atemberaubend exotisch und die ganze Aktion wert.

Schon als ich lande ist auffällig, wie anders die Atmosphäre hier auf Maui ist. Mit dem Flughafen geht's los. Er ist riesig und hat vier solide Wände. Natürlich sind es mehr als vier. Aber sie sind wenigstens fest. Die Luft riecht irgendwie anders, nicht mehr so verbrannt nach Lava. Das Licht ist auch anders. Heller vielleicht. Wärmer und sonniger. Maui trägt den Namen des polynesischen Halbgottes Māui. Keine Ahnung, womit sich dieser gute Gott so alles verdient gemacht hat, aber man kann nichts falsch machen, wenn man auf Wasser, Wellen oder Wind tippt. Denn das ist es, was es hier im Wesentlichen und im Überfluss gibt. Und weswegen die Surfer hier sind. Maui ist das Surfer-Mekka schlechthin. Weltweit.

Ich hole erst mal mein neues Mietauto ab und versuche dem Dschungel an Schildern zu folgen, die mir den Weg zum Car Rental erklären sollen. Hmm, bin ich nicht eben schon mal an diesem Getränkestand vorbeigekommen? Je länger ich umherirre, desto eher habe ich das Gefühl, auf einer Mischung aus Schnitzeljagd und Zirkeltraining zu sein: Wenn du die rote Rolltreppe runterfährst und in den nächsten Gang rechts abbiegst und den ersten Mülleimer dort rumdrehst, findest du den nächsten Hinweis! Ich laufe in scheinbar endlosen Irrgängen auf und ab, bis ich irgendwann endlich im Freien lande und die Autovermietung in Sichtweite vor mir habe. Ich atme auf, aber nur bis ich die Schlange dort sichte. Denn die ist auch hier die gleiche wie auf Big Island. Und auch hier muss ich länger warten als der gesamte Flug gedauert hat. Aber als ich mein Gepäck in den Kofferraum schmeiße und Richtung Sylvie fahre, bin ich glücklich. Dieses Auto ist besser und größer als dessen Vorgänger auf Big Island. Diesmal habe ich einen Ford und er ist, Gott sei's gedankt, auch nicht mehr weiß, sondern ganz zukunftstechnisch angepasst, pechrabenschwarz! Jetzt habe ich endlich auch mal ne Chance gegen die Trucker-Übermacht, wenn auch nur eine minimale.

Ich fühle mich mit meinem Mietfahrzeug nun schon wesentlich besser gerüstet. Da kann die furchterregende Straßenmafia ruhig kommen. Ich bin gewappnet. Meine Zuversicht währt allerdings nur so lange, bis mich der Verkehr tatsächlich wieder hat mit seinem nervtötenden Gemobbe. Und nun muss ich ja auch gleichzeitig noch nach dem Weg Ausschau halten. Ich bedaure, dass wir nicht schon das Jahr 2200 haben und ich wie Bruce Willis automatisch in diesen geilen Flugmodus wechseln und einfach abheben und über den gesamten Stress hinwegschweben kann. So muss ich leider auf dem Boden und in diesem Verkehr bleiben. Zum Glück ist es nicht weit.

Auf Maui ist nichts weit. Die Insel ist klein. Ich fahre die ganze Zeit die atemberaubende Küstenstraße entlang, die die herrlichsten Ausblicke auf Küste und Meer bietet. Und das im eitelsten Sonnenschein. Ich fasse es nicht. Als ich um die vorletzte Kurve biege, macht mein Herz einen Sprung. Denn ich sehe meinen ersten echten Surfspot auf Hawaii.

Surfer soweit das Auge reicht. Alle Sorten. Zuerst die Kiter, die hier im Wind nur so abgehen und deren buntgetupften Schirme weithin sichtbar am Himmel tanzen. Dahinter die Windsurfer, deren Segel übers Wasser zischen wie rasende Pfeile und mit jeder Halse die Gischt meterhoch aufspritzen lassen. Am Ende der Bucht tummeln sich die Wellensurfer, die in todesmutiger Akrobatik die höchsten Wellen herausfordern und so lange mit ihnen um die Wette reiten, bis sie schließlich doch krachend und tosend und scheinbar für immer über ihnen zusammenbrechen.

Ich bin total fasziniert und aufgeregt. Ich muss unbedingt anhalten und Fotos für meine Jungs zu Hause machen. Die werden natürlich alle nichts. Liegt möglicherweise daran, dass ich nicht fotografieren kann? Oder aber auch daran, dass so ein kleiner Surfer auf einem Foto zu einem noch kleineren nichtssagenden Mini-Pünktchen wird, welches man vor all dem Wasser- und Himmel-Hintergrund schlicht nicht mehr erkennen kann?

Später finde ich heraus, dass ich durch puren Zufall auf den weltberühmtesten Surfspot überhaupt gestoßen bin. Hookipa. Himmel! Bestimmt surft hier gerade die halbe Weltelite. Was für ein Abenteuer. Und ich kenne die nicht mal. Irgendwann schaffe ich es, mich von diesem Anblick loszureißen und den letzten Rest bis zu meiner Unterkunft zurückzulegen. Sie ist sauber, ordentlich und kommt mir von der Einrichtung her irgendwie europäisch vor. Später am Abend, als ich Sylvie, die Vermieterin kennenlerne, erfahre ich warum.

Sie ist Französin und mit ihrer ganzen Familie nach Haiku auf Maui ausgewandert, damit alle ihren Lebenstraum vom Surfen verwirklichen können. Das nenne ich mal eine Liebe zum Hobby. Einmal fällt sie ins Französische und als ich ihr in ihrer Muttersprache antworte, spricht sie ab dann nur noch Französisch mit mir. Englisch ist ja schon fremd. Nun spreche ich im Ausland sogar doppelt fremd. Aber Französisch erinnert mich an Urlaub, Mittelmeer, Europa und ach, zu Hause. Und deshalb liebe ich es.

Ich bin erschöpft von den vielen Eindrücken und der vielen Fahrerei. Ich gönne mir eine lange, heiße Dusche und haue mich sofort ins Bett. Wo ich auch sofort abschalte. Muss nichts mehr checken. Nicht auf Kakerlakenjagd gehen, Luftentfeuchteraparillos leeren, feuchte Wäsche trocknen oder gegen Modergerüche kämpfen. Mit dieser Unterkunft habe ich so ein Glück. Ich bin im Paradies. Happy Dreams, kleiner Pilger!

Neunzehnter Tag

Heute ist Erledigungstag. Bank, Post, Einkaufen. Fast wie zu Hause. Toll. Hab ich das vermisst? Nicht wirklich. Ich tigere los, fahre nach Paia. Sehr berühmter kleiner Ort auf Maui. So eine Art Cowboydorf, nur im Surferambiente. Mit netten, kleinen Bilderbuch-Lädchen, ein paar Kneipen und Restaurants, die richtig gemütlich aussehen. So was gab es bisher nicht.

Ich brauche einen Lebensmittelladen. Im Ort gibt es nur einen, und das ist ein weithin berühmter Öko-Laden. Voller Bioprodukte. Und nur Bio. Faszinierend dieser allgegenwärtige Gesundheitswahn, der an Fanatismus grenzt. Das ruft gleich meinen rebellischen Geist auf den Plan. Ich will was richtig Übles, Ungesundes kaufen. Cola! Und die gibt es tatsächlich nicht. Mann, bislang habe ich in jedem Laden auf der ganzen Welt Cola bekommen. Und ausgerechnet hier in Colaland soll es nun keine Cola geben? Ja, voll korrekt, dies hier ist colafreie Zone! Mein Weltbild beginnt zu bröckeln. Also gut, ich finde mich ab. Dann eben Bier. Ich könnte mal wieder einen genussvollen Bierabend vertragen. Aber leider, auch hier ebenfalls Fehlanzeige. Kein Bier. Ich suche alle Regale fünfmal ab. Da dieser Laden der einzige Lebensmittelladen weit und breit ist, muss ich hier fündig werden, oder in die Röhre gucken. Auch meine ausgefeiltesten Suchstrategien helfen nichts. Vielleicht halten sie solch gefährliche Schadstoffe ja hinter der Ladentheke unter Verschluss, wie die Zigaretten bei uns. Aber nein. Immer noch kein Bier. Nicht ein Tropfen.

Ich frage einen Mann, der in seinen Einkaufszettel vertieft auf mich zukommt und den Eindruck macht, als ob er schon öfter hier gewesen wäre, wo denn das Bier stehe. Er sieht mich an, als ob ich verlangt hätte, dass er mir bei einem Raubüberfall auf die Banc Of America behilflich sein solle. Sein unbeteiligter Gesichtsausdruck wechselt nämlich schlagartig zu einem entsetzten »ich-unterstützte-keine-Alkoholiker-Ausländer-Kriminelle«. Ich fühle mich prompt ertappt und kriege sofort ein schlechtes Gewissen, wie offensichtlich es ist, dass ich kriminell bin und an der Flasche hänge. Ich bin so erschrocken, dass ich impulsiv nach dem nächstbesten Gesöff greife und es in den Einkaufskorb werfe, nur um ganz schnell von dem braven Mann und überhaupt von diesem menschen- und freudenfeindlichen Ort wegzukommen. Später stelle ich fest, dass es sich um eine Flüssigkeit mit dem bedrohlichen Namen Mango-Lemon-Purified-Water gehandelt hat. Offensichtlich habe ich diesen Angriff auf meine Gesundheit aber doch irgendwie überlebt.

Ich glaube inzwischen felsenfest, dass in diesem friedlichen Land, also dem Land, das den Friedenspreis gewonnen hat, selbst das Feindbild einigermaßen friedlich sein muss. Zucker- und Alkoholjunkies eignen sich dafür besonders gut und kommen deshalb auch sofort in die engere Wahl. Das wäre auch eine Erklärung für die ablehnende Reaktion von diesem Typen und überhaupt von allen Ökos hier. So gesehen, unterscheiden sie sich in keiner Weise von anderen Gemeinschaften oder Ideologien, die sich alle ihre speziellen Intoleranzen erlauben. Das schweißt zusammen und fördert die Zugehörigkeit.

Was allerdings meine Essenspläne betrifft, bin ich ziemlich frustriert, denn ich wollte tatsächlich all die leckeren Amischweinereien kaufen, Peanutsmus, Majo, wie lecker, und das tolle, latschige Sandwichtoast erst. Ich hatte Heißhunger auf original amerikanisches Schinken-Labbersandwich. So eine Enttäuschung! All diese typischen Lebensmittel sind hier geächtet oder zumindest als schädlich eingestuft. Restlos alles befindet sich auf der schwarzen Liste, weil irgendwie *low mit* irgendwas. *Low fat, low carbohydrate, low calories, low cholesterine, low, low, low!* Low *taste*! Zum Verzweifeln.

Oder sogar noch die Steigerungsstufe: alles komplett ohne. Ohne Zucker, Eier, Fette. Die guten, leckeren Ingredienzen, alle entfernt, reduziert oder ersetzt. Ja, was bleibt denn da noch übrig, wenn der ganze Geschmack raus ist? Nichts, was ich noch gerne essen möchte. Majo schmeckt doch nur, wenn Fett DRIN ist! Man stelle sich bloß vor, sogar so was Urgesundes und Naturbelassenes wie Erdnussbutter, also gemahlene Erdnüsse mit Salz, kann so nicht bleiben. Nee, ist klar, wir haben es hier mit einem mittelschweren Fall von denaturierten Lebensmitteln zu tun. Und deshalb MUSS auch Erdnussbutter zwingend biomäßig aufbereitet werden, um überhaupt den Status von verzehrbar zu erlangen. Ergo, Salz raus! Aber iss das mal! Ungenießbar, pfui.

Also aufgepasst, wer bisher dachte, er lebe gesund, weit gefehlt. In Hawaii erfährst du endlich, wie gefährlich das Leben wirklich ist und wie leichtsinnig du täglich einen Stoffwechselkollaps oder Schlimmeres riskierst. Hier weiß man, dass Milch, wenn sie nach unbedachtem Verzehr, auch nicht direkt zum Tode führt, so doch zumindest so verheerende Folgen haben kann, dass man sich nie wieder von dem Genuss erholt. Koffein ist ein übles Gift, das einem in edlen Designerkliniken mühselig und äußerst aufwändig wieder entzogen werden muss. Zucker ist eine dekadente Droge, und Fett ein gesellschaftliches No-Go. Wer das Wort Fett allein nur in den Mund nimmt, muss sich nicht wundern, wenn er geächtet wird und fortan seine Tage in Einsamkeit fristen muss.

Besitzt man also noch einen Funken Grips, sagt man sich für immer und alle Zeiten von Fetten und üblen Kohlenhydraten los. Am besten hört man ganz auf zu essen. Denn dann ist man auf einen Schlag alle Sorgen los. Oh wei, und das, wo ich am liebsten NUR Kohlenhydrate esse. Ich fühle mich schlecht im Land der Freiheit und der unbegrenzten Möglichkeiten, und dieser tolle Hype-Laden deprimiert mich Länge mal Breite.

In meiner Behausung angekommen, brüte ich unlustig über meiner Health-Food-Tüte und überlege, ob ich mal von allem kosten soll. Ich fange mit dem Erdnussmus an, und es schmeckt natürlich nicht, weil Salz fehlt. Trotzig streue ich es extra dick über mein Sandwich, und das Ergebnis geht grad so. Das Brot, das so wunderbar als *homemade* angepriesen wurde und ein Vermögen gekostet hat, ist ungenießbar. Keine Ahnung warum. Vermutlich weil Sägespäne drin sind, die kein Fett, keinen Alkohol und gottlob auch keine Kohlenhydrate enthalten ... Die Milch ist zu dünn, um meinen Kaffee cremig zu machen. Er sieht blau und krank in meiner Tasse aus. Wie ich. In Anbetracht all dieser Dinge, die einstmals Lebensmittel waren, und denen auf grausamste Weise das Leben entzogen wurde, ist mir nur noch zum Heulen zumute. Ich bin deprimiert. Shopping als zukünftiger Programmpunkt zur Steigerung der Lebensfreude fällt so was von flach. Schnief.

Meine Stimmung hebt sich jedoch schlagartig, als ich zu den Früchten komme. Die hauen es echt raus. Der absolute Hit! Die Mango, die ich gekauft habe, war die leckerste, die ich JE, JE in meinem Leben gegessen habe! Ein wahres Gedicht der Schöpfung. Ich zelebriere ihren Genuss und freue mich bei jedem saftigen Bissen, dass ich sie erstanden habe. Gleichzeitig ärgere mich auch, dass ich nicht gleich zehn Stück davon genommen habe und ich so gezwungen bin, nochmal in diesen Depri-Laden zu müssen.

Die Bananen sind ebenso köstlich. Sie sind sehr klein und etwas dicker als gewöhnlich und schmecken viel saftiger und würziger, als die herkömmlichen, etwas trocken klebrigen Exemplare, die man bei uns so bekommt. Ich bin glücklich. Na prima, wenn alles andere ja eh viel zu schädlich für mich ist, dann ernähre ich mich eben von Mangos, Ananas, Bananen & Co. Ich bin gerettet. So werde ich am Ende doch noch satt und mein kleines hysterisches Seelchen ist befriedet.

Als vier-jahreszeiten-gewohnter Europäer bin ich erstaunt, dass in einem Land mit ganzjährig gleichbleibendem Klima trotzdem so was wie eine Ernte möglich ist. Also Herbst, das ganze Jahr hindurch. Aber die Pflanzen kriegen ja immerzu Sommer vorgelebt. Dass sie mit diesem Klimadurcheinander keine Probleme bekommen. Aber ich bin sehr froh, dass sie diese Hürde offensichtlich unbeschadet nehmen. Die Vorstellung, das ganze Jahr über Einheitsklima mit dauerhaften 28 °C zu haben, ist schon sehr verlockend. Im Winter sei es durchschnittlich 2 °C kühler. Das kann man, glaube ich, vernachlässigen, selbst wenn es wahr ist, was Lanceloha mir erzählte, dass es auf den Kratern im Winter sogar Schnee gäbe und er dann sogar Ski fahren würde.

Bei uns gibt es ja viele, die der Meinung sind, dass es ausgesprochen sinnvoll ist, die vier Jahreszeiten mit ihren jeweiligen Qualitäten zu erleben. Ganz unter dem Motto, ohne Winter, kein Sommer. Na ja, irgendwie muss man sich diese Einrichtung ja schönreden, denn gegen die Jahreszeiten kann man nicht viel unternehmen. Aber wenn ich die Wahl hätte, würde ich den Dauersommer wählen. Auch wenn ich nix dabei lerne, meine Persönlichkeit dadurch verweichlicht und ich wohl niemals eine Chance habe, in den »Garten der Harten« zu gelangen. Aber ich hätte es wenigstens immer warm und gemütlich und bräuchte auch kein Geld mehr für fiese, dicke Wintergarderobe sowie die dafür erforderlichen Schränke auszugeben. Bloß Weihnachten im Schneegestöber würde ich, aber auch nur ein ganz, ganz kleines bisschen vermissen.

Die Pflanzen finden dieses Klima auf jeden Fall ganz dufte, denn sie übertreffen sich gegenseitig in der Farbenpracht ihrer Blüten und Früchte. Es ist erstaunlich, dass alles, was so schrill bunt aussieht, tatsächlich auch essbar ist. Es gibt Früchte, die habe ich noch nie gesehen, stachelige, total violette, granatrote, sogar welche, die faulig stinken. Alle sehen so aus, als ob sie gefährlich giftig und vor allem total ungenießbar seien. Dragon Fruit, Lilikoi, Guava, Papaya, Lychee, Noni. Sie wachsen überall und hängen einfach an irgendwelchen Bäumen runter. Wenn man nicht aufpasst, fallen einem die reifen Früchte regelrecht auf den Kopf. Also nicht nur die gebratenen Tauben. In der letzten Nacht bei Sylvie hat es ein paar Mal so kräftig auf dem Dach über meinem Bett gerumst und gedonnert, dass ich jedes Mal erschreckt aus dem Schlaf hochfuhr. Nur die Ursache für dieses Getöse in der Schwärze der Nacht zu ergründen, fühlte ich mich außerstande, denn aufstehen wollte ich auf keinen Fall.

Als ich am Morgen die Riesen-Avocados, groß wie Melonen, auf dem Lanai liegen sehe, war das Rätsel gelöst. Also keine Räuber, Wilderer, keine Wildschweine oder irgendwelche üblen Gangs wie bei Gwyn beispielsweise. Bloß Riesen-Killer-Avocados. In Kalani waren es Kokosnüsse, die mich mit einem Riesenknall erschreckt haben. Nur dort wurde man zuvorkommend und höflich mit kleinen Schildern (!) gewarnt: *Beware of falling coconuts*.

Wie man mich daraufhin belehrte, ich aber einige Mühe hatte zu glauben, sollen angeblich mehr Menschen durch herabfallende Kokosnüsse zu Tode kommen als durch Flugzeugabstürze oder Unfälle. Entweder sind die Kokosnüsse heimtückisch auf Killermission oder die verhältnismäßig wenigen Menschen, die in Kokosnussregionen leben, müssen ein bisschen lebensmüde sein, weil sie sich unentwegt und ausschließlich unter den gefährlichen Kokospalmen aufhalten. So als ob sie die tödlichen Zusammenstöße absichtlich herbeiführen wollten.

Den Nachmittag verbringe ich in Baldwin Beach, einem Bilderbuchstrand mit wunderschöner Tropenkulisse. Weißer Strand mit wogenden Palmen vor bläulich anthrazitfarbenen Bergen und dahinter der stahlblaue Himmel, der alles umspannt. Voller Freude lasse ich mich in den warmen, weißen Sand fallen und genieße das ungewohnte Gefühl, endlich mal ausgestreckt im Sand LIEGEN zu können! Ich genehmige mir ein Nickerchen in der Sonne, luxuriös im Liegen, was ja bisher auf dem scharfen Lavageröll nie möglich war. Ich schaue einfach nur in den blauen Himmel. Außer mir, dem Sand, dem Wind und der Weite des endlosen Himmels gibt es nichts. Es ist herrlich, ich fühle mich so leicht und frei wie ein Vögelchen. Und dieses Gefühl ist alles, was ich brauche. Vielleicht ab und zu noch einen guten Schluck von meinem Bio-Mango-Lemon-Purified-Water??? Geil. Kein Wunder, dass ich von meinem Nickerchen erwache und mich um zehn Jahre jünger fühle. Ich werde sofort den ganzen Vorrat im Laden aufkaufen und als Jungbrunnenelixier verkaufen. Danach sollte ich keine Geldsorgen mehr haben.

Zwanzigster Tag

Ich finde mich in einer neuen Situation wieder: Tiefgreifende Änderung in meinem Pilgerdasein. Ich wache auf und habe den ganzen Tag für mich. Kein Programm. Keine Betreuung. Aber auch keine Seele, die ich kenne. Na ja. Aber stattdessen habe ich jede Menge Optionen. Es gibt verschiedene Anlaufstellen. Und Dinge, die ich tun könnte und sehen möchte. Ich mache begeistert Pläne. Als ich dann vor der Wahl stehe, womit es denn nun losgehen soll, bin ich völlig unentschlossen. Um dieser schwerwiegenden Entscheidung zu entgehen, fahre ich ganz faul und simpel einfach wieder an den Strand und schaue nichtsnutzig aufs Meer. Das ist alles, was ich will. Müßiggang. Ruhe. Nichtstun, hauptsächlich, weil es nichts zu tun gibt.

Ich muss nur wegen Sonnenbrand aufpassen. Die Sonne ist so unglaublich intensiv und vor allem scheint sie ohne Unterlass von ihrem Aufgang bis zu ihrem Untergang. Sonnencreme ist also vonnöten. Nach dem herben Verlust meiner Supercreme bei der Sicherheitskontrolle am Flughafen habe ich leider nur noch die Billigcreme vom Schlecker mit Lichtschutzfaktor fünfzig. Die hat jetzt ihren Einsatz. Und ich kann berichten, dass sie auch wirklich ihren Dienst getan hat. Denn ich habe nicht mal Krebs davon bekommen. Meine Haut war nach der Reise in absolut demselben Zustand wie vorher.

Mein Urteil als Südsee-Sonnencreme-Härtetesterin lautet also: absolut zufriedenstellend, erst recht, wenn man den Preis bedenkt. Die teuren Luxuscremes kann man sich getrost schenken. Mein persönlicher Tipp: Für das Geld lieber ein paar der wunderbarsten hawaiianischen Cocktails trinken, das kühlt und befeuchtet schön von innen und bringt vom Spaßfaktor her eindeutig mehr.

Auf dem Nachhauseweg halte ich an einer Tankstelle und entdecke, dass es dort Cola und Bier gibt. Jap. Endlich! Mein bierloses Dasein hat ein unerwartetes Ende. Und hier an der Tankstelle habe ich auch kein schlechtes Gewissen. Obwohl der Kassierer doch erstaunt dreinblickt, als wäre ich der Dino aus Jurassic Park, der sich soeben in seinen Laden hereingetrollt und ihm ein unmoralisches Angebot gemacht hätte.

Von so kleinen Weibspersönchen wie mir wird nicht erwartet, dass sie zielsicher auf das Bierregal zusteuern, ein dickes Sixpack Bier herausholen, das sie anschließend wie selbstverständlich auf die Theke werfen. Scheint wohl eher in die Domäne der männlichen Kollegen zu gehören. Aber nach der Begegnung im Ökomarkt, wo ich erfahren musste, dass ich als Feind und Unbekannter eine Art Grundschuld habe, bin ich jetzt ganz ungeniert mit dem ach so weisen Motto unterwegs, ist der Ruf erst ruiniert …

Kaum habe ich mich aller Beobachter entledigt und mich in die Intimität meines Heims zurückgezogen, mache ich mir sofort ein Bier auf und genieße, wie es zischend in meiner Kehle verschwindet. Lecker! Ich liebe Bier. Dieses ist im Vergleich zum *Michelob* richtig gut, nicht so toll wie mein geliebtes Kölsch zwar, aber völlig akzeptabel. Und hundertmal besser als das ganze Essen, das ich gestern gekauft habe. Nun gut, dann tauschen wir eben die feste Nahrung gegen flüssige, nicht wahr? Haben die Mönche früher in der Fastenzeit ja auch so gemacht. Nix gegessen, aber dafür munter vier Liter heiliggesprochenes Bier hinter die Kuttenbinden gekippt. Da haben sie dann in ihrem Dauerdelirium den Hunger nicht mehr so gespürt. Hauptsache, die Fastenregel, dass kein Fleisch im Speiseplan auftaucht, wurde vorschriftsmäßig erfüllt. Und immer in dem Glauben, der liebe Gott merke den Betrug schon nicht. Aber heute wissen wir es ja besser als die Leutchen im Mittelalter, nämlich, dass der liebe Gott eben doch alles sieht.

In der ersten Euphorie ist so eine Bierernährung auch für mich ein verführerischer Gedanke. Muss nicht groß zubereitet werden. Nur aufmachen und rein damit… Aber bei näherer Betrachtung erscheint sie mir doch nicht mehr so reizvoll. Besonders, wenn ich mir vorstelle, wie ich den ganzen Tag knülle hier durch die fremden Lande ziehe und nach ein paar Wochen das Aussehen einer Kugel angenommen habe. Und was mache ich dann, wenn solche Monsterkugeln grundsätzlich vom Transport in Flugzeugen ausgeschlossen sind? Und sie mich auf keinen Fall mehr ausreisen lassen, weil mich der grimmige Officer in Kugelform todsicher nicht mehr auf meinem Passfoto erkennt?

Ich habe bei Sylvie einen eigenen Lanai, der einen atemberaubenden Blick über den Hang freigibt und sich bis zum Meer erstreckt. Ich schwebe förmlich über der märchenhaften Landschaft. Die Abende mit dem flammend eingefärbten Himmel sind die intensivsten Zeiten des Tages. Ich habe insgesamt vier davon. Also sitze ich einfach da und betrachte entspannt den Himmel und die Weite, auf die nicht mal das Wort »endlos« mehr richtig zu passen scheint.

Heute läuft in meinem persönlichen Open-Air-Kino der Film »Sunset in Haiku«, mit den Hauptdarstellern Sunny Belmondo, Goldie Dawn und Oceanu Reefs. Mit Happy End versteht sich. Sonne und Meer kriegen sich am Ende in einem fulminanten Showdown … Schade nur, dass das Langnese-Girl nicht auftaucht. Vielleicht hat sie ihren freien Tag heute oder die Girls kommen erst ab einer Mindestbesucherzahl von zwei? Ich hätte so gerne ein Eis gehabt. Aber dann fällt mir ein, dass ich im Paradies der Öko-Apöstelchen sicher nur Eis ohne Zucker, ohne Milch und ohne Sahne bekommen hätte. Ja, und nur an einem Holzstiel nuckeln, ruiniert mir nur mein Langnese-Erlebnis. Also dann einstweilen kein Eis.

Einundzwanzigster Tag

Ich genieße den jungfräulichen Tag, das trockene Bett, die warme Dusche, die Stille, den Luxus, den Vorgeschmack auf meine Möglichkeiten. Es ist herrlich, sie liegen vor mir wie die üppige tropische Landschaft. Die ganze Welt steht mir offen. Ich brauche nur zuzugreifen und kann das tun, was mir in den Sinn kommt. Und der Sinn steht mir nach Schreiben.

Das ist jetzt nicht ganz so spektakulär und vielleicht sogar ein bisschen langweilig. Aber ich muss schreiben, hier auf dem herrlichen Lanai. Vor dieser umwerfenden Kulisse. In genau diesen meinen Worten, liegen meine Möglichkeiten. Wenn ich schreibe, bin ich frei! Und so lasse ich sie fließen, alle Wörter und Worte, die raus auf das Papier wollen. Ich fließe mit. Ich notiere die Eindrücke der letzten Nacht, die schon ungeduldig darauf warten, aus meinem verschwommenen Traumbewusstsein befreit und verewigt zu werden. Und so schreibe ich.

Heute Nacht bin ich aus dem Schlaf geschreckt, mitten aus einem wirren Traum. Oder hat mir die Dunkelheit nur einen Streich gespielt? Dazu noch die herunterkrachenden Riesen-Avocados. Ich dachte erst, ich bin ins nächste Vulkanausbruchsspektakel geraten oder in irgendeine weitere hawaiianische Naturkatastrophen-Spezialität. Aber nein, es waren die Traumbilder, intensiv und sprechend. Buchstaben und Zeichen, die sich in mein Hirn brannten und leise Stimmen, die mir etwas in den Bauch flüsterten. Plötzlich waren da meine laufenden Füße, die von warmen Händen getragen wurden. Vor einer Kulisse von dunklen Bergen, erdumspannenden Himmelszelten und unergründlichen Wasserflächen, die irgendwie zu brennen schienen. Die Flammen berührten mich und die Hitze strömte direkt in mein Herz. Die Stimmen klangen gedämpft, als kämen sie aus der Unterwelt. Immer die gleichen Worte murmelnd, bis sie sich als feuriger Schriftzug in den Sand einbrannten: »Am Anfang war das Wort.« Es war wie in einem tollen, mittelalterlichen Fantasyfilm.

Mein Herz flattert, als mir im Halbschlaf dämmert, was ich da erlebe. Ich weiß, so steht es in der Bibel. Ich lausche ganz ruhig in die Dunkelheit, bereit, falls noch mehr davon kommt. Aber die Stimmen verebben und so döse ich zum einschläfernden Summen in meinem Kopf wieder ein. Während ich im Traum auf den warmen Sand gebettet werde, schwillt das Summen an und strömt in jeden Winkel meines Körpers.

Als ob es sich auf unsichtbaren Bahnen fortbewegen würde. Wie Linien, in eine Schatzkarte gestrichelt, die auf ein verborgenes Ziel hinführen: Den versunkenen Schatz.

Ich verstehe allmählich. Die Puzzlesteinchen fügen sich zusammen. Es geht darum, dass dieser Schatz endlich gehoben wird. Mein Körper fühlt sich mit einem Mal ganz leicht an, fast schwebend. Ich spüre, wie ich zunehmend zusammengefügt, ganz werde. Heil. Ganz und heil. Und alles ist plötzlich gut.

Langsam finde ich Gefallen an diesen psychedelischen Traumwelten. Und allmählich verstehe ich auch die Leute im Mittelalter, warum sie so auf Wunder und Visionen abgefahren sind. Das waren ihre Drogen. Und es war alles, was sie an Unterhaltung hatten. Die Wunder der Games-Industrie, wie Nintendo Wii, und so was Tolles wie Public Viewing gab's dazumal schließlich noch nicht. Im Mittelalter war's ausschließlich düster und sumpfig.

So richtig den Durchblick hat ja erst die Aufklärung gebracht. Bis dahin waren die Menschen auf solche Trips angewiesen, wenn sie mal aus ihrem stressigen Alltag rauswollten. Denn der war sicher alles andere als rosig. Außerdem waren die Erkenntnisse, die aus Visionen und Trancen gewonnen wurden, die einzige Chance, mal Licht in das fürchterlich ignorante, mittelalterliche Dunkel zu bringen. Kein Wunder, dass so manch dämlichen aber mächtigen Herren der Arsch auf Grundeis ging. Sie sahen plötzlich alle ihre Machtfelle davonschwimmen. Daher haben sie dann kurzen Prozess gemacht und sich dieser gewaltigen Bedrohung entledigt, indem sie diese armen Menschen als Hexen und Ketzer verbrannt haben. Da haben es diese Schlauberger doch tatsächlich geschafft, die einzigen Menschen, die was auf dem Kasten hatten, die Erleuchtungsträger sozusagen, in dieser ansonsten intelligenzfreien Zeit, systematisch auszurotten. Und so hat einmal wieder die Dummheit gesiegt.

Aber Gott sei es auf Händen und Füßen gedankt, diese engen, dunklen Zeiten sind vorbei! Wir leben in der freiheitlich-globalisierten Jetzt-Zeit von Internet & Co. Auch wenn unsere lichte Zeit des Guten manchmal ein bisschen zu viel tut und durch zu viel Reklame und Lasershows die Sinne überreizt. Auch wenn unsere gesteigerte Grundintelligenz durch so was wie Gerichtssendungen oder Pannenshows im Fernsehen leichte Trübungen aufweist. Bei uns ist jeder frei. Selbst unsere Kindergartenkinder sind inzwischen ja bereits allesamt Wunderkinder mit einem IQ von mindestens 200 pro Kopf.

Jeder darf alles sagen und schreiben. Vielleicht ist das nicht unbedingt immer eine Errungenschaft, bei dem vielen geistigen Müll, der oft dabei herauskommt. Ich für meinen Teil genieße diese Freiheit. Vielleicht gefällt nicht jedem, was ich schreibe, aber niemand schafft mich dafür auf den Scheiterhaufen. Es kann schlimmstenfalls passieren, dass niemand dieses Buch lesen möchte. Das wäre natürlich sehr bedauerlich, bei den vielen tollen Weisheiten, die es enthält. Aber ich gebe gerne zu, heute wird auch mit geistig Unzumutbaren ungestraft tödlich gelangweilt.

Diese Gedanken scheuchen mich auf. Ich kann nicht mehr still sitzen. Mich überkommt ein solcher Drang nach Bewegung, dass ich mein bescheidenes Mucki-Training gleich zweimal hintereinander mache, bis ich die Spannung in meinem Körper endlich abgearbeitet habe.

Ich möchte raus, ins Leben, nach Hookipa, den Surfern und dem bunten Treiben zusehen. Die gleiche aufregende Luft atmen, wie die Weltelite der Surfcracks. Ich mache mich augenblicklich startklar und fahre die paar Kilometer bis zum Strand.

Der Strand ist sehr schmal, und nichts deutet darauf hin, dass hier Weltrekordhalter grad mal ein bisschen Entspannungssurfen machen. Robby Naish, der in Kailua auf Oahu aufwuchs, ist heute nicht da. Aber so manch andere Surf-Legende sicher. Nur die kenne ich alle nicht. Diese jungen Götter bewegen sich völlig entspannt und natürlich, als ob es das Selbstverständlichste der Welt ist, sich hier todesmutig in die Wellenberge zu werfen, die höher sind als manches Haus, nur um die abenteuerlichsten Manöver zu vollführen.

Mit ihrem Wagemut und der Eleganz, die die jungen Menschen in ihrem Tanz mit den Wellen zeigen, die Leidenschaft und Hingabe, mit der sie eins werden mit dem Wasser und dem Wind. Nur um letztlich darin zu versinken. Das alles zieht mich in ihren unwiderstehlichen Bann. Ich kann den ganzen restlichen Nachmittag nichts anderes tun als zusehen. Und bin immer noch nicht satt. Die Faszination hat mich gepackt wie eine Riesenwelle, die hier alle zu erfassen scheint und nicht mehr loslässt.

Als ich vom Sitzen ganz steif bin und feststelle, dass das Licht bereits schwindet, muss ich mich doch endlich losreißen. Ich versuche, meinen Kreislauf mit einer Art Beach-Walking wieder in Schwung zu bringen. Das ist aber schnell erledigt, da es sich nur um eine kleine Bucht in den Felsen handelt. So viel Beach ist da nicht und das Walken daher recht überschaubar. Ich packe schon mal meine Strandsachen zusammen und fahre in mein Studio zum Abendkino.

Unterwegs diagnostiziere ich einen Bärenhunger. Dagegen muss ich etwas unternehmen. Ich schlachte eine der Killer-Avocados, die sich vor meiner Türe bereits zu türmen beginnen und hoffe, dass dies dem hungrigen Bären reicht. Immerhin gewinne ich einen ganzen Eimer Avocadocreme daraus, eine quietschgrüne Abwechslung auf dem sonst recht frugalen Speiseplan. So groß kann nicht mal Bärenhunger sein, dass er eine solche Menge hätte schaffen können. Ich sitze jedenfalls vor meinem Eimer Avocadocreme und trinke Bier dazu. Dem Bären schmeckt's, und irgendwann hat er dann auch genug und gibt Ruhe.

Ich schließe das 5-Sterne-Bärenrestaurant für heute und lasse auf dem Lanai chillend, langsam die Sonne vor meinen Augen im Meer versinken.

Zweiundzwanzigster Tag

Heute ist Wechseltag. Will heißen, ich ziehe um in mein nächstes Domizil. Weg vom Meer ins Landesinnere, nach Makawao, zu einer Familie in die Berge. Die Fahrt dorthin dauert nur 30 Minuten. Es ist alles so nah beieinander hier. Keine Entfernungen. Während ich so gemütlich vor mich hinzuckele und die Landschaft betrachte, die an mir vorbeizieht, erinnert sie mich irgendwie an deutsche Gegenden mit Wäldern und Sträßchen. In einem Anflug von Heimweh, möchte ich gerne anhalten, das geht aber nicht. Man kann nirgends anhalten!

Ich sichte jedoch eine Stelle, wo es sogar eine Bank zu geben scheint. Ich wende, um dorthin zurückzufahren. Parke den Wagen und steige aus. Es geht steil bergab. Ich mühe mich den Hang hinunter, nur um festzustellen, dass es eine Fata Morgana war. Keine Oase, keine Bank, nicht mal schön ist es hier. Es gibt lediglich ein kleines Holzhäuschen, bei dem man vielleicht grillen oder picknicken könnte. Aber bei näherem Hinsehen macht dieser Platz nicht den Eindruck, als diene er romantischen Picknickzwecken. Mir ist mit einem Mal unheimlich hier. Ich bin ganz allein hier, auf weiter Flur. Die Menschen treiben sich nicht allein in der Pampa unter den Büschen herum oder halten an, um auf einer Bank eine Banane zu essen. Damit mache ich mich verdächtig. Und oute mich für jeden, der mich so sieht, als einfältiger Tourist.

Ich kehre auf dem Absatz um, klettere schnell wieder hinauf zu meinem Auto und fahre ohne weitere Haltemanöver zu der neuen Bleibe. Die Idee war, ein paar Tage bei einer einheimischen Familie zu leben, um das hawaiianische Alltagsleben hautnah mitzubekommen. Und auch, um mit der einheimischen Bevölkerung in Kontakt zu kommen, schließlich habe ich keine Kurse oder ähnliches mehr. Ich wollte die Zeit auf Maui auch nutzen, um die Erlebnisse von Big Island in Ruhe zu verarbeiten und aufzuschreiben. Also hauptsächlich zum Schreiben.

Was soll ich sagen? Hier bin ich nun völlig unerwartet, in einer viel zu großen Familie in einem viel zu voll gestopften Haus gelandet. Jetzt wird's lustig! Diese Behausung ist eindeutig so was von zu klein für so viele Personen: Vater, Mutter, drei Kinder, zwei Hunde. Und ich noch. Ich habe das Gästezimmer und ein eigenes Bad. Und außerdem ein schlechtes Gewissen, weil ich noch diejenige mit dem meisten Platz bin. Aber mein Zimmer ist auch nur winzige ein mal zwei Quadratmeter. Man kann nicht mal den Koffer abstellen. Wenn ich mein Training machen möchte, befinden sich immer irgendwelche Körperteile unterm Bett. Tisch gibt es erst keinen. Alle Klamotten werden auf dem Bett deponiert und ich noch dazu, wenn ich in meinem Zimmer weile.

Die Hunde sind hyperaktiv und hatten wohl eine schlimme Kindheit, denn sie kläffen pausenlos und springen mich an. Mich! Wo ich eine ausgewachsene Hundephobie habe, seit ich ungefähr zwei bin. In zwei traumatisierenden Lebenssituationen bin ich von dicken Kötern angesprungen worden. Das erste Mal von einem Hundemonster, das das Mehrfache meiner Körpergröße besaß und mich anfiel, als ich gerade das Sitzen gelernt hatte. Und später nochmal, als ich den ersten Kuss bekam. Man stelle sich diesen Alptraum mal vor. Deswegen hatte ICH eine schreckliche Kindheit. Ich muss mir unbedingt eine Strategie zurechtlegen, wie ich unbeleckt und unbesprungen ins Bad und wieder zurückkomme.

Auch die Küchenbenutzung läuft nicht hundefrei ab. Hüpf, spring, hüpf, bell, NIES. Die volle Ladung über mich drüber. Köstlich, ich wollte mir soeben ein Brot schmieren! Aber die Hunde wollen schließlich ein Wörtchen mitreden. Hallo du Spaßbremse, wir wollen nur spielen und außerdem haben wir auch Hunger und wollen was ab! Selbst die Tatsache, dass ich nur diese dämliche, nach nichts schmeckende Bionahrung habe, stört sie nicht im Geringsten. Jetzt, wo das Zeug endlich mal für was gut gewesen wäre. Wenig später erfahre ich warum. Ich bin, welch Überraschung, in einem Vegetarierhaushalt gelandet.

Diese beiden hyperaktiven Hündchen kennen nichts anderes als Biokost. Und eigentlich wird auch im Kühlschrank nichts anderes geduldet. Auch nicht in dem Fach des Kühlschranks, das sie an mich vermietet haben. Ich verstecke meinen gekochten Schinken heimlich unter dem Brot in der Brottüte. Mir ist nicht ganz klar, ob Hunde auch Vegetarier sein können. Oder müssen sie hier??? Vielleicht sind sie deshalb so nervös, weil sie nicht artgerecht gehalten werden? Aber gut, ich brauche Plan B. Hier ist nun Beschattung der Küche angesagt, um die strategisch günstigen, weil hundefreien Minuten sogleich abzupassen, damit ich nicht ständig beniest und besprungen werde und Mahlzeiten für drei herrichten muss …

Die Gastgeber-Leutchen sind wirklich super nett. Lieb, bemüht, ein bisschen alternativ und aussteigermäßig drauf. Die Frau hat acht Kinder(!), was man ihr wirklich nicht ansieht. Sie hat meinen allervollsten Respekt. Das ist eine unglaublich beachtliche Lebensleistung. Die meisten ihrer Kinder sind inzwischen erwachsen und aus dem Haus, nur drei leben noch in ihrem Haushalt. Ihr Mann, mit dem sie in zweiter Ehe verheiratet ist, arbeitet zu Hause. Das heißt, der einzige Tisch weit und breit ist ein Ess-Wohn-Arbeitstisch, und den hat er den ganzen Tag mit einem riesigen Apple-PC belegt, so dass sich sonst nichts mehr darauf abspielen kann. Hier habe ich entschieden das Gefühl zu stören, da der Mann ja schließlich arbeiten muss.

Tja, ich sehe meine Felle, was die Schreiberei in diesem Haus anlangt, endgültig davonschwimmen.

Ich staune nicht schlecht über dieses crazy Patchwork-Familien-Setup. Aber sie lieben sich alle sehr – und vor allem: immer noch. Sie sind guter Dinge und strahlen aus, dass alles bestens ist. Nur Geld haben sie anscheinend wenig. Deshalb vermieten sie dieses Zimmer, das sie so gar nicht erübrigen können, an Fremde. Nach weiteren zwei Stunden dämmert mir jedoch langsam, was womöglich der tieferliegende Grund für die Gästevermietung ist. Die Hauslady hat einen eklatanten Mangel an adäquaten Sozialkontakten.

Der Teil, der früher wohl an ihre acht Kinder ging, die ja nun zum größten Teil aus dem Haus sind, muss kompensiert werden und geht soeben an mich. Sie textet mich so systematisch zu, dass ich außer zum Luftholen zu nichts anderem mehr komme. So ist das also. Die Leute, die sie als Mieter aufnimmt, werden vorher auf Sozialeignung gescannt, ob sie als Zuhörer auch tauglich sind und eine gute Bühne für ihre Selbstdarstellung abgeben.

Ich erhalte kostbare Einblicke in das Leben einer ganz normalen(?) Familie. Aber ich merke auch, wie meine Ruhe und mein Seelenfrieden darüber hinschwinden. Die Hunde missbrauchen mich als Sprungturm und als nicht zugelassene Imbissbude, die Hausherrin als Dauerzuhörer und Seelenmülleimer. Allen anderen Familienmitgliedern bin ich nur lästig.

Als ich im Internet später noch mal in das Vermieterprofil dieser Location schaue, haben sie den zusätzlichen Hinweis eingebaut: »Nicht geeignet für Leute, die auf der Suche nach Ruhe und Frieden und nach sich selbst sind!« Sehr interessant. Damit bin ich gemeint. Ich musste sie nämlich genau deshalb bereits nach zwei Tagen wieder verlassen. Diese Familie benötigt kaum physische Wohnfläche, dafür aber jede Menge Raum für die Ausbreitung aller möglicher psychischer Ergüsse, Daten und Geschichten. Menschen, die Ruhe suchen, stören da selbstverständlich nur.

Ich fahre nach Makawao Town, gehe dort spazieren. Das Ambiente ist noch ein bisschen cowboymäßiger als in Paia. Ich hatte gehofft, einige nette Shops zu finden, wo ich vielleicht ein paar ausgefalle Klamotten erstehen könnte, um meine aktuelle Depression mit einem schönen Frustkauf zu bekämpfen. Aber leider oder besser zum Glück für meinen Geldbeutel, gibt es hauptsächlich Fressbuden, Restaurants und Antiquitätenshops.

Eigentlich bin ich verabredet, in der Bibliothek des Ortes. Mit Jorge, einem Professor für Ökologie, spanischer Abstammung. Er macht Naturcamps und Wanderungen zu entlegenen Locations auf der Insel. Wir wollten ein bisschen durchs Landesinnere wandern. Er sollte mein Guide sein, denn die Route geht nur durch wildfremde Wildnis und ich dachte, auf diese Weise ein bisschen Verantwortung abgeben zu können. Er lädt mich zum Essen ein. Seine kultivierten, europäischen Umgangsformen sind eine wahre Wohltat und erst jetzt merke ich, wie sehr ich sie vermisst habe und wie sehr ich offensichtlich darauf stehe.

Leider wird nichts aus unseren Plänen. Jorge erklärt mir, das Wetter sei für die Berge und zum Wandern derzeit viel zu heiß. Hier fehle die Brise vom Meer, die es an der Küste so angenehm mache. *Upcountry* sagen sie hier zu dem Land in den Bergen. Nur aussehen tut es überhaupt nicht nach Country oder Bergen. Aber der Schein trügt. Ich bin genau unterhalb des größten und höchsten Vulkans auf Maui. Mit einem weiteren, unaussprechlichen Namen *Haleakala Volcano*. Er ist 3.055 Meter hoch und nimmt mehr als fünfundsiebzig Prozent der gesamten Inselfläche ein! Das ist auf seine Kegelform zurückzuführen. Und eben deswegen merkt man nicht, wie hoch dieser Berg wirklich ist. Erst als ich mit dem Auto hochfahre, um auf halber Strecke einen bestimmten Wanderweg zu finden, bekomme ich zu spüren, wie steil er tatsächlich ist, denn ich schaffe es nur im ersten Gang.

Diese Tatsache, ich nenne sie mal unsichtbare Steilheit, hat eine spezielle Form des Radelns hervorgebracht, die hier sehr populär ist und überall als Attraktion angeboten wird. Man wird zum Krater hochgefahren und kann dann von der Spitze den ganzen *Haleakala* in einem Schwung herunterradeln. Ich fahre soeben mit meinem Auto auf der Serpentinenstraße in Richtung Gipfel und begegne unterwegs einigen Radgruppen, die sich auf dem Rausch in die Tiefe befinden. Es ist sehr neblig heute und ich habe auf der engen Straße Angst, mit einem dieser Talfahrtfanatiker zusammenzustoßen, denn die Jungs haben ganz schön Tempo drauf.

Ich frage mich, was das wieder für eine Modeerscheinung ist. Klar, ist das Runterfahren schön. Aber doch nur, wenn man vorher auch rauf geradelt ist, oder? Vielleicht ist es auch eher wie beim Skifahren. Da wird man auch nur hoch gekarrt und findet den Kick darin, technisch so perfekt runterzusausen, dass man möglichst Tempo machen kann. Das ist der Spaß. Nur hier gibt es keine schönen, gemütlichen Hütten, wo man »Willis« zur Aufmunterung trinken kann. Nicht mal eine Frittenbude. Es ist extrem einsam hier. Ich treffe keine Menschenseele. Einsam beschreibt nicht annähernd, wie einsam diese Einsamkeit wirklich ist.

Ich wollte eigentlich ein bisschen wandern. Dafür reicht heute die Zeit bedauerlicherweise nicht mehr. Daher fahre ich langsam zurück zu meinem Ort. Auf dem Weg dorthin mache ich eine Entdeckung: ein Supermarktzentrum. Au fein, nichts wie hin, denn das sieht nach Kommerzkette aus und mal nicht nach Bioladen. Freudig erregt stürme ich den riesigen Supermarkt. Ich fühle mich sofort heimisch.

Es gibt alles, was mein Herz begehrt: in einem riesigen, stinknormalen Supermarkt. Und ich werde nicht verhaftet, weil ich nach Colaflaschen greife.

Niemand beachtet mich! Ich kann zwar nur für meinen kleinen täglichen Bedarf einkaufen, aber immerhin, das genieße ich in vollen Zügen. Seltsamerweise vermittelt mir diese kühle Supermarktatmosphäre mit den vielen, langen Regalgängen ein Gefühl von Normalität, Ordnung und Sicherheit. Eine Zuflucht. Ich bin fort von der Straße, nicht mehr heimatlos umherstreunend wie ein entlaufener Hund. Geborgenheit in einem banalen amerikanischen Supermarkt. Was für ein Witz! Ich kann es selbst kaum glauben. Ob mich gerade meine psychische Gesundheit verlässt? Sieht schwer danach aus.

Der Supermarkt als Programmpunkt war schon mal richtig gut und beflügelt mich, noch ein bisschen in diesem Städtchen rumzufahren, um zu erkunden, was es hier sonst noch so alles im Angebot gibt. Vielleicht mache ich ja noch mehr solch bahnbrechender Entdeckungen zur Wohltat meiner Seele. Meine Hoffnung ist, dass ich ein Plätzchen finde, wo ich in Ruhe ich selbst sein kann, ohne Gefahr zu laufen, dass ich Aufmerksamkeit errege, weil ich mich auffällig, weil für hiesige Gepflogenheiten ungewöhnlich verhalte. Aufs Schreiben wage ich ja schon gar nicht mehr zu hoffen. Aber das wäre einfach genial und das i-Tüpfelchen meiner bescheidenen Wünsche. Ein Platz auf der Wiese oder im Wald, eine Bank oder auch die Bibliothek in Makawao.

Ich fahre also kreuz und quer herum, bis ich überall einmal war, denn groß ist dieser Ort wahrlich nicht. Und ich finde, leider: nichts. Selbst das Schwimmbad eignet sich nicht, denn der Bereich ist ausschließlich betoniert und enthält nicht eine einzige Sitzgelegenheit. Ich entdecke zwar eine Parkanlage, doch die ist nicht besonders schön. Immerhin können die Kids Baseball und Basketball spielen. Aber für mich gibt es auch hier weder eine Bank noch sonstige Objekte, die ich als Sitzmöglichkeit missbrauchen könnte. Und weil Wochenende ist, hat die Bibliothek geschlossen. Also *niente, absolument rien, nothing*. Mal wieder ein voller Erfolg auf der ganzen Linie. Trauriges Fazit: meine Suche nach irgendeinem Fleckchen, das mir vielleicht Asyl gewähren könnte, verläuft völlig ergebnislos.

Ich vertröste mich auf morgen, auf den Trip in die Natur, und nehme mir vor, gleich in der Früh zu meiner Wanderung aufzubrechen. Ich kehre also in die Enge und das Chaos in meiner Familie zurück, versuche mir eine hundefreie Mahlzeit zuzubereiten und verziehe mich dann in die minimale Privatsphäre meines Zimmers. Ich bin erschöpft und könnte eigentlich schon schlafen. Etwas anderes ist in diesem Zimmer sowieso nicht gut möglich. Aber kaum, dass mir die Augen zufallen und ich gerade sanft in das Land der Träume hinübergleite, geht ein irres Dröhnen los, das die Wände zum Wackeln bringt und mich senkrecht aus dem Beinah-Schlaf hochfahren lässt.

Der Fernseher ist angegangen! Au weia, ich sitze steif in meinem Bett und höre jedes Wort der laufenden Sendung, im O-Ton und in Überlautstärke. Super. Dann also mal das Gegenprogramm starten. Musik aus meinem Kopfhörer! Und die drängende Frage, wann diese Menschen abends für gewöhnlich so ins Bett gehen. Ach, und wie lange wollte ich hier bleiben? Zehn Tage? Nein danke, ich glaube nicht. Diese Erkenntnis dämmert noch träge durch mein schlaftrunkenes Unterbewusstsein, bevor ich endgültig in meiner Traumwelt versinke.

Dreiundzwanzigster Tag

Nachdem ich die Nacht trotz Beschallung unerwartet schadlos überstanden habe, werfe ich mich flugs in meine Wandersachen, packe mir einen kleinen Proviant ein und fliehe in die Berge. Wenngleich ich auch der Beschreibung folge, muss ich ziemlich nach dem Startpunkt des Wanderwegs suchen und bin mir oft nicht sicher, ob der Weg der richtige ist. Die Aussicht auf die Landschaft unter mir wird von Serpentine zu Serpentine grandioser. Ab einer gewissen Höhe kommt Nebel auf, das irritiert mich. Ich muss aufpassen und kann daher nicht mehr so viel in der Aussicht schwelgen. Ich lasse die Fensterscheiben herunter und genieße das Gefühl der Freiheit und der frischen kühlen Brise in meinen Haaren.

Was ich suche, ist *Poli Poli*, ein Geheimtipp meiner Familie für eine coole Wanderung. Ich habe große Mühe, diesen Wanderweg zu finden, auch weil es zunehmend nebliger wird. Was mich nervös macht, ist, dass es nirgends, nicht auch nur ein einziges Hinweisschild gibt. Jetzt, wo ich ein Schild mal echt gut gebrauchen könnte, ist natürlich weit und breit keines in Sicht.

Das letzte Stück dieser abenteuerlichen Fahrt entpuppt sich als ein endloses Geschraube, in dem sich Windung an Windung reiht. Mir ist schon ganz flau in der noch nüchternen Magengegend. Ich komme an einer Jägerstation vorbei und auch an einigen Schildern. Diese enthalten aber leider nur Warnungen vor Unfällen durch Jagdschüsse, die man riskiert, sollte man auf die Idee kommen, unbedarft durch die Büsche zu streifen.

Oh je, ich ahne es schon, mir wird wieder ganz komisch. Was habe ich mir auch dabei gedacht, einfach allein in wildfremder Umgebung wandern zu wollen? Ich will soeben wenden, da sehe ich ein Schild: ab hier nur noch mit Vierradantrieb. Erleichtert denke ich, Gott sei Dank! Vierradantrieb hab ich nicht. Nun darf ich der Schildanweisung sei Dank, endlich wenden. Retour bitte. Wie aber drehen, wenn nicht einmal die klitzekleinste Ausbuchtung vorhanden ist? Und wenn auf der einen Seite die steile Bergwand emporragt und es auf der anderen Seite noch steiler in die Tiefe abfällt? Ich glaube, ich habe dort oben den Meisterbrief für die 180-Grad-Wendung in Millimetertechnik bestanden und ein tierisches Angstschweißbad genommen! Sogar der Autositz ist platschnass.

Ein paar Serpentinen weiter unten komme ich an einer sehr schönen Lichtung vorbei. Hier möchte ich anhalten. Ich brauche dringend eine Pause und muss mal aussteigen und meine zittrigen Beine vertreten. Das Umherlaufen tut gut, meine Knie schlottern immer noch von der Anspannung des gefährlichen Rangiermanövers in schwindelnder Höhe. Die Luft ist frisch und kühl, fast kalt. Während ich im Kreis über die Lichtung laufe, sage ich laut meine persönliche Beruhigungsformel auf. Bis sie funktioniert, muss ich sie ein paar Mal wiederholen, dann endlich entspanne ich mich. Diese Lichtung hat eine besondere Ausstrahlung. Sie ist nicht groß und liegt halb verdeckt in der Serpentinenkurve. Es ist immer noch vorwiegend neblig, aber es gibt Momente, in denen die Nebelfetzen so dünn sind, dass sich die Sonne dahinter erahnen lässt. Das nimmt dem Ganzen das Gespenstische. Und es ist vollkommen ruhig. Außer meinem eigenen Atem kann ich nichts hören.

Dies ist genau der richtige Ort für die Übung der Heilung aller gebrochenen Herzen, die ich als Hausaufgabe von Lanceloha mit auf den Weg bekommen habe und die ich noch machen muss. Sehr ernsthaft und konzentriert arbeite ich, bis ich alle Verletzungen der mir nahestehenden Menschen an diesem Ort zusammengeführt und dem Nebelwald übergeben habe. Der irgendwie total *spacy* ist, unwirklich eben. Nebelfetzen ziehen über diese Lichtung hinweg, nehmen die Verletzungen mit. Wie ein Schwamm die Kreidespuren auf einer Tafel auslöscht. Was kommt, ist Raum für Heilung. Unglaublich, aber es funktioniert. Wahrscheinlich nur an genau diesem abgefahrenen, überirdischen Ort. Ich muss mal. Ganz irdisch. Todesmutig setze ich mich ins Unterholz und gebe wahrscheinlich in meiner schrill pinken Wanderjacke ein ideales Ziel für den nächst besten Jäger ab. So eine Art entartet-rosa Wildschweinchen vielleicht, das der Waidmann sich nach erfolgreichem Schuss, zur Belohnung als besonders begehrte Trophäe an den Hut steckt. Als ich gerade die Hose hochziehen möchte, höre ich Rascheln und Knacken im Unterholz hinter mir. Mir stockt der Atem!

Da hocke ich nun im Unterholz mit blankem Hintern und versuche zu peilen, wie weit es bis zum Auto ist. Ich bereue augenblicklich, dass ich überhaupt ausgestiegen bin. Wie angewurzelt bleibe ich hocken und lausche angestrengt, als ob die Gefahr am besten mit den Ohren einzuschätzen wäre. Das Rascheln hört nicht auf, wird aber auch nicht stärker. Ich drehe mich in Zeitlupe um und wage es, mir auch endlich, ganz zaghaft, die Hose wieder hochzuziehen. Ich folge dem Geräusch, denn da noch niemand geschossen hat, kann ich den Jäger als drohende Gefahr wohl getrost ausschließen.

Aber die Spannung bleibt, denn es könnte ja weiß Gott was anderes, noch viel Gefährlicheres sein als ein Jäger. Ein wildgewordenes Wildschwein zum Beispiel, das auf pinke Fleece-Jacken allergisch reagiert oder ein sickiger Wolf, der heute Morgen seine Wolfsfrau mit dem Nachbarn im Bett erwischt hat. Oder auch ein Löwe im Exil, der sich hier nicht heimisch fühlt, weil er nicht so brüllen darf wie zu Hause im Löwenland. Vielleicht fällt mir auch die Schlange Ka auf den Kopf, weil Mogli sie hier ausgesetzt hat, damit sie sich ab jetzt an dämlichen Wanderern schadlos hält. Oder ich sitze gar mitten in einem Feld magischer Kräuter, die Halluzinationen ersten Grades bei Wanderern hervorrufen. Vielleicht wirken sie schon, denn ich habe null Ahnung von den Tücken und Gefahren dieser Wälder. Und wie gerufen, kommen mir nun tausende davon in den Sinn. Achtlos liegengelassene Klappmesser, Deponien für entsorgte Gefahrengüter, Invasionen entarteter Killerameisen, oder auch achtlos ausgesetzte McDo-Tüten und die viel zu schmalen Wendestreifen.

Weil das Geräusch aber weiterhin gleich bleibt, werde ich erheblich mutiger. Ich lausche und stiere angespannt in Richtung Geräuschquelle. Jetzt will ich's wissen! Und auf einmal, wusch! Ein paar Blätter werden zur Seite gedrückt, und hervor lugt – ein Opossum! Ja, so was. Ich bin so überrascht, dass ich lachen muss. Und nun sehe ich auch, dass es nicht allein ist. Es sind mindestens fünf, die sich eben dort vor meiner Nase den Bauch voll schlagen.

Fasziniert beobachte ich sie. Ich scheine ihre Mahlzeit nicht im Geringsten zu stören. Wenn sie nicht diese hellen Gesichter hätten, würden sie in der Tat kleinen Schweinchen ähneln, das Fell sieht so schweineborstig ruppig aus. Irgendwann ist diese kleine Opossum-Familie satt und zieht weiter. Das Rascheln hört auf. Gekommen bin ich mit Angst und die Antwort, die ich erhalte, sind ein paar süße Opossum-Kinder beim Brunch? Wieder eine Lektion? Was die wohl zu bedeuten hat? So was wie: Situationen können verschiedene Ursachen haben, nicht zwangsläufig die, die wir mit unserer Angst erzeugen? Das wäre dann die Lektion Nummer 13.

Nun sehe ich aber doch zu, dass ich schnell zum Auto zurückkomme, bevor mich am Ende noch ein Jägermeister erschießen will. Als ich auf dem Weg nach unten die Jagdhütte passiere, sind diesmal drei finstere Gestalten dort, mit geschulterten Gewehren und schweren Jeeps. Von weitem sehe ich nur wie *hillbilly* finster sie ausschauen, angsteinflößend. Oh *shit*, bloß nicht hinsehen oder irgendwie Aufmerksamkeit erregen. Am besten unsichtbar machen. Dabei kommen mir Filmszenen von einsamen Hütten und dunklen Typen in den Sinn, die Frauen gefangen halten und sie, nachdem sie sich mit ihnen vergnügt haben, abmurksen, in Stücke hacken und in die Gefriertruhe werfen. Ich gebe Gas. Drei Kurven weiter sehe ich mich um, ob mir jemand gefolgt ist. Alles ruhig. Glück gehabt. Puuh. Ich bin mal ein ausgemachter Angsthase! Für die Tapferkeitsmedaille eigne ich mich mal so was von gar nicht. Aber immerhin gehören Angsthasen nicht in das Beuteschema der Jäger. Von daher, meine Rettung.

Weiter unten gibt es eine Lavendelfarm. Dort halte ich an, denn man kann den herrlichen Garten und die duftende Lavendelplantage besichtigen. Es gibt auch einen Verkaufsraum, mit allerhand handgefertigten Lavendelprodukten, sowie eine Terrasse, wo man sich an der einmaligen Aussicht erfreuen und dabei Lavendeltee mit Honig schlürfen kann, während die Zeit stehenzubleiben scheint. Ich kaufe eine Lavendel-Bodylotion für meine Gastgeberin und begebe mich anschließend auf die Aussichtsterrasse.

Bei heißem Lavendeltee sitze ich mitten in einem lila Blütenmeer und denke an nichts Böses mehr. Ich genieße die tolle Aussicht, denn ich bin immer noch ziemlich hoch am Berg und sehe, dass dieser Ort genau in der Mitte der Insel liegt. Maui hat ungefähr die Form einer Acht, und ich befinde mich genau an der Kreuzung. Rechts kann man bis zur Küste sehen, wo ich herkomme, mit Paia und Hookipa, und links bis Kihei, wo ich später noch hinfahre. Es ist ein erhabenes Gefühl, so in luftiger Höhe zu sein, mit dieser genialen Aussicht fast über die ganze Insel.

Als die junge Bedienung kommt, erzähle ich ihr von meiner verpatzten Wanderung und frage sie, ob sie nicht einen anderen Wanderweg wüsste. Denn gelaufen bin ich bis jetzt noch keinen einzigen Schritt. Ich habe Bewegungsdrang. Sie fragt mich, wo denn meine Leute seien. Was für Leute? Ich antworte ihr, ich sei allein unterwegs, keine Leute. Oder dachte sie etwa, dass diese Jäger-Hillbillys zu mir gehören? Das waren nämlich die einzigen lebenden Wesen, die außer mir noch auf dem Berg waren.

Erschreckt starrt sie mich aus geweiteten Augen an. Bis sie mit dünnem Stimmchen hervorbringt: »Mein Mann würde mir so was niemals erlauben.« Ich frage sie, warum nicht. Da schweigt sie so, als ob die Frage allein schon tausend Gefahren bergen könnte. Na, und die Antwort erst! Ja, das sei doch viel zu gefährlich! »Frauen sind nicht allein unterwegs«, kommt es dann doch irgendwann etwas piepsig aus ihr heraus. Also doch alles gefährlich hier? Oder unter bestimmten Bedingungen? Nein, so ein Hin und Her. Gefährlich, ungefährlich, sicher, unsicher? Ich möchte sie jedoch nicht weiter beunruhigen und plaudere mit ihr noch ein bisschen über ihre Heimat Kalifornien und das Wetter und bezahle. Nachdenklich verlasse ich diesen träumerischen Ort und schlendere gemächlich Richtung Auto zurück.

Mir ist die Lust aufs Wandern ziemlich vergangen. Ich glaube, das ist jetzt auch nicht dran. Ich habe hier ein paar andere Lektionen zu lernen. Ich muss mich wirklich um meine Sicherheit kümmern. Aber ich habe keinen blassen Dunst, wie. Der Witz ist, ich fühle mich hier nirgends sicher. Und überall fehl am Platz, außer im Supermarkt. Trotz Tarnung sehe ich aus wie eine Europäerin. Eine allein reisende Frau. Ohne Ziel. Ohne Programm. Auf dem Präsentierteller, als Opfer für alle möglichen Arten von Verbrechen. Na prima! Meine Laune sinkt soeben in den Keller. Ich bin ziemlich müde, meine Nacht mit amerikanischer TV-Begleitung war nicht so erquicklich.

Ich beschließe, den Rest des Tages in der Gegend herumzufahren. Entspanntes Sightseeing könnte jetzt mein Herz erfreuen. Einfach nur schauen, wie die Landschaft aussieht und die Örtchen ringsum. Mein Tank ist immer noch voll. Also fahre ich drauflos! Ich fahre, und fahre, und – verfahre mich. Während ich die Orientierung verliere, kommen mir die Straßen wie Labyrinthe vor. Ich ende, wo ich niemals hin wollte und begreife, dass ich es geschafft habe, mich in den einzigen drei Straßen, die es sowieso nur auf der Insel gibt, komplett zu verirren. So viel zu meinem Orientierungssinn und der Idee, entspannt hier irgendwo entlang zu gondeln. Ich stecke eben offensichtlich nicht nur innerlich fest.

Ich gebe auf, fahre an den Rand und schlage die Karte auf, zeichne mir mit Kuli den Weg nach Hause ein. Lege sie auf den Beifahrersitz und folge brav meiner ordentlichen, blauen Kuli-Linie, die ich sogar gut auch ohne Brille erkennen kann. Bis ich wieder in Makawao bin. Als ich am Einkaufszentrum mit dem Supermarkt vorbeikomme, überkommt mich eine unbändige Sehnsucht nach der kühlen Ordnung des Ladens.

Sobald ich ihn betrete, fühle ich mich besser. In Sicherheit. Also echt, ich muss lachen. Beglückt schmiege ich mich an das nächstbeste Regal, Kakao und Tee. So schön können gestapelte Dosen und Schachteln sein! Wie konnte ich jemals ahnen, dass Supermärkte als Hort der Zuflucht einmal eine solche Bedeutung für mich bekommen würden? Ich stelle mir soeben vor, wie der Marco-Polo-Reiseführer für Hawaii unter Sehenswürdigkeiten Supermärkte als Oasen der Entspannung und der Ruhe empfiehlt. Wenn sie im Supermarkt anfangen, Eintritt zu nehmen, wisst ihr warum.

Ich kaufe frisches Obst, Ananas, Kokosnuss und Mango. Gibt es alles schon fertig geschält und geschnippelt im Kühlregal, sodass ich wirklich nur noch reinbeißen brauche. Ganz küchenhundefrei. Der Gedanke an die kühlen Früchte erzeugt euphorische Gefühle in Kopf und Magen. Schnell, schnell heim. Ich vertilge anfallartig das gesamte Obst und bin glücklich.

Aber nun, was tun? Wie soll das hier in diesem Setup weitergehen? Hier bleiben geht nicht. Das war ein netter Versuch, mit der Idee, in einer Familie zu wohnen. Aber völlig untauglich. Das brauche ich nicht. Aber wohin? Ich habe keinen Plan. Und das ist der Unterschied zu Big Island. Dort hatte ich mein Programm und meine Kontakte. Ich war betreut. Hier nun muss ich mich selbst betreuen. Und das ist gar nicht mal so einfach.

Inzwischen habe ich zum Beispiel gelernt, dass es auf den Inseln nirgends öffentliche Plätze gibt, wo man sich aufhalten kann. Wo man einfach ganz zweckfrei sein kann. Der einzige Ort, der einen offiziellen, unauffälligen Aufenthalt erlaubt, ist der Strand. Vielleicht nicht ganz so praktisch, wenn ich mir vorstelle, die gesamte verbleibende Zeit dort zu verbringen. Wo den ganzen Tag ein unablässig starker Wind pfeift und ungeniert Unruhe am laufenden Band verbreitet. Irgendwann kann man das zumindest als Nicht-Surfer nicht mehr aushalten und hat nur noch den einen Wunsch, wie man dieses Dauergebläse nur endlich abschalten kann. Also stehe ich immer noch wie der Ochs vorm Berg vor der ungeklärten Frage, wo ich in diesem Wunderland nur bleiben könnte. Ja, Alice in Wonderland, was jetzt? Irgendeine Idee?

Vierundzwanzigster Tag

In der Frische des Morgens schaut sich Alice zunächst mal im Technikland um, konsultiert das Internet. Ich brauche eine neue Bleibe. Mein iPhone recherchiert für mich die Möglichkeiten und wirft mir zwei Adressen in Paia aus, wo ich mich einmieten könnte. Ich versuche es zuerst bei einer Art WG-Hotel direkt in Paia. Treffer. Daraufhin packe ich meinen Koffer, verabschiede mich von meiner abenteuerlichen, wenn auch liebenswerten Familie und fahre zurück an die Küste.

Als ich es mir in meinem Auto schön heimisch gemacht habe, und auf der Schnellstraße in freundlichem Sonnenschein gemütlich vor mich hin tuckere, fühle ich mich erleichtert und befreit und meine Stimmung bessert sich zunehmend. Ich betrachte versunken das ungemein strahlende Blau des Himmels, die riesigen Wolkenberge, die am Rande der Gipfel kleben und sich zu wahren Himmelsburgen auftürmen. Ich möchte mich in die Tiefe dieses sauberen Weiß fallen lassen, wie in einen muckeligen Wattebausch. Als ich mit einmal aus dieser schönen Träumerei gerissen werde. Ich habe das ungute Gefühl, dass irgendetwas nicht stimmt.

Ich schaue in den Rückspiegel und bemerke, dass hinter mir, wohl schon eine ganze Weile, ein schwarzer Monstertruck fährt, der aber ständig näher kommt und mir immer dichter auffährt. Überhol doch, wenn ich dir zu langsam bin! Drängeln ist bei dem Platz und den vielen Spuren nun wirklich nicht nötig. Affe. Aber klar, inzwischen kenne ich diesen Sport ja schon. Und er drängelt munter weiter. Monster-Mobber, du nervst. Irgendwann wechselt er doch noch die Spur, und ich denke, na endlich überholt er mich.

Als er neben mir ist, macht er mir plötzlich Zeichen. Ich reagiere nicht, und er reiht sich vor mir wieder ein, aber nur, um mich unmittelbar darauf scharf auszubremsen. Ich denk nur, Idiot! Er fährt nun auf die linke Spur und lässt sich wieder auf meine Höhe zurückfallen. Und wieder fuchtelt er wild mit den Armen in meine Richtung und gibt mir erneut Zeichen, dass ich an den Rand fahren solle.

Ich kriege es allmählich mit der Angst zu tun und denke, was ist das denn nur für einer? Darf der das? Vielleicht handelt es sich um eine Zivilstreife? Keine Ahnung. Aber nie im Leben würden die mich so unprofessionell von der Straße holen. Also doch ein übler Mobber oder Stalker? Das Beste ist, ich beachte ihn nicht weiter und fahre stur geradeaus. Wieder einmal versuche ich es mit meiner Unsichtbarmachen-Nummer und stelle mich blind und taub – und tue ganz unbeteiligt, in der Hoffnung, dass er mich dann nicht mehr sehen kann und von mir ablässt.

In Wirklichkeit habe ich einen Schweißausbruch nach dem anderen. Aber dieser Kerl gibt keine Ruhe. Er überholt und bremst, fällt wieder hinter mich zurück und hört nicht auf zu puschen. Dann zieht er wieder dicht an mir vorbei. Ich werde wahnsinnig. Und nun steigt Panik in mir auf, dass er möglicherweise nicht aufhört, mich zu verfolgen, egal wohin ich fahre, ausgerechnet jetzt, wo ich gerade obdachlos geworden bin! Menno.

Wut sammelt sich in meinem Bauch. Als er wieder neben meinem Fenster ist, drehe ich mich um und gebe ihm kopfschüttelnd eindeutig mit meinem Mittelfinger zu verstehen, dass er sich zum Teufel scheren soll und dass ich NICHT an den Rand fahren werde, selbst wenn er mich überfahren, knebeln, fesseln und anschließend noch erschießen sollte.

Das hat wohl endlich gefruchtet. Der Kerl gibt auf und fährt davon. Aber ich traue dem Frieden nicht, denn ich kann ihn ein paar Hundert Meter weiter vor mir wieder ausmachen, wo er sich in meine Spur eingereiht hat, nicht ahnend, dass ich das registriert habe. Vielleicht will er mich in Sicherheit wiegen, um mich aus der Distanz im Auge zu behalten. Ich tue weiterhin so, als ob ich unsichtbar wäre, ohne diesen Wagen eine Sekunde aus den Augen zu lassen. Entwarnung gibt es erst, als ich ihn länger als zehn Minuten gar nicht mehr erspähe. Ich bin aufgewühlt und durcheinander. Langsam wird mir alles ein bisschen viel. Sachma, ist denn Hawaii nur voll mit lauter Geistesgestörten? Ich kann nur hoffen, dass meine nächste Unterkunft ein bisschen Frieden für mich bereithält. Wenn ich zu diesem Zeitpunkt schon geahnt hätte, was mich noch erwartet, wäre ich freiwillig und reumütig zurück zu meiner Familie gefahren.

Emotional leicht derangiert, erreiche ich meine neue Bleibe. Eine kleine Villa in Paia. Mit eigener Zufahrt, für die man einen Code benötigt. Ich fasse wieder etwas Vertrauen. In meinem aktuellen Stimmungstief mit extremem Sicherheitsbedürfnis kommt das schon mal gut. Dave, der neue Vermieter hat mir Instruktionen gegeben, für den Fall, dass ich vor ihm da sein sollte.

Ich gebe den Code für das Zufahrtstor ein und stelle mein Auto wie angewiesen auf dem schönen parkähnlichen Grundstück ab. Aber außer zwei Riesenschäferhunden ist niemand da. Ich prüfe die Uhrzeit. Nein, alles bestens, ich bin genau pünktlich zur vereinbarten Zeit. Na, dann warte ich mal. Und das fast eine dreiviertel Stunde lang, bis Dave endlich erscheint. Ich bin leicht entnervt, aber für ihn ist alles im grünen Bereich. Na denn, wollen wir mal nicht so sein.

Mein Zimmer ist nett, und er bietet mir einen Spezialpreis an. Ich nehme dankbar an, denn ich musste die Familie in Makawao komplett für den Ausfall bezahlen, stornieren ging leider nicht mehr. Auf diese Weise schmilzt mein Budget schneller zusammen als ich dumm gucken kann. Die Kosten für Logis sind hier in Hawaii leider auch beträchtlich. Dave verdünnisiert sich bereits, meint aber im Weggehen über die Schulter, er schicke mir ein Zimmermädchen, das mir alles Weitere zeigt. Ich sehe ihm leicht verdutzt nach. Er sieht schon außergewöhnlich gut aus. Aber das allein reicht nicht, um als Gentleman durchzugehen. Meine Koffer muss ich jedenfalls schön selbst über eine enge, steile Holztreppe in den ersten Stock schleppen.

Es handelt sich bei dieser Unterkunft um eine verrückte Art von Appartementvermietung im Wohngemeinschaftsstil. Es gibt eine schöne große Wohnküche, einen umlaufenden Lanai mit Blick auf den weitläufigen Garten, ein Bad. Alles Räume, die von allen Bewohnern gemeinschaftlich genutzt werden können. Jeder Gast hat sein eigenes Zimmer, das von einem Flur abgeht. Alles prima, passt für mich.

Ich müsse nur warten, bis Staub gewischt sei, meint das Mädchen, das mit diversen Reinigungsutensilien bewaffnet, soeben durch die Türe schneit. Na ja, mir auch egal, denke ich. Bis ich sehe, wie sie hektisch mit dem feuchten Lappen alle Möbel attackiert – inklusive der Sitzmöbel. Sie meint, sie könne das zig Mal pro Tag machen und trotzdem sei alles nach ein paar Minuten wieder voll. Ich hege allerdings den Verdacht, dass diese Saubermachaktion nur stattfindet, sobald ein frischer Gast anreist. Denn bei dieser Tätigkeit habe ich sie jedenfalls nie wieder angetroffen. Diesen Job haben von nun an die Hosen der ahnungslosen Gäste übernommen.

Jedenfalls staune ich nicht schlecht. Ihr Lappen ist nach wenigen Sekunden pechrabenschwarz. Meine Neugierde will wissen, »was ist das?« Sie entgegnet, es handele sich um *Maui-Snow*, also Ruß, und der käme von den Feldern, die gerade ringsum abgebrannt würden. Die Luft sei so voll davon, dass es wochenlang Ruß regnen würde.

Das Abfackeln ist die Schnell-und-billig-Technik, um das Zuckerrohr gezielt von den Feldern zu ernten. Den ganzen Monat September könne man im Prinzip vom Kalender streichen. Da lebe man in einer einzigen Rußwolke. Wer das kenne, komme in dieser Zeit nicht nach Hawaii. Der Oktober sei aber auch nicht viel besser, weil man dann nur auf verbrannte Erde treffe. Na klasse. Ich hab mit September und Oktober ja mal wieder voll ins Schwarze getroffen!

Ja, du lieber Himmel, spinnen diese hawaiianischen Politiker denn völlig? Wieso machen sie so etwas überhaupt, ad eins? Und ad zwei, wieso steht das dann nicht in den Reiseführern, bitteschön? So einen Trip zahlt man doch nicht mal eben aus der Portokasse. Und wofür? Dass man es im Paradies schlimmer antrifft, als in einer mitteleuropäischen Industriestadt mit rauchenden Fabrikschloten? Von wegen Ökoland und Umweltschonung. Was soll der ganze Hype, wenn sie im gleichen Atemzug die halbe Insel abfackeln?

Ich erfahre, dass die Firma Hawaiian Commercial & Sugar Company, mit 200.000 Tonnen Zucker, der größte Zuckerlieferant Hawaiis ist und im Prinzip die ganze Insel Maui kontrolliert. Und das bereits seit hundertvierzig Jahren. Sie ist mit mehr als 800 Beschäftigten der größte Arbeitgeber der Insel und zudem noch Energiemonopolist. Was wundert einen da noch? Gäbe es diese Firma nicht, würden alle 800 Menschen mitsamt ihren Familien arbeits- und zuckerlos bei sich zu Hause sitzen – im Dunkeln und heulen.

Das Zuckerrohr wird vor der Ernte abgebrannt, um die Ausbeute zu erhöhen. Aha, war ja irgendwie klar, oder? Das hat in grauen Vorzeiten mal irgendein armer Plantagenarbeiter durch Zufall herausgefunden, als er aus lauter Wut und Rache für seine Entlassung, die Felder seines Arbeitgebers in Brand steckte. Am Ende war der ihm dafür sogar noch dankbar. Denn diesem armen Schlucker hatte er es letztlich zu verdanken, dass er von diesem Tage an noch mehr Gold auf der Bank anhäufen konnte! Seitdem gehört die von den Einheimischen »*Maui Snow*« genannte Asche im September, Oktober zum alltäglichen Bild in Maui.

Natürlich wird auch alles Ungeziefer sowie der unbrauchbare Teil des Zuckerrohrs viel schneller und kostengünstiger vernichtet. Unglückseligerweise müssen dabei auch Schlangen, Bienen und andere Tiere dran glauben, denn das Feuer macht ja keinen Unterschied, ob schädlich oder nützlich. Selbstverständlich sparen sie mit dieser Erntemethode auch Manpower. Insgesamt beträgt die Ersparnis gegenüber der herkömmlichen Ernte mit menschlichen Erntehelfern zirka zwanzig Prozent. Darin sind aber noch keine Reparaturzahlungen an die geschundene Umwelt enthalten. Also der Mammon siegt auch hier auf ganzer Linie über jede Ideologie oder Menschlichkeit. Wie immer.

Ich hab Kopfweh. Wahrscheinlich bekomme ich von so vielen Problemen Kopfschmerzen. Oder wegen der bunten Mixtur der Probleme. Denn eines steht mal fest, Probleme kann man immer jede Menge haben, wenn man will. Wenn du sie suchst, sowieso, und wenn nicht, ebenfalls. Man hat garantiert immer einen soliden Grundstock an größeren und kleineren Problemen. Todsicheres Zeichen, dass man absolut nicht mehr lebt, ist es, wenn man keine Probleme mehr hat. Dann muss man sich wirklich ernsthafte Sorgen machen. Vorher nicht. Nur dann ist es aber wirklich so was von vorbei. Also Botschaft Nr. 15. Probleme sind dazu da, dich am Leben zu erhalten.

So ein Abenteuer-Cocktail bin ich jedenfalls nicht gewohnt. Oder dieser verkackte Ruß hat nicht nur meine Lunge, sondern auch mein Hirn bereits verklebt. Ich lege mich auf mein Bett und versuche mich auszuruhen. Trara!!! Wieder schief gewickelt! Es sei denn, ich würde es vielleicht schaffen, den Höllenlärm, der ohne Pause vom Nachbargrundstück zu mir herüberdröhnt, auszuschalten. Dort wird nämlich munter gefeiert, zu sattem Reggae-Sound, den ich unfreiwillig mit anhören darf. Na, das stimmt mich aber froh in diesem Augenblick, wo mein Kopf ohnehin schon taktvoll dröhnt. Noch hoffe ich, dass die scheinbar obergeile Endlos-Party ja auch vielleicht irgendwann mal vorbei ist.

Nachdem sich nichts tut, verordne ich mir zur Ablenkung eine Mahlzeit. Ich stapfe in die riesige Küche und mach mir ein paar Sandwichs und eine Kanne Tee und trage alles raus auf den Lanai. Ich möchte den Blick auf den Garten genießen. Draußen sitzen schon zwei Typen, die sich gerade ordentlich am Bekiffen sind. Stan und Ollie. Der eine ist nur dünn, der andere dafür dick und doof. Sie begrüßen mich und sind offenbar froh, ein wenig Gesellschaft zu haben, auch wenn sie mich durch die Rauchschwaden kaum ausmachen können. Wir drei sind derzeit die einzigen Gäste dieses Etablissements. Wir plaudern ein bisschen hier und da. Und ich erfahre, dass sie aus Texas stammen und sich ein flottes Wochenende hier auf Maui machen wollen. Das machen sie wohl öfter, denn Ollie kennt den Besitzer des »Charleys«: DEN Willie Nelson höchstpersönlich.

Er wohnt hier in Paia und betreibt diese berühmte Musikkneipe. Dort lässt er sich öfters auch selber blicken, um mal gepflegt einen zu heben und manchmal zusammen mit seinem Sohn (der übrigens auch Country-Sänger ist) ein bisschen zu musizieren. Aha, bin im Bilde. Und dann wird eine halbe Stunde über die persönliche Beziehung zur Prominenz gestrunzt. Klar. Willie Nelson, der hyper-mega-berühmte Countrysänger ist zwar schon kurz vor scheintot, aber bekannt wie ein bunter Hund, so wie Madonna und Michael Jackson zusammen mindestens, und natürlich Ollis echt bester Freund. Bla, bla, bla. Hier bin ich mal an zwei spitzentolle Heroes geraten. Wow.

Ich sitze lässig mit überkreuzten Beinen in meinem Sessel, sage nichts zu all diesen beeindruckenden Offenbarungen, höre gleichmütig zu und wippe ab und zu übertrieben gelangweilt mit meinem Fuß. Ich erfahre, dass Ollie eine Kette von Fast-Food-Restaurants managt. Die Marke ist mir völlig unbekannt. Muss wohl was lokal texanisches sein. Jedenfalls ist er ein endloser Angeber und wird nicht müde, sich selbstverliebt und ausgedehnt über all seine persönlichen Vorzüge und Qualitäten auszubreiten. Trotz der wenigen Vorzüge braucht er erstaunlich lange dafür.

Er erklärt mir sehr eindrücklich, dass er supertoll aussieht, genauso toll wie ein mega cooler Deutscher, oder besser noch wie ein holländischer Superboy. Klar, scheinbar hat er bereits vergessen, dass ich ja selbst aus Deutschland komme und dass ich noch nicht so lange hier bin, als dass ich vergessen haben könnte, wie die Leute zu Hause so aussehen. Wahrscheinlich entspringen seine Phantasien seinem drogenumnebelten Primatenhirn. Sonst kann man sich diese Überzeugungskraft nicht erklären, mit der er diese Sprüche von sich sondert. Ich bin jedenfalls froh, dass es in Deutschland oder Holland keine Typen gibt, die so aussehen und so dumm sind wie Ollie. Das wäre glatt ein Grund für mich auszuwandern.

Darauf folgt unmittelbar die nächste Gratisinformation, dass er Überzeugungs-Single ist. Bitte, wenn er das erwähnenswert findet. Ja, und natürlich wickelt er, ganz Gentleman, die Sache mit den Girls immer äußerst korrekt und vorbildlich ab.

Wenn er mal mit einer in die Kiste will, dann immer nur unter Vorwarnung, dass es nur für eine Nacht ist. Super, Ollie hat soeben den Höhepunkt seiner Selbstzufriedenheitsorgie erreicht. Wirklich, ein Prachtkerlchen und ein echter Gentleman! Junge, denke ich, schwer vorstellbar, dass irgendein weibliches Wesen scharf auf seine Kiste sein könnte, weder stundenweise und schon gar nicht eine ganze Nacht lang. Langsam hab ich genug von diesem Selbstbeweihräucherungsgeschwafel, so gelangweilt kann ich schon gar nicht mehr gucken oder mit dem Fuß wippen.

Ich räume meinen Teller und mein Glas ab und will zurück in mein Zimmer, da meint Stan, der nettere, weil ruhigere der beiden Cowboys, ob ich nicht mitkommen wolle auf Willies Konzert heute Abend. Ich überlege kurz. Es wäre immerhin eine verlockende Alternative zu der grölenden Dauerbeschallung von nebenan, die immer noch in vollem Gange ist. Aber den ganzen Abend mit Super-Ollie, nein danke. Der wiederum lässt diese Gelegenheit, sich aufzublasen natürlich nicht ungenutzt und meint großspurig, klar, mit ihm zusammen würde ich natürlich reinkommen, inklusive Aftershowparty und allem Chi Chi.

Ansonsten müsse ich ein Ticket haben. Aber die sind seit Wochen und Monaten ausverkauft. Nee, is klar. Handelt sich ja um Weltstar Willi Nelson! Spricht's, und nimmt erst mal einen großen Zug aus seiner inzwischen dritten Pfeife und setzt damit den ganzen Lanai unter Qualm. Seine Augen verschwinden für immer in seinem dicken Bubigesicht. Prima, kein Verlust für die Menschheit. Trotz der frischen Luft ringsum ist mir unter der riesigen Qualmwolke ganz schwindlig geworden. Wahrscheinlich bin auch ich schon high bis unter die Haarspitzen, allein von diesen Rauchschwaden.

Na ja, dann hab ich ja wohl was vor heute Abend. Was genau, keine Ahnung. Aber das werde ich sicher noch herausfinden. Also verschwinde ich im Bad, ziehe mir das Kleidchen im Hawaiilook an, das ich in Paia erstanden habe, und finde mich zur verabredeten Zeit in der Küche ein. Als erstes kommt die Frage von Ollie, ob wir mit meinem Auto fahren könnten? Ich bin leicht erstaunt, weil es bloß paar hundert Meter bis zu Willie Nelsons Kneipe sind.

Ich denk bei mir, von mir aus, passt schon du Weichei. Ich hab's ja auch nicht nötig zu Fuß zu gehen, einmal weil meine Figur okay ist und zum anderen weil mir das Auto gehört. Mega-Checker Ollie hat kein Auto und geht wohl nicht gern zu Fuß und muss sich daher eine Tour schnorren. Dass er sich nicht viel bewegt, kann man ohne Probleme an seiner Figur ablesen.

Mit Körperkraft hat er's offenbar nicht so. Aber auch in seinem Kopf scheint nur gähnende Leere zu herrschen.

Als er großkotzig versucht, bei Willie reinzumarschieren, kommen gleich zwei Rausschmeißer auf einmal und setzen ihn postwendend an die frische Luft. Rausgeschmissen!!! Hallo??? Super-Ollie? Den besten Freund von Willie Nelson? Vermutlich konnte Willie seinen einzigen und langjährigen Freund nicht erkennen, weil der vom vielen Kiffen keine Augen mehr hatte. Aber mir ist das ohnehin schnurz. Ich muss nur ein kleines bisschen grinsen vor echter Schadenfreude. Das gebe ich gerne zu.

Ich schlage vor, in der nächsten Kneipe erst mal ein Bier zu trinken. Ja, gute Idee. Relax. Wir trinken also ein Bier. Ollie rennt weg, um noch einen Versuch zu starten, was auch immer, jedenfalls lässt er uns über seine Pläne im Unklaren. Kommt wieder, Lage unverändert, hier kommste nit rein, du. Ich merke, wie die so mühselig aufgepumpte Luft in Super-Ollies Brust langsam in sich zusammenfällt. Es zischt nur nicht so wie bei einer Luftpumpe. Irgendwann wechseln wir die Location.

Vor Willie Nelsons Schuppen geht's weiter, wo wir uns aufstellen und beobachten wie alle Leute, die Tickets haben, fröhlich reinmarschieren in Willies Kneipe. Ich überlege flüchtig, ob ich einfach zum Türsteher gehe, mit dem ich bereits ein paar verständnisvoll anerkennende Blicke ausgetauscht habe, weil er Ollie vorhin rausgeworfen hat. Ich könnte ihn fragen, ob er mich für ne halbe Stunde reinlässt. Als karnevalserprobte Kölnerin schockt mich in punkto Reinkommen rein gar nichts. Aber meine beiden Heroes sind so was von unprickelnd, dass ich überhaupt keine Lust verspüre, noch irgendeinen Teil meines Abends mit diesen beiden zugedröhnten Riesenbabys zu verbringen.

Ich überlege gerade, was nun zu tun ist, als Ollie mir ganz unvermittelt den Parkschein zurückgibt, zusammen mit ein paar Dollars und meint, »hat leider nicht geklappt Honey, sorry.« Er wünsche mir noch einen schönen Abend. Stan guckt ganz verdattert auf Ollie und dann verschämt auf seine Schuhspitzen. Wieso ist der nur mit dieser Luftpumpe befreundet? Also beglücke ich die beiden mit meinem nettesten Lächeln, gebe Ollie seine paar Kröten zurück, sage, dass es mir ein Vergnügen war, zwei so kernige, Texanerexemplare kennengelernt zu haben, wünsche ihnen noch viel Spaß, drehe mich mit wehendem Hawaii-Kleidchen auf dem Absatz rum und stöckele apart von dannen.

Ich bin erleichtert. Das war vielleicht wieder eine Nummer. Solche Losertypen. Und komplett ohne jegliche Kinderstube. Ach, Welt, wie traurig ist es, wenn das Format fehlt. Ich gehe in die Kneipe von eben zurück und bestelle mir noch ein leckeres Bier, das ich in aller Ruhe genieße. Neben mir sitzt eine Gruppe Urlauber, die von Vancouver zum Surfen nach Maui gekommen ist. Ich habe unerwartet eine sehr nette Zeit mit ihnen. Nach der Menge Bier zu urteilen, die sie ganz locker in Rekordzeit verdrücken, ist Surfen vermutlich nicht ihr einziger Sport. Sieht eher nach *Surf and Drink* aus. Meine Ansprüche, was Gesellschaft anlangt, sind ziemlich gesunken. Nach Stan und Ollie scheint alles eine hundertprozentige Steigerung zu sein. Aber, wen juckt's. Hauptsache lustig und gut drauf.

Als ich in meiner Bude ankomme, ist die Party nebenan anscheinend auf ihrem Höhepunkt. Das Grölen klingt promillemäßig um etliche Dezibel lauter. Gut, denke ich, dass ich den Abend auswärts verbracht habe. Dann warte ich geduldig bis hoffentlich auch diese partyhungrigen Durchfeierer endlich mal müde werden, und der Lärm aufhört. Ich lese, lege Patiencen, denke über diesen crazy Tag nach. Aber gegen drei Uhr morgens muss ich notgedrungen doch zu den weiterhin ungedrosselten Bässen einschlafen, damit ich überhaupt noch Schlaf bekomme. Am Horizont wird es schon wieder hell.

Ich erwache aus dem sowieso schon ziemlich dünnen Schlaf, weil die Geräusche sich geändert haben. Über mir tost und dröhnt es. Hubschrauber. Und dieses endlose Fiepen, das ich so nur aus dem Skiurlaub von den Pistenraupen kenne. Ich habe Mühe, inmitten dieses infernalischen Lärms zu begreifen, wo ich eigentlich bin. Nach einer geraumen Weile, und begleitet durch üblen Gestank nach Rauch und Verbranntem, dämmert mir allmählich, dass soeben die Erntearbeiten des Zuckerrohrs im vollen Gange sind. Und dass ich just Zeuge der riesigen Abflemmfeuer werde.

Also, wenn jetzt noch einer behauptet, ich bekäme hier nichts geboten, dann weiß ich es nicht. Über Langeweile oder mangelnde Action, sogar nachts, kann ich mich wirklich nicht beklagen. Ich könnte in einem Spielfilm gelandet sein, *The Day After*, *Das Flammende Inferno* oder »Endstation Hawaii«. Und um meine Freude vollkommen zu machen, stelle ich genau in diesem überwältigen Moment fest, dass die Party nebenan endlich aufgehört hat! Na prima! Es herrscht zumindest von dieser Seite endlich Ruhe. Teilerfolg! An Schlafen ist nun aber nicht mehr zu denken. Ich stehe dann, glaube ich mal, auf. Um diese Uhrzeit habe ich zumindest das Bad für mich alleine. Man muss immer auch das Gute in einer Situation sehen, dann ist alles nur noch halb so schlimm.

Fünfundzwanzigster Tag

Mein Frühstück habe ich schnell hinter mir. Während ich ahnungslos das Kaffeewasser koche, spaziert seelenruhig eine Riesenmonsterkakerlake mitten auf der Küchenablage an mir vorbei. Sie ist sogar noch größer als die aus meinem Jungalow. Himmel. Ich flüchte mit meinem Kaffee auf den Lanai, wo ich ausgerechnet Stan und Ollie in die bleichen Nachtschwärmerarme laufe. Mensch, ich dachte, die zwei Kifferleichen sind aus dem Verkehr gezogen und liegen ausgeknipst in den Betten, um ihren Rausch auszuschlafen. Hat hier denn niemand Erbarmen mit mir heute Morgen?

Ich überlege kurz, welches das kleinere Übel ist, die Monsterkakerlake oder Stan und Ollie. Aber keine Droge der Welt und auch nicht der allergrößte Schlafmangel, kann Olli davon abhalten, sich gleich wieder in die Angeberbrust zu schmeißen. Da ich anscheinend einen stark unter-informierten Eindruck mache, stürzt er sich ohne Zögern auf diese einmalige Gelegenheit, also auf mich als willkommenes Opfer. Ich werde ausgiebig über alle Einzelheiten des Abends ins Bild gesetzt. Ich lausche beeindruckt und bin überaus dankbar.

Ich erfahre, wie die Beiden einträchtig mit Willie zusammen musiziert und noch viel wichtiger, einen Joint mit ihm geraucht haben. Na, das war bestimmt ein einmaliges Erlebnis, von dem Ollie noch seinen Nachfahren berichten wird, nachdem er ja schon zehn oder zwölf Graspfeifen intus hatte. Jedenfalls sehen sie nicht danach aus, als ob sie überhaupt irgendwas gepeilt hätten, das tun sie ungedoped ja schon nicht. Und ja, wie sie ach so schön alle zusammen gefeiert hätten, dass es eine wahre Freude gewesen sei. Echt. Und dass der Willie doch wirklich ein total dufter Kumpel sei. Genau wie du und ich. Also eigentlich sein bester Freund.

Ja stimmt, das ist selbstredend, nach einer so tollen Nacht mit Super-Ollie. Wie kann es auch anders sein? Willie hat Ollie nach seiner Niederlage wohl wieder aufgepumpt und der hat dank dieses Liftings sein Alphatiergehabe zurückgewonnen. Mehr Tier als Alpha. Da ist die Welt doch gleich wieder in Ordnung. Manchmal habe ich den Eindruck, dass dem lieben Gott bei der Sache mit der Schöpfung irgendwo ein Fehler unterlaufen sein muss.

Mein Entschluss, man ahnt es schon, wieder einmal weiterzuziehen, ist schneller gefasst als ich ihn denken kann. Kaum auf meinem Zimmer, versuche ich Kontakt zu der zweiten Adresse hier in Paia herzustellen, die ich bereits recherchiert hatte. Eine kleine Villa. Erfreut stelle ich fest, dass es von dort nach Hookipa nur ein Katzensprung ist, den man wirklich ohne Umstände zu Fuß bewältigen kann. Das stimmt mich froh. Nur dieses Mal möchte ich mir prophylaktisch die Location vorher ansehen. Ich packe also meine Habseligkeiten wieder einmal zusammen.

Als ich zu den Schuhen komme, fällt mir ein, dass ich die Flip-Flops vor der Türe nicht vergessen darf. Es gibt nämlich extra ein Schild(!) mit dem Hinweis, die Schuhe vor dem Betreten des Hauses auszuziehen. Inzwischen habe ich festgestellt, dass sich keiner dran hält. Na ja. Ich schaue also nach, aber es gibt keine Schuhe vor der Tür. Seltsam. Ich fange an zu suchen.

Bei den vermissten Flip-Flops handelt es sich um echte Hawaiianas, die meiner Tochter gehören und die sie mir extra für diese Reise geliehen hat. Also nicht irgendwelche, sondern so richtig heiß geliebte Flip-Flops, die ich unbedingt wiederhaben muss.

Ich schaue überall nach. Unter der Außentreppe finde ich dann den einen, und ziemlich übel lädiert obendrein, der andere hingegen bleibt weiterhin verschwunden. Schweren Herzens muss ich meinen Suchradius erweitern, das heißt, in Hof und Garten weitermachen und mich in das Terrain der beiden Riesenschäferhunde vorwagen.

Ich betrete eine Kraterlandschaft aus Hundehaufen. Da hab ich heute Nacht ja Glück gehabt, dass ich im Dunkeln nicht aus Versehen in eines dieser Duftwunder reingetreten bin. Hej, ihr blöden Köter, ich will meine Hawaiianas! Es sind meine und ich will sie wiederhaben! Diese Schlappen werden allmählich zu einer emotionalen, ja zu einer persönlichen Sache, die es zu retten und bis aufs Blut zu verteidigen gilt. Ich rüste also auf!!!

Ja, was soll ich meiner langen Liste an denkwürdigen Überraschungseiern noch hinzufügen? Richtig, die geliebten Hawaiianas sind verloren! Ich finde den zweiten Schlappen völlig zerbissen und zerfetzt auf dem Hundekissen vor der Haustüre des Vermieters! Dieser Verlust schmerzt mich mehr als ich sagen kann, auch wenn es nur Schlappen sind. Frust. Wut!

Und jetzt, liebe Leute, könnt ihr aber mal wen ausflippen sehen und hören. In allerbestem Deutsch. Ich fluche und fluche und fluche und bin so rasend wütend, dass mir der Zorn Tränen in die Augen treibt. Bis jemand kommt, dessen Gesicht ich bislang noch nicht hier gesehen habe. Und da er mir zeternder Furie nicht ausweichen kann, spricht er mich ängstlich an. Auf Deutsch!

Es stellt sich heraus, dass er früher mal in Köln gelebt hat. *What?* Prima für mich, Pech für ihn – denn nun muss der arme Kerl mein Blitzableiter sein. Er bekommt die heißblütige Schilderung meiner haarsträubenden Hundefressen-Schlappen-Geschichte siedendheiß um die Ohren gehauen. Inzwischen habe ich bestimmt schon zehn Mal an der Türe geläutet und geklopft. Bis Dave endlich beliebt zu öffnen. Er registriert sofort den desolaten Zustand, in dem ich mich befinde. Und fragt mich besorgt, ob bei mir alles in Ordnung sei. Ich glaube, er hätte am liebsten die Leute mit den weißen Jäckchen gerufen. Verständlich. Er hat Angst vor deutschen Furien, die gerade ein paar Flip-Flops an tollwütige Hunde verloren haben. Soll er mal!

In Ordnung, Mr. Dave? Bei mir ist absolut nichts in Ordnung! Ich beschwere mich lautstark und lasse nichts aus. Über die mangelnde Betreuung. Die Kakerlake. Die Verwahrlosung der Hunde. Die Hundescheiße. Die dröhnende Zwei-Tages-Party. Den schwarzen Ruß. Den nervtötenden Lärm, Tag und Nacht, und die verqualmte Luft, sowie die krönende Zumutung in Form von Stan und Ollie. Und als Zugabe, dass meine Hawaiianas den Hunden zum Frühstück geschmeckt haben! Die habe er mir zu ersetzen. Ich würde ihm das alles vom Mietpreis abziehen! Und ich rate ihm dringend, sein Scheiß Schild(!) zu ändern: Schuhe, die draußen stehen, werden umgehend von meinen dämlichen Hunden gefressen!

Nach diesem Ausbruch ist die Luft raus und ich rege mich allmählich wieder ab. Dave sieht mich aus sanften Augen an und meint, es täte ihm alles unendlich leid, er habe gestern Abend eine Lebensmittelvergiftung erlitten, weil er bei einem Mexikaner verdorbene Shrimps gegessen habe, er habe daher die Nacht im Krankenhaus verbringen müssen. Seine Hunde seien das Alleinsein nicht gewöhnt und würden dann allen erdenklichen Unsinn anstellen. Diese Party sei eine Beerdigungs-Trauerfeier für eine Freundin gewesen, die nebenan gewohnt, an Depressionen gelitten und sich vor ein paar Tagen das Leben genommen habe. Und für die Felderabfackelei könne er leider nichts. Das sei die Regierung. Selbstverständlich erstatte er mir die Hawaiianas, ob die zwanzig Dollar denn überhaupt reichten? Er stiefelt sofort los und holt mir eine Adresse, wo ich neue bekommen kann. Ja, und ob ich wüsste, wo ich denn nun hinginge? Ich könne auf jeden Fall jederzeit zu ihm zurück, er würde mir dann einen weiteren extra Preisnachlass geben.

Ich bin zwar einigermaßen versöhnt, aber nicht so sehr, dass ich zurückkommen möchte. Sorry, Dave. Parties, wo man sich freut, wenn sich Menschen, die des Lebens überdrüssig sind, am Ende erfolgreich umgebracht haben, sind nicht so mein Ding. Andererseits, wenn ich so darüber nachdenke, muss ich zugeben, bei dem ein oder anderen unangenehmen Zeitgenossen oder ungeliebten Nachbarn wäre deren Ableben für mich wahrscheinlich auch eher ein Grund zum Feiern als zum Trauern.

Wie auch immer, ich muss hier weg. Und wenn es nur ist, weil ich den Slalom um die dreihundert Hundehaufen leid bin. Da ich mein Gepäck bereits erfolgreich durch diesen Kackhaufen-Hindernispark bugsiert und unversehrt im Auto verstaut habe, betrachte ich diese Episode hier als abgeschlossen und brause los.

Ich versuche mein Wohnglück mit einer Villa, die von einer jungen Frau namens Poni vermietet wird. Sie ist leider nicht vor Ort, hat mir aber Anweisungen hinterlassen, wie ich an alles dran komme. Ich besichtige das Domizil und finde es in Ordnung. Auch wenn ich zugeben muss, dass es auf den Fotos besser ausgesehen hat. Aber auch hier liegt alles unter einer dicken, schwarzen Rußschicht begraben. Alles. Mein Zimmer ist zwar nicht das Schönste von denen, die ich bisher hatte, aber es macht einen passablen Eindruck. Es geht auf eine riesige Terrasse hinaus, auf der man gemütlich unter ein paar Bäumen sitzen kann. Das ist toll.

Ich entscheide mich hierzubleiben und denke angestrengt darüber nach, wie ich der Vermieterin meinen Entschluss mitteilen kann, denn telefonieren ist nicht möglich. Mir fällt ein, dass in der Anleitung auch die Rede von einem WLAN-Modem war.

Ich finde es in der Küche und versuche das Gerät zu aktivieren. Aber das ist nicht so einfach. Die Verbindung scheint nicht sehr stabil zu sein. Das Gerät ist hoffnungslos veraltet und hat einen hinterlistigen Wackelkontakt. Dennoch gebe ich nicht auf und versuche, mich trotz mangelnder Kenntnisse wehrhaft mit dieser alten Gurke ins Internet einzuloggen. Als ich es endlich geschafft habe, kann ich Poni die erforderliche Buchungsbestätigung schicken und habe offiziell eine neue Bleibe.

Im Anschluss mache ich mich daran, alle Ablagen zu säubern und meinen Kram in mein Zimmer zu räumen. Es ist noch relativ früh am Morgen und ich bin hundemüde. Die letzte Nacht war ja, wie man weiß, qualitativ nicht der Knaller und quantitativ auch äußerst bescheiden. Ich mache mein kleines Körpertraining und lege mich anschließend sofort ins Bett. Ich muss unbedingt schlafen. Mir fallen die Augen schon zu, bevor ich überhaupt im Bett bin.

Während ich ins Traumland hinüberschwebe, höre ich entferntes Glockenläuten und wähne mich schon an der Himmelspforte. Aber es ist Sonntag und all die kleinen Kirchlein der christlichen Splittergruppen, die es hier wie Sand am Meer gibt, läuten um die Wette zu ihren Gottesdiensten. Ja, und alle braven Christenmenschen folgen ihrem Ruf – alle, bis auf mich. Mich ruft nur noch der Schlaf, und so gleite ich am Tag des Herrn unbekümmert in das Land der Träume.

Ungestörter Schlaf gehört eindeutig in die Kategorie Luxus. Diesen hier haben meine überreizten Sinne genossen mit allen Fasern meines Körpers. Wunderbar. Erfrischt erwache ich in einem neuen Bett zu einem neuen Tag, wenn auch der größte Teil davon schon herum ist. Das Wohnkonzept ist hier offenbar das Gleiche wie das bei Dave. Eine Villa-Wohngemeinschaft. Und als ich mich umsehe, realisiere ich, dass ich diese Villa zurzeit ganz allein bewohne. Pipi Langstrumpf in der Villa Kunterbunt. Die nächsten paar Tage erstrahlen in meiner Vorstellung vielversprechend und leuchtend in allen Bonbonfarben. Hier werde ich endlich die Ruhe haben, die ich zum Schreiben brauche.

Mein Kopf fängt sofort an, Pläne zu schmieden. Ich habe vor, die Literatur durchzuarbeiten, die ich von Annie bekommen habe. Vor allem einige Themen, für die sie mir Hausaufgaben aufgegeben hat. Gerade vor dem Hintergrund der aktuellen, turbulenten Ereignisse, erscheint mir das ein besonders geeigneter Zeitpunkt zu sein. Denn die letzten Tage sind mir eher wie Überlebenstraining vorgekommen, nicht wie eine beschauliche Reise ins Innere!

Ich hatte mir das ursprünglich irgendwie anders vorgestellt. Dazu finde ich diesen Satz bei Gerhard Roth, einem Gehirnforscher, der sehr viele schlaue Bücher geschrieben hat: »Nie lief ein Ereignis so ab, wie ich es mir vorgestellt hatte, immer gab es im Nachhinein etwas zu erklären, etwas, woran ich herumrätselte.« Ich finde, da spricht mir der Herr Roth so richtig aus der Seele. Treffender hätte ich es auch nicht formulieren können. Mir ist in diesem ganzen Chaos nämlich meine innere Ruhe abhandengekommen. Die möchte ich als erstes wiederhaben. Und deshalb werde ich die folgenden vier Tage, die ich hier verbringe, nutzen, um meine Energien aufzutanken.

Es geht um die Erklärungen, die mir allem Anschein nach noch fehlen. Man kann natürlich auch der Meinung sein, dass es nichts zu erklären gibt. Stimmt sicher auch. Aber ab und an wäre es doch ganz nett, wenn man auch versteht, was um einen herum so vor sich geht. Ich könnte mir ja ein Beispiel am alten Heidegger nehmen. Der hatte nämlich so einiges auf dem Kasten. Er war so ultraschlau, dass er so was Unaussprechliches wie die Fundamentalontologie erfunden hat. Damit ist er in die Liga der berühmtesten deutschen Denker aufgenommen worden. Heidegger kam nämlich auch alles äußerst fragwürdig vor und deshalb hat er sein ganzes Leben damit zugebracht, einfach alles in Frage zu stellen. Soweit würde ich nun nicht gehen. Mir reichen meine ganz normalen Zweifel. Und mir würde es schon reichen, wenn ich das verstehe, was mir gerade so passiert.

Sicherheitsgefühl auf Erprobungsstufe. Zartheit und Verletzlichkeit auf Kollisionskurs mit der Dollar-Realität im harten Überlebensdschungel. Innere Verbundenheit als Kontrastprogramm zum Fremdfühlen. So was von einem Kontrastprogramm aber auch. Die Welten wollen einfach nicht zusammenpassen. Das verwirrt mich. Und ich fühle mich, wie ein kleiner Fremdkörper. Zudem noch wie eine Frau im rauen Männerland. Wer Schwäche zeigt, wird überrollt. Kein Platz für Weicheier.

Entweder die Kraft des Stärkeren oder die Macht des Mammons. Dies sind die beiden einzig gültigen Karten, die man hier spielen kann, um zu überleben und zu seinem Recht zu kommen. Oder in den Garten. Denn dahin kommen bekanntlich ja nur die Harten. Und diese Sache mit dem Stärkeren, das erfordert eine gewisse Härte. Die Welt ist eisig hier im hübschen Blütenparadies. Krasser Kontrast! Während vordergründig esoterische Heilung und eine harmlose Ökowelt auf dem Aushängeschild steht, findet im dunklen Hintergrund ein aggressiver Kampf der Egomanen statt. Das ist mal eine schizophrene Gesellschaft.

Mir fällt eine Unterhaltung mit Robbie ein, die ein bisschen ernster war. Als ich von seiner Einstellung erfuhr, wie Amerika sein irres Aggressionspotenzial auslebt. Vielmehr, wie es eben nicht ausgelebt wird und welch schwer verdauliche Folgen diese Verdrängung hat. Steigende Gewaltbereitschaft, insbesondere viele Vergewaltigungen. Nach außen hält Amerika eine Fassade der Prüderie und Buchstabenmoral aufrecht, darunter brodelt jedoch ein Hexenkessel an unterdrückten Wünschen und Bedürfnissen.

Die Schwelle, sich das zu nehmen, wonach sich das Unterbewusstsein so herzlich sehnt, wird immer kleiner. Die Moral verfällt im Außen sinnentleert zum Hohlkörper. Wird zur Mogelpackung. Eine innere Moral oder Herzensbildung, die der Seele Schönheit und Ausstrahlung verleiht, gibt es nicht. Charme und Wärme werden als überflüssige Gefühlsduselei abgewertet. Egoismus und Ergebnisorientiertheit sind die gehandelten Werte, und sie werden mit den Ellenbogen und unbarmherziger Rücksichtslosigkeit erkauft.

Und wer auf diese Weise nicht kriegt, was er will, der schießt mal munter um sich und nimmt es sich mit Gewalt. Deshalb schnellt die Kriminalitätsrate von Zeit zu Zeit in den USA so rasant in schwindelnde Höhen. Ich sehe hauptsächlich und mit eigenen Augen, wie die Angst zunimmt und die Wärme aus den Herzen der Menschen und der Gesellschaft weicht, so wie die schale Luft aus einem einst prallen, leuchtend bunten Luftballon.

Und ich, als Liebhaber der Schönheit und Ritter der enterbten Herzen, bin mittendrin. Im diesem übermächtigen Land, in dem ich mich fremd fühle. Im Kampf für Leidenschaft und Liebe. David gegen Goliath. Der einst hünenhafte und ruhmreiche Goliath verwandelt sich vor meinen Augen jedoch mit jedem weiteren Tag in einen ziemlich aufgeblasenen, hirnlosen Popeye (Officergrimmo, Clayman, Nutcracker, Fußkrauler, Monstertruck-Drängler oder *I-am-the-Greatest-Überhaupt! und* wie sie sonst noch alle heißen mögen). Trotz des Überangebots an Kraftfutter, geht Popeye langsam aber sicher die Puste aus. Wobei ich überzeugt bin, dass der Originalspinatmatrose doch ein ziemliches großes Herz besaß.

Auf meinem Weg zum Strand taucht inmitten des feindlichen Territoriums auf einmal eine engelsgleiche Gestalt auf, die mir zur Hilfe eilt, den nahe gelegenen, aber doch sehr versteckten Weg zum Strand zu finden. Sie sieht mich herumirren, spricht mich an und gibt mir persönliches Geleit zum Strand. Alsdann wünscht sie mir einen schönen Tag und entschwindet so plötzlich wie sie gekommen ist. Ich bin dankbar für diese unerwartete Hilfe und werte sie als gutes Omen. Und dass es doch nicht nur herzlose Monster auf dieser Welt zu geben scheint.

Ich bin in einem traumhaften, kleinen Stückchen Natur gelandet, vor einer berauschenden Kulisse, die einzig aus brausenden Wellen und blau, blauem blauestem Himmel besteht! Ich lasse mich in den warmen Sand fallen und bewundere reglos, aber voller Hingabe jedes neue Zerbersten der ursprünglich so perfekt gestylten Wellenlinien. Vollkommene Harmonie für Sekunden. Immer wieder neu und nimmer enden wollend. Bis mich die heraufziehende Dämmerung in mein neues Domizil zurückkehren lässt, satt und zufrieden von diesem einmalig schönen Anblick.

Sechsundzwanzigster Tag

Ich brauche dringend Bewegung und möchte zu Fuß nach Paia, ein paar Besorgungen machen. Zuerst suche ich den Store auf, in dem ich angeblich die neuen Hawaiianas bekommen soll. Und in der Tat, es gibt dort tatsächlich welche! Ich schlage direkt zu und meine Welt ist wieder in Ordnung. Ich kaufe in diesem kleinen Lädchen noch ein paar Geschenke für zu Hause. Weil jeder Zentimeter in meinem Koffer bereits verplant ist, werden ein paar alte Klamotten im Tausch dafür hier bleiben müssen. Das ist der Preis.

Ich gönne mir eine Pause in einem kleinen, gemütlichen Café, das mich anzieht, weil es mit seinen kleinen Tischchen im Innenhof irgendwie mediterran aussieht, genauso wie die Leutchen, die dort sitzen. Mal endlich welche, die nicht aussehen wie frischgelandete Touristen. Ich kann dort sogar ein bisschen abhängen, was sich äußerst europäisch und daher äußerst gut anfühlt.

Die übliche Verweilzeit in amerikanischen Restaurants gilt nämlich nur für die Dauer des Verzehrs. Wenn man mal länger bleiben will, muss man die Mahlzeit künstlich ausdehnen und in Kauf nehmen, dass die Hälfte des Essens kalt wird. Entspannt und gemütlich ist was anderes.

Nach dieser kleinen Pause flaniere ich, ebenfalls ganz europäisch, die Hauptstraße in Paia auf und ab, wo es ein paar niedliche Geschäftchen und einladende Lokale gibt. Ein wirklich netter, charmanter Ort. Sehr zu empfehlen.

Ein Stückchen weiter, neben dem Horror-Ökoladen, gibt es eine schöne, kleine Kirche aus weißem Holz, im gewohnt amerikanischen Stil. Sie ist üppig geschmückt, mit indisch bunten Bildern und vielen Blüten und Blumen. Vorwiegend in Rosa, Rot und Gold. Nur ein klein wenig kitschig also. Bei näherer Betrachtung erkenne ich, dass es sich um ein Yogazentrum handelt. Das ist hierzulande durchaus kombinierbar und auch häufiger anzutreffen.

Als ich meinen Heimweg antrete und Richtung Villa um die Ecke biege, sehe ich gleich die nächste Kirche, nur mindestens dreimal so groß wie die indische Yogakirche. Katholisch diesmal. Dort macht es sich gerade jemand auf den beschatteten Stufen bequem, um sein Mittagsschläfchen im Schutze des Gotteshauses zu halten. Er grüßt mich mit einem fröhlichen *Hello* auf den Lippen, so als ob wir uns schon ewig kennen und uns jeden Tag um diese Zeit hier begegnen würden. Auch für ihn ist die Kombination von Schlafen und Beten auf ein und derselben Kirchenstufe kein Thema: für das Verrichten weltlicher Alltagsbedürfnisse auf heiligem Grund ist ja schließlich genügend Raum.

Ein Stückchen weiter die Straße runter, gibt es rechts und links noch mehr dieser Kapellchen. Mit großen, leeren Wiesen davor und noch größeren, leeren Parkplätzen drum herum. Allesamt Freikirchen diverser Sortierungen und Splittergruppen. Ich runzele die Stirn angesichts der Frage, wie viele Gläubige sich denn in einem so kleinen Ort befinden können, um eine so große Zahl an Kirchen zu füllen.

Wetteifern sie um die Gunst der paar Einwohner? Womit? Mein Gott kann mehr als deiner? Oder bei uns ist es viel lustiger als bei euch? Oder vielleicht auch: Mein Gott ist toleranter, und bei dem dürft ihr mehr? Und hinterher verzeiht er euch auch schneller all eure Sünden. Nicht wie bei dem von nebenan, der ist nachtragend und uncool und schmiert euch eure sündigen Vergehen noch ewig auf's Butterbrot. So in diesem Tenor vielleicht? Ich weiß es nicht.

Das letzte Stück des Rückwegs säumen ehemalige Zuckerrohrfelder. Jetzt allerdings in riesige, schwarze, abgebrannte Ödflächen verwandelt. Begleitet werde ich von einem durchdringenden Brandgeruch, der sich mir wie ein klebriger Film auf die Lunge legt und sich zur Erinnerung an diesen Ort in mein Gehirn einbrennt. Als Location-Finder für Horrorfilme hätte ich hier jede Menge fürchterliche Orte anzubieten. Hilfe. Ich will wieder ans Wasser. Dahin, wo die Welt in Ordnung ist. Wo alles frisch ist. Und rein. Erfreulicherweise sind es nur ein paar Minuten zu laufen bis zu meinem kleinen, versteckt gelegenen Ministrand.

Ich glaube, ich habe gerade einen Geistesblitz, mit einer möglichen Erklärung für die Torturen der vergangenen Tage. Mir fällt die Geschichte von Alice im Wunderland wieder ein. Eine Kindersicht auf die Welt der Erwachsenen. Eine abenteuerliche Reise durch Irrungen und Wirrungen mit scheinbar unüberwindbaren Hindernissen. Eine Geschichte vom Erwachsenwerden, dem Finden der eigenen Identität. Alices Selbstbehauptungskurs in einer unüberschaubaren Welt. Bedrohlich für sie, da sie diese Welt nicht versteht, aber dennoch darin überleben muss. Ihre bisherigen Maßstäbe gelten in der Wunderwelt nicht mehr. Sie fühlt sich darin verloren.

Wie wichtig ist doch die Transparenz und Stabilität eines Bezugsystems für das innere Sicherheitsbedürfnis. Sicherheit ist demnach auch eine Frage der Zugehörigkeit und der Bezogenheit auf den Kontext. Nicht nur im Märchen und nicht nur aus der Kinderperspektive.

Alices wundersame Reise ist erst zu Ende, als sie aus ihrem Traum aufwacht und wieder in der Realität ankommt. Schade, ich finde es eigentlich traurig, dass sie aus dem Kinderparadies gekickt wird. Wo das Kindsein doch so herrlich unbeschwert ist. Ich möchte den Ernst des Erwachsenenlebens auch nicht immer unbedingt haben. Das Kindliche ist mir auf jeden Fall lieber. Vielleicht kann man ja auch in dieser Erwachsenenwelt leben, ohne das

Kind aufzugeben? Nicht erwachsen, sondern mitwachsen! Das wär's doch. Also doch lieber Pippi Langstrumpf als Alice im Wunderland?

Aber noch bin ich mitten im Wunderland. Wenn ich auch mitunter das Gefühl habe, eher in einem Schreckensland zu sein. Durch irgendeine Art Tor muss ich daher bestimmt durch, wie jeder, der irgendwohin möchte. Ich könnte es wie Alice mal mit Größer- oder Kleinermachen versuchen. Dann ist es mehr ein lustiges Spiel, das es mit Köpfchen, besser noch mit Intuition, Mut und Vertrauen zu bewältigen gilt. Die Parallelen zu Alice gefallen mir. Ein bisschen größer oder ein bisschen kleiner werden, je nachdem. Die richtige Größe, den goldenen Schlüssel finden, bis alles passt für das Tor ins Paradies. Die entscheidenden Kapitel meines persönlichen Alice-Märchens wollen erst noch geschrieben werden.

Während ich so meinen Gedankenfäden nachhänge, fühle ich mich zu einem Teil dieser Natur werden. Der Schaum der auslaufenden Wellen, der langsam vor meinen Füßen zu kleinen grauen Würstchenkrusten trocknet, verschluckt mich. Als ob ich selbst zu Schaum und Sand zerfließe. Mein Blick wandert vom Boden zum Himmel, den Horizont entlang, gefesselt an die dünne Linie, die das Wasser vom Himmel trennt. Und gleichzeitig ist es so, als ob sich in diesem Augenblick wieder alles zusammenfügt und irgendwie nichts von Bedeutung ist. Es gibt nur mich, sonnenbeschienen im Sand, begraben von einem wachsenden Berg Schaumkrustenwürstchen. Ich lächele meine schaumbedeckten Beine an und entspanne mich.

Die Schaumkrustenmeditation wird gestört durch ein japanisches Paar, das dezent von rechts in meine Aussicht trippelt. Wie zwei seitwärts laufende Strandkrabben. Okay, ich muss meine Aussicht nun mit den beiden teilen. Sie gehört mir schließlich nicht. Der japanische Er stellt sich still in den vordersten Saum der schaumigen Brandung. Die japanische Sie gestikuliert vom Strand aus aufgeregt mit den Händen und einem iPad in der Luft herum. Sie will Fotos machen und scheint nicht zufrieden mit der statischen, unanimierten Pose ihres Mannes zu sein. Sie hält das iPad in diverse Stellungen, es wirkt, als ob sie ihn damit fernsteuern und seine Unbeweglichkeit aufheben könnte.

Ich muss lachen. Eine sehr japanische Variante des Urlaubsfotoshootings. Genial wäre jetzt ein Schnappschuss dieser gesamten Szene von außen, die sie ihrer Fotosammlung hinzufügen könnte, um damit später ihre japanischen Freunde zu erheitern. Aber ich fürchte, dafür ist der japanische Humor nicht ausgelegt. Nachdem ihr Mann also weiterhin wie ein Fels in der Brandung verharrt und versucht, sich auf diese Weise irgendwie unsichtbar zu machen, was für's Fotografieren nicht wirklich hilfreich ist, gibt sie ihn widerstrebend als Erste-Wahl-Objekt auf und knipst per Touch stattdessen die übrige Natur.

In der Hoffnung auf gute Fotobeute kraxelt sie eifrig in den Klippen herum und verrenkt sich bald den Hals. Als sie mit dem Ergebnis endlich zufrieden ist, stellt sie sich erschöpft zurück in den Sand und versucht ihren Mann aus der Unerreichbarkeitsstarre wieder zurück ins Leben zu beamen. Ich habe den Eindruck, der japanische Er würde lieber noch dort bleiben und für immer in diesem Raum der Reglosigkeit zwischen Wasser und Land verharren. Dort herrscht vollkommener Friede. Keine Angriffsfläche. Immunität für ihn vor jeglicher japanischer Hektik und Fremdbestimmung. Langsam dreht er sich um und macht einen Schritt über die unsichtbare Grenze zurück in den Sand. Zurück zu seiner Frau, in seine Realität. Ganz in dem Bewusstsein, dass er soeben eine kostbare Viertelstunde lang echten Urlaub, weit weg von allem hatte. Zeit im Aus. Auszeit.

Ich sehe diesen japanischen Er mit anderen Augen, wie er so völlig verändert auf dem Strand steht. Wie einfach und doch so gigantisch ein so kleiner Schritt ins Meer sein kann. Er ist jetzt wieder bei seiner Frau. Erneuert. Und so verschwinden die Beiden wie sie gekommen sind. Im Seitwärts-Krabbenschritt wieder aus meinem Gesichtsfeld hinaus. Hinein in ihren japanischen Kontext.

Ich habe Lust, den Strand und die Umgebung zu erkunden. Auf diesem kleinen Spontanausflug entdecke ich ein idyllisches Luxushotel, direkt nebenan. Mir ist das Restaurant, das in den Reiseführern als eines der besten Fischrestaurants der Insel angepriesen wird, bereits mehrfach aufgefallen. Es liegt direkt am Meer und die Aussicht von drinnen ist grandios. Vor dem Hotel erstreckt sich malerisch ein kleiner Palmenhain, durch den man, nach einem üppigen Dinner, über einige verschlungene Pfade lustwandeln kann. Falls man noch etwas optische Nahrung zu sich nehmen oder wahlweise auch bloß die Verdauung in Gang setzen möchte. Dahinter liegen nur noch ein schmaler Sandstreifen und das endlose Meer. Es ist wirklich ein traumhaftes Ambiente für ein romantisches Dinner der gehobenen Kategorie. Sehr tropisch und sehr einladend.

Für sein Geld bekommt man die perfekte Illusion einer heilen Welt, und die will ich jetzt unbedingt auch haben. Meine Beine laufen also wie hypnotisiert zum Empfangsfräulein, das sehr jung und sehr hübsch ist, und das sehr einladend und nicht frei von Werbezwecken vor dem Eingangstor des Edelrestaurants drapiert ist. »*Good afternoon Ma'm. Your reservations please*«, flötet sie mich an. Ich bedaure, »*no reservation*«. Ob das Restaurant auch eine Bar habe und ob ich einfach nur auf einen Drink kommen könne, frage ich. Sie bejaht hocherfreut, als hätte ich die beste, und vor allem einzige Idee geäußert, die ihr in diesem Job jemals zu Ohren gekommen sei. Als Gegenleistung spult sie noch die Öffnungszeiten ab und wirft ein fröhliches »*glad to welcome you again*« hinterher. Sie weiß ja nicht, dass ich mich längst entschlossen habe, heute zum Feierabend oder besser zur Happy Hour hier auf einen Drink hereinzuschneien.

Das gibt in jedem Fall eine coole Luxusparty mit mir selbst. Dazu muss ich mich noch etwas präsentabler herrichten und die Strandspuren beseitigen: Eine klebrig körnige Mischung aus Sand, Schweiß und Sonnencreme, die sich im Laufe des Tages auf meiner Haut angesammelt und eine Spezialschicht gebildet hat. Dagegen hilft vermutlich duschen.

Noch warm dampfend, ziehe ich mir was Nettes an. Was ich für angemessen halte. Denn in Amerika ist der Dresscode eher konservativ. Schnell noch das widerspenstige, leicht verwahrloste Haar gebändigt. Und los geht's. Ich kann diese kurze Strecke mühelos zu Fuß gehen. So schön unkompliziert. Und ich bekomme sogar noch etwas romantische Naturdeko als Zugabe: das Firmament hat sich bereits abendrot gefärbt. Die Palmen zeichnen sich dunkel dagegen ab. Die Kulisse könnte direkt aus einem Kitschfilm stammen. Dass es echt ist, kann man kaum glauben. Ich bleibe stehen und fühle mich wie Löschpapier, als ich dieses Bild in mir aufsauge und versuche, es genauso auf meine geistige Festplatte zu bannen.

Um an die Bar zu kommen, muss ich durch zwei Personalschleusen: Am Reservierungsfräulein und dann noch an einer Art Rezeptionistin vorbei, mit Garderobenabgabe und so. Also, die geben hier aber mal alles. Ich komme mir ja schon vor wie in der Oper und würde mich nicht sehr wundern, wenn sie mich nach meinem Ticket fragen und den Platzeinweiser rufen. Das Restaurant selbst ist wunderschön und hat definitiv hawaiianisches Exotenflair. In dem Moment, wo ich es betrete, tauche ich in die beruhigende Prospektromantik und Exotik dieser Bar ein, wie in einen Unterwasserfilm. Gedämpfte Musik begleitet mich, und Bambusholz, Orchideen und andere tropische Blüten bilden den Schmuck des ganzen Lokals.

Es ist wirklich schön hier und seit langem fühle ich mich lustigerweise mal nicht fremd. Dies ist eine Welt, in der ich mich auskenne und bewegen kann und wo ich mich sicher fühle. Hier bleibe ich so lange es geht, und achte nur dumpf auf den allmählich aufkeimenden Gedanken, dass ich dann ja auch sicher einiges trinken muss. Egal. Ich muss heute ja nicht mehr fahren. Und einen Mann oder irgendjemand sonst, der meinen beschwipsten Zustand bemängeln könnte, habe ich auch nicht. So kann ich mich vollkommen hemmungslos ein paar kühlen Drinks hingeben.

Tatsächlich bleibe ich länger als ich dachte, da ich gleich mit mehreren Parteien ins Gespräch komme, die an der Bar auf ihre Platzanweisung warten. Mit jedem Neuankömmling, der neben mir landet, beginnt eine anregende Konversation, bis mir meine Gesprächspartner irgendwann wieder entrissen werden, weil ihre Tische frei geworden sind. Mich wundert die lange Wartezeit doch ziemlich, nach all dem Wind, den sie um die Reserviererei machen, und man eigentlich davon ausgehen sollte, dass alle eine feste Buchung haben.

Und trotzdem verbringen die Gäste im Schnitt eine halbe Stunde an der Bar, bevor sie endlich an ihren Tisch können. Sicher sind deshalb alle so gesprächig und erfreut, sich mit mir die Zeit zu vertreiben. Unterhaltung im Akkord. Ich scheine beste Animierdamenqualitäten zu haben. Ich behalte das mal im Hinterkopf, falls mir das Geld ausgehen sollte. Das schlechteste ist das sicher nicht. So toll diese Luxushütte hier auch ausgestattet ist, aber Unterhaltung an der Bar während der Wartezeit, das ist mal sicher noch eine Marktlücke.

Das erste Pärchen ist extra von Kalifornien angereist, um in dieser angesagten Location feierlich seinen 29. Hochzeitstag zu begehen. Die Samthochzeit. Sie haben zu Hause ein großes, gut florierendes Unternehmen, das mit Flugzeugen Pestizide über die Felder versprüht. Stolz erzählt mir die Frau, dass ihr einziger, selbstverständlich hochbegabter Sohn, der nun ebenfalls in das Geschäft einsteigt, als Kind statt mit Bobbycars über den Küchenboden zu rutschen, bereits Flugzeuge gesteuert hat.

Ach so ja, klar. Verständnisvoll nicke ich, da ich als Mutter aus Erfahrung weiß, dass Kinder schon mit schnödem Bobbycarfahren total unterfordert sind. War bei meinen auch so. Die haben sich voll geödet und mir die Bobbycars förmlich um die Ohren gehauen. Sie wollten auch lieber Flugzeuge und Hubschrauber fliegen. Leider waren wir da gerade nicht so gut im Futter, als dass ich ihren Wunsch in der Kürze dieser Entwicklungsphase hätte realisieren können. So konnte ich ihnen nur die langweiligen und karriereuntauglichen Bobbycars bieten. Was für eine suboptimale Erziehung. Meine armen Kinder.

Überhaupt dreht sich das ganze Gespräch fast ausschließlich um diesen wunderbaren Sohn. Während sie redet, steht ihr Mann lässig an seinen Drink gelehnt und schweigt. Er ist sichtlich zufrieden, denn ich habe ihn soeben befreit von seiner Funktion als Gesprächspartner. Das Reden mit seiner Frau überlässt er nun bereitwillig mir. Er scheint dem Vorbild des Japaners zu folgen und sich gerade seine persönliche Auszeit zu gönnen. Seine Dankbarkeit drückt sich in Form exotischer Drinkspenden aus. Die Frau ist entzückt und findet alles so unheimlich nett, *so sweet!*

Ich scheine unverhofft ebenfalls in ihrer Sweet-Kategorie gelandet zu sein, denn sie lädt mich spontan ein, mit ihnen gemeinsam zu speisen. Hmm, ich weiß nicht recht. Ich wollte meinen Alkoholpegel nicht mit Essen verdünnen. Aber bevor ich den Mund aufmachen und ablehnen kann, ist der Kellner bereits losgeflitzt, um alles klar zu machen, rein tischmäßig. Am Ende ist die Sache dann zum Glück doch gescheitert, weil die tüchtige Servier-Crew keinen Tisch für drei Personen mehr auftreiben konnte.

Ich bin sichtlich erleichtert ob dieser frohen Botschaft. Ich wollte ja nur ein paar Cocktails an der Bar schlürfen und hier und da ein bisschen Konversation machen. Aber einen ganzen Abend mit einem Samthochzeitspärchen beim Dinner zubringen, nun ja, das ist eine andere Hausnummer. Die Frau ist hinreichend enttäuscht. Der Mann allerdings auch, aber das hat andere Gründe, die eher in den verborgenen Tiefen eines langjährigen Lebens als Ehemann zu suchen sind.

Ich wollte die beiden Glücklichen nun wirklich nicht an ihrem Silberhochzeitstag stören, oder gar die umfangreichen Schwelgereien über die Vorzüge ihres einmaligen Sohnes unnötig ausdehnen. Es ist ja herzerwärmend, dass sie so stolz auf ihn sind, aber ich stoße nach mehr als einer halben Stunde aktiven Zuhörens dann doch an meine Empathie Grenzen. Sie verabschieden sich von mir. Aber nicht, ohne mir noch die Telefonnummer ihres Wahnsinns-Luxus-Hotels zu geben, das vermutlich 1.000 Dollar die Sekunde kostet. Ich soll sie doch unbedingt anrufen, damit wir zusammen was Schönes unternehmen und diese ausgesprochen nette Plauderei fortsetzen können. Lächelnd stecke ich ihre Karte ein und gebe den beiden, ganz Dame von Welt, sehr europäisch und überaus charmant die Hand.

Ich rühre meinen Drink um. Er ist köstlich kühl und sahnig. Hauptsächlich sahnig. Alkohol ist vermutlich keiner drin. Dafür dass es schon mein zweiter ist, merke ich nämlich nichts. Es kommen neue Leute, die sich erkundigen, ob die Hocker neben mir noch frei sind. Aber ja. Ich sehe sie an. Sie tragen Shorts, T-Shirts und Latschen und sehen aus, als kämen sie direkt vom Strand hierhin, so was von Null zurechtgemacht. Sie scheinen eher eine Sippe aus der Nachbarschaft zu sein, die heute keine Lust aufs Kochen hatte.

Sie erzählen mir, dass sie nur drei Straßen weiter wohnen. Und ganz richtig erraten, sie sind ohne Umstände direkt vom heimischen Sofa hierhin, so wie sie sind. Prima. Ich komme mir im Vergleich leicht overdressed vor. Ja, sie lieben diesen Ort und die ganze Nachbarschaft. Sie wohnen nun schon so lange hier. Es ist der schönste und sicherste Ort auf der ganzen Welt. Schwärm! Und Maui sowieso. Aha, da haben wir's wieder. Der sicherste Ort der Welt.

Soeben kommt mir die Idee, dass es sich um ein Einwohnerphänomen handeln könnte, da die Sicherheitsparolen grundsätzlich von den Insulanern kommen. Und nur so Naivlinge wie ich fühlen sich im Touristen-Multiplayer-Spiel Hawaii immer noch auf Level Eins und denken, sie seien permanenten Gefahren ausgesetzt. Aber eben auch alle anderen Fremdlinge. Auch mein Samthochzeitspärchen von eben war der Überzeugung, dass man sich definitiv nur in den großen, amerikanischen Touristenresorts wirklich sicher fühlen kann. Völlig abgetrennt, bewacht, komplett umsorgt. Im Tausend-Dollar-Ghetto weggeschlossen. Und ja, uhuuu, wie ich es nur wagen könne, ganz allein als Frau hier herumzureisen? Großes Fragezeichen! Das passt nirgends in ihr geschlossenes, konservatives Luxusghetto-Weltbild. Und schon mal gar nicht in das eines High-Maintenance-Weibchens.

Na ja, dann doch lieber so wie ich, frei und stattdessen Angst bis zur Halskrause. Natürlich nicht immer. Jetzt zum Beispiel geht's mir gut und ich genieße relaxt meine edlen Cocktails und die distanzierte Beobachterrolle in einer bunt gemixten Abendgesellschaft. Aktuell ist dieses Trüppchen hawaiianischer Einwohner dran. Ich erfahre bis ins Detail, unter welchen Entbehrungen sie sich ihr Häuschen hier erbaut haben, wie schwierig das alles war, und dass es Jahre gedauert hat, bis endlich alles fertig war. Kein deutsches Fertighaus, in drei Monaten aufgestellt und sofort bezugsfertig. Aber nun sei ihr Glück perfekt und sie würden alle friedlich in ihrem neuen Heim wohnen.

Heute feiern sie den Geburtstag der Tante hier in Mama's Fish House. Das beste Lokal der Insel. Vom Essen her sowieso, aber auch die einmalig schöne Lage ist immer wieder einen Besuch wert. Und sie kennen natürlich alle hier. Ist klar. Ich würde, glaube ich, auch dauernd hier sein, wenn ich nebenan wohnen würde. Ich freue mich, dass ich mal ganz stinknormale, nicht durchgeknallte Einheimische vor dem Gesicht habe, und möchte gerade die Gelegenheit nutzen, um mich zu erkundigen, was sie so in ihrer Freizeit Schönes machen und wohin sie abends so gehen, als wir just in diesem Moment wieder getrennt werden. Auch sie werden unter fröhlich anhaltendem Geschnatter zu ihrem Tisch eskortiert.

Als der Kellner zurückkehrt, fragt er mich freundlich, ob ich noch etwas trinken möchte. Ich überlege kurz. Von Sahne habe ich inzwischen genug. Ich hätte lieber was Klares, einen Vodka Tonic. Und ich hoffe, dass da zumindest Alkohol drin ist. Ich beobachte die Barkeeper, wie sie filmreif die Cocktailshaker schwingen und Drinks im Akkord mixen. Die wirklich sehr ansehnlichen Ergebnisse stehen, geblümt und befruchtet, aufgereiht am Ende der Theke, fertig zur Abholung für die Kellnerinnen, die sie im Laufschritt an die vielen durstigen Kehlen verteilen.

Ich versuche, im Kopf grob den Umsatz zu errechnen. Allein bei einer überschlägigen Schätzung wird mir schwindelig, denn die Summe ist astronomisch. Ich könnte ja eine Strandbar aufmachen. So wie man sie in Spanien überall findet. Derlei konnte ich hier noch nicht ausfindig machen. Also noch eine Marktlücke. Vielleicht sollte ich lieber ein Buch schreiben, Tausend Wege zum Millionär auf Hawaii.

Meine beruflichen Phantasien werden unterbrochen durch ein junges Paar, das gerade neben mir Platz nimmt. Nachdem wir uns begrüßt haben, fragt mich die junge Frau, was ich ihr an Cocktails empfehlen könne. Huch, ja ich mache wahrscheinlich einen furchtbar kompetenten Eindruck, mit meiner

Nase quasi im Vodka-Tonic-Glas versenkt. Ich werde Animierdame, sag ich doch. Ich frage sie, was sie sonst gerne trinke. Sie sagt Champagner. Na ja, sage ich, wie wär's dann mit Champagner?

Sie blickt mich zunächst etwas verwundert an, dann erleichtert und erzählt mir lächelnd, dass sie gerade frisch vermählt und auf Honeymoon hier seien. Und von daher wäre ihnen sowieso nach Champagner zumute. Na bitte. Passt doch. Sie wirken irgendwie schüchtern und ein bisschen aufgeregt. Sie berichten mir von ihrer Reise nach Europa, die sie im letzten Sommer zusammen gemacht haben. Von Paris, wo es ihnen so gut gefallen habe. Sie kommen aus dem Schwärmen nicht mehr heraus. Ach, und wie schön sie die europäische Kultur gefunden hätten.

Ja richtig, die finde ich auch sehr schön. Besonders im Kontrast zu der hiesig vorherrschenden Kulturabwesenheit. Mit steigendem Alkoholspiegel bekomme ich Heimweh. Selbstverständlich nur nach den schönen Dingen zu Hause. Der Rest existiert in diesem rührseligen Moment natürlich nicht. Wird passend ausgeblendet. Gemeinsam schwelgen wir munter von der »alten Welt«.

Die beiden sind wirklich sehr nett und aufgeschlossen. Und mir macht die Unterhaltung sichtlich Spaß. Doch Platzanweiser Jim ist gnadenlos und entführt auch mein süßes Hochzeitspärchen an ihren Tisch. Der gönnt mir aber auch gar nichts. Spaßbremse. Als er wiederkommt, zwinkert er mir jedoch verschmitzt zu und meint im Vorbeigehen, dass die Leute heute alle länger an der Bar blieben und mehr trinken würden. Kniep. Kniep. Ob ich noch etwas trinken wolle, das würde aufs Haus gehen. Oh, ich verstehe.

Nein danke, Herr Jim, sehr liebenswürdig. Inzwischen habe ich meinen Vodka Tonic erfolgreich vernichtet und es ist Zeit für mich zu gehen, bevor mich noch jemand zum Mobiliar zählt oder ich betrunken vom Hocker falle. Oder ich anderweitige, unmoralische Angebote erhalte. Ich fühle mich voll. Aber eher von der stattlichen Sahnemenge in den Drinks, die Unkrautvernichtungsflieger Greg mir spendiert hat, als vom Alkoholgehalt. Aber wer braucht schon Alkohol in Cocktails? Dennoch waren sie sehr lecker, und es war ein wirklich lustiger, unterhaltsamer Abend.

Ich würde gerne die nächsten beiden Abende, die ich noch habe, wiederkommen. Nur fürchte ich, dass das in Amiland mit den seltsamen, ungeschriebenen Regeln nicht geht. Eine allein reisende Frau, die sich jeden Abend wer weiß wie lange auf einem Barhocker rumdrückt, und Cocktails in Kette trinkt, fällt auf und macht unweigerlich den Eindruck von Freiwild. Das muss nicht unbedingt sein.

Die Abendluft tut gut, und so schlendere ich sahneerfüllt und tiefenentspannt in Richtung meines kleinen Mini-Resorts. Allerdings ist dies hier im Gegensatz zu dem tollen Luxusteil wo ich gerade herkomme, gänzlich unbewacht und ohne Einpark-Service und gänzlich empfangsfräuleinfrei. Und leider auch nicht beleuchtet, denn der Nachthimmel ist jetzt voller Wolken und daher pechrabenschwarz. Aber Parkservice brauche ich heute nicht mehr und Licht wird eigentlich auch überbewertet, wenn ich's recht bedenke. So tappe ich dann die letzten Schritte im Dunkeln gen nächtliche Ruhestätte. Zumindest die Sahne ist auf diese Weise schon mal verdaut. Wenigstens zur Hälfte.

Siebenundzwanzigster Tag

Die Sonne ist längst auf, bevor ich es bin. Und nun höre ich ihn. Den Wind! Hier ist es definitiv windig. Klar, kein Wunder, sonst könnte man ja auch nicht surfen. Es wird auch die ganzen verbleibenden Tage so windig bleiben. Ich treffe den Sohn der Vermieterin, der sich hier mit dem Saubermachen ein paar Dollar hinzuverdient. Er sieht wie ein Surfer aus. Ich frage ihn überflüssigerweise, ob er surft. Ja klar, das ganze Programm. Will heißen, Wellenreiten, Windsurfen und Kitesurfen.

Ich würde gerne wissen, wie stark der Wind ist. Ich versuche ihm also zu verklickern, dass ich eine Größe brauche, die man in Europa vergleichen kann. Windstärken in Beaufort oder Stundenkilometer oder so was ähnliches? Aber weder mit dem einen noch mit dem anderen kann er dienen. Wir hätten zirka 60 Meilen Windgeschwindigkeit pro Stunde, die amerikanische Einheit. Er meint aber, es könne sich zum Nachmittag hin noch bis auf siebzig steigern. Er versichert mir, dass das sehr stark sei. Also so ordentlich, dass nicht mehr jeder surfen könne. Und sieht mich dabei fragend an. Er befürchtet wohl, ich könne vorhaben, in diese Wellenberge hinaus zu wollen. Daher lenke ich sofort ein und stelle klar, dass ich lediglich bei meinen Männern zu Hause ein bisschen mit der Windstärke angeben möchte.

Später schaue ich im Internet nach und finde heraus, dass sechzig bis siebzig Meilen pro Stunde einer Windstärke um die zehn bis elf entsprechen. Surfer aller Weltmeere, ich glaube das ist ganz ordentlich. Für alle, die das mit dem Surfen nicht langweilt, gibt es hier in Kurzform einen kleinen Ausflug in die hiesigen Windverhältnisse und die Erklärung, warum Maui, und speziell die Küste um Hookipa das Mekka aller Surfer ist. (Für alle anderen, bitte die nächsten drei Seiten einfach überschlagen.)

Das ganze Geheimnis ist das Spartan Reef, ein Korallenriff, das vierzehn Meilen lang, dicht an der Nordküste Mauis verläuft, und von Kanaha Lowers, über Hookipa bis nach Jaws reicht. Es ist für die Cracks deshalb so geil, weil es genau bei Hookipa unglaublich dicht am Ufer verläuft und dazu noch in besonders flachem Wasser, das manchmal nur Zentimeter tief ist. Die Surfer können dadurch tierisch nah am Ufer surfen! Und wie ich erfahren habe, ist dieses Riff so perfekt geformt, dass die Dünungswellen in einer idealen Art brechen, so wie es sich jeder Surfer in seinen kühnsten Träumen am liebsten ausmalt. Das ist der berühmte North Swell. Die besondere Dünung des Nordpazifiks, die hier die Attraktion ist. Die perfekte Welle, sozusagen. Ich will nicht mit Fachausdrücken langweilen, aber das Zauberwort ist die perfekte Rechtswelle, also rechtsdrehend wie beim Joghurt.

Dazu kommen die extrem hohen Wellen, die bis auf doppelte Masthöhe, also zirka acht Meter, anwachsen können. Im Prinzip ist das gar nicht mehr surfbar. Dank des tollen Spartan Reefs aber eben doch. Natürlich nur von Spezialisten. Und daher purzelt hier ein Weltmeister nach dem anderen durchs Wasser. In Jaws türmen sich die Wellen im Winter sogar bis zu der gigantischen Höhe von zwanzig Metern auf.

Dazu kommen noch die idealen Windbedingungen, also beständiger Nord-Ost-Passat, halbwinds, und ebenfalls von rechts kommend. Die Winde werden zusätzlich noch durch die Thermik des Haleakala-Vulkans, der wie ein gewaltiger Staubsauger wirkt (für die Fachleute: durch Konvektion und Venturi-Effekt) extrem beschleunigt, so dass man locker auf fünf bis neun Beaufort kommen kann.

Für die Windsurfer ist es natürlich der Hit, nach dem Beach-Start, innerhalb von Sekunden in den Wellen zu sein. Aber wie man sich unschwer vorstellen kann, ist dieser Einstieg vom Strand aus auch verteufelt schwer, weil man gegen eine ungeheure Strömung ankämpfen muss. Das ist ultra gefährlich, denn wer stürzt, gerät in einen brutalen, felsigen Wellensog, der ihn leicht zerschmettern kann. Besonders, weil die zusammenbrechenden Wellen, tonnenweise extrem hartes Lavagestein enthalten. Auch muss jeder Surfer die Abstände der Sets, also der hohen Wellen sowie die berüchtigten thermischen Flautenlöcher wie seine Westentasche kennen, sonst ist ihm das Auf-den-Felsen-Zerschellen-Schicksal ebenfalls gewiss.

In Hookipa kann nur surfen, wer wirklich weltspitze ist. Das sollen laut Angaben der Locals höchstens hundert Surfer sein. Mensch, und ich denke einfältig über die locker ins Wasser watenden Surfer, ihr Brett lässig untern Arm geklemmt, dass sie aussehen, wie die bei uns zu Hause am Fühlinger See. Nach all diesen Erläuterungen habe ich die Gefahr aber mal so was von unterschätzt und begriffen, dass der schöne Schein gewaltig trügt. In Wirklichkeit ist jeder, der dieses Revier betritt, ein todesmutiger Elitesurfer. Auch wenn es sich um die zartesten weiblichen Wesen in den heißesten Bikinis handelt. Ab vier Metern Welle ist Hookipa für jeden Hobbysurfer tabu, denn dann wird es echt lebensgefährlich. Die Könner allerdings fangen dann gerade erst an, das ist für sie der absolute Kick. Dafür reisen aus der ganzen Welt hierher nach Hawaii.

Ich hatte bereits registriert, dass die unterschiedlichen Surfarten in unterschiedliche Zonen unterteilt sind. Also jede Surfart hat ihren eigenen Platz. Nun habe ich den Grund dafür herausgefunden. Denn alles hängt von dem Idealpunkt des Starts ab. Und da die Welle nicht sehr breit ist, ist diese Zone hart umkämpft. Zwischen den Windsurfern und den Wellenreitern, die alle an dem gleichen Spot liegen und auf die perfekte Welle warten, gibt es daher immer wieder mal Streit beim Start. Daher die Aufteilung des Reviers.

Wen es interessiert, hier ein paar der ungeschriebenen Grundsätze, die für das Surfen auf der Welle gelten, zumal wenn es voll ist, und an die dreißig Surfer gleichzeitig im Wasser sind. So surft vor Mittag schon mal keiner. Und Vorfahrt hat immer der, der bei Luv zuerst am Point ist. Was auch immer das heißt, aber die Surfer werden es schon wissen. Auch soll sicherlich der Gesamtfrieden gewahrt bleiben, denn »Hookipa« bedeutet auf Hawaiisch »Gastfreundlichkeit«.

Dann finden hier natürlich noch die wichtigsten Wave Regatten statt, der PWA World Cup und der Aloha Classic. Dazu finden sich dann achtzig Männer und Frauen der Weltelite ein, um im K.O.-System den Weltmeistertitel zu erkämpfen. Aber ob Wettbewerb oder nicht, in Hookipa sieht es immer nach Weltmeisterschaft aus. Jeden Tag. Hier kann man im Sekundentakt das Spektakulärste und Schwierigste sehen, was an Manövern und Tricks im Surfen so möglich ist. Zehn Meter hohe Sprünge, Loopings in alle Richtungen, selbst Triple Loop, 360-Grad-Drehungen, Saltos und das Surfen in der Tube, also in der brechenden Welle mit überhängendem Masttopp.

Natürlich passiert oft auch ewig überhaupt nichts. Das liegt dann daran, dass alle nur im Wasser liegen und warten, bis die nächste Megawelle kommt. So ist es auch nicht verwunderlich, dass Hookipa Beach auch ein Mekka für die Fotografen ist, die auf Grund der Nähe zu den Sportlern richtig gute Beute machen können. Oft werden die spektakulärsten und wildesten Aufnahmen aus Helikoptern geschossen, die direkt über den Wellen kreisen.

Für alle, denen dieses Surfprogramm zu stressig ist, kann ich noch über eine vierte Art des Surfens berichten, das SUPen. Das heißt nichts anderes als *Stand-Up-Paddle-Surfing* und wird auf dem Brett stehend, mit einem Paddel ausgeführt. Das SUPen ist eine echt entspannte Art des Surfens und man kann es auch ohne Wind oder Welle tun. Es handelt sich um die ur-polynesische Art der Fortbewegung und ist heute zum Freizeitsport umgewandelt worden. Früher war das SUPen ausschließlich dem König vorbehalten. Also ganz was Feines. Gut, dass der nicht mehr mitkriegt, dass heutzutage jedes Fritzchen SUPen darf.

Ich packe meinen Rucksack mit allem, was ich heute an meinem kleinen Hausstrand so brauche. Insbesondere meine Schreibutensilien. Die Zeit liegt frisch und jungfräulich vor mir, bereit, sich durch meine diversen Aktivitäten und wortreichen Gedanken, in einen neuen Tag zu verwandeln. Und mich gleich mit. Eine Art Stoffwechsel der Tage. Je nachdem, was wir so in den Tag eingeben an Gefühlen, Gedanken und Taten, erhalten wir es verstoffwechselt und in der Form verwandelt wieder zurück, um es am nächsten Tag als Input und Nahrung für unseren Output erneut in den Stoffwechsel einzuspeisen. Heute gibt es Output. Oder vielleicht ist es auch das Ausscheidungsergebnis der letzten Tage oder gar Wochen. Aus dieser Perspektive betrachtet, bekommt »Auskotzen« oder »Verstopfung« einen völlig neuen Sinn.

Ich richte mich am Strand entsprechend häuslich ein. Befestige alles ordentlich gegen den beharrlich zerrenden Wind. Und fange an zu schreiben. Die Worte fließen aufs Papier, in mein Schreibheft, ich habe so viele Worte, heute gibt es viel zu verdauen. Jede Menge Stoffwechsel. Gedanken, Gefühle, die ein festes Kleid haben möchten. Ein bisschen eitel sind sie schon. Aber sie drängen. Inmitten all meiner Abenteuer wird mir klar, wie sehr Beziehungen mein Lebenselixier sind. Ein Sicherheitsfaktor in meinem Leben. Mein Kontext. Mein Halt. Meine Beziehung.

Ich verbringe drei komplette Tage damit, hier, am anderen Ende der Welt, über eine längst fällige Neuordnung dieser zarten, feinen Beziehungsfäden nachzudenken. Bilanz dessen, was ich überhaupt habe. Und was will ich für die Zukunft? Und wohin wollen wir beide gemeinsam noch, nach dreißig Jahren? Wo haben wir aufgehört, uns gegenseitig zu betrachten, uns wahrzunehmen?

Das ist eine echte Herausforderung für mich. Mir scheint, es gibt in unserem gemeinsamen Bild nur noch den Hintergrund. Der Vordergrund hat sich über die Jahre allmählich aufgelöst. So wie in »Zurück in die Zukunft« mit Michael J. Fox, wo die Personen auf dem Familienfoto, um das es dort geht, peu à peu verschwinden, je mehr sie tatsächlich aufhören zu existieren. Nur wir beide haben uns im Laufe der Jahre, ohne es zu merken, selbst ausradiert. Und am Ende fragen wir uns erstaunt, wie wir einfach so unbemerkt von der Bildfläche verschwinden konnten und warum wir uns nicht mehr sehen oder spüren.

Niemand hat Schuld. Aber jeder seine eigene Verantwortung. Ich möchte kämpfen. Für mich, für uns. Ich möchte wieder ein komplettes Bild. Mit Vorder- und Hintergrund. Alles tutti kompletti. Oh, da wird dieser Tag Siebenundzwanzig aber viel zum Verdauen haben. Ganz schön viel Stoff-Wechsel. Und das Ende der Verstopfung! Als ich vom vielen Schreiben ganz müde und erledigt bin, komme ich zu dem Schluss, dass ich etwas zu essen brauche.

Ich eile nach Hause und versuche mich mit allem Möglichen, das ich noch aus meinem bunt zusammengewürfelten Proviant zaubere, satt zu kriegen: Kaffee, Eier und ein paar Brote. Ein kleiner Ausgleich zu meiner anstrengenden Verdauungsarbeit in Herz und Kopf. Denn da geht jetzt nichts mehr rein oder raus. *Rien ne va plus*. Ich streiche die Segel und gehe heute nicht mehr über LOS, sondern falle, so wie ich bin, angezogen und ungeduscht, wie eine bleierne Ente ins Bett.

Achtundzwanzigster Tag

Ich sitze wieder am Meer. Wie gestern. Das gleiche Programm. Wenn man keinen Wassersport betreibt, gibt es auch nicht üppig viele Varianten der Beschäftigung am Strand. Daher ist Badeurlaub bei vielen ja auch nicht sonderlich beliebt, weil mit erhöhtem Risiko von Langeweile verbunden. Ich habe nie und nirgends Langeweile, deshalb auch überhaupt kein Problem damit, am Strand abzuhängen. Ich laufe kilometerweit und wenn ich das nicht tue, denke ich über alles nach. Versuche meine Gedanken auf diesem weißen, unbeschriebenen Papier einzufangen und auf diese Art und Weise mein Leben neu zu ordnen und in den Griff zu kriegen.

Erinnerungen werden wach und schwimmen im meinem Kopf herum, wie dicke Fische in einem Aquarium. Ich betrachte sie, als wäre ich Zuschauer in einem Kinofilm und nicht der Hauptakteur. Es gibt Szenen aus der Vergangenheit, die wehtun. Schmerzhafte Erinnerungen, selbst nach so langer Zeit noch. Verletzungen, die offenbar noch nicht verheilt sind – und möglicherweise niemals heilen. Aber diese stechenden, traurigen Szenen, sind nur wenige und sie sind spärlich gestreut, im Vergleich zur Länge der Zeit. Der größte Teil ist schön. Eine Kette von leuchtenden Erinnerungsperlen an Jugend, Schönheit, Lebendigkeit und Liebe. Leidenschaft und Mut. Und voller Lachen.

Ja, Lachen ist das Stichwort. Das will ich. Ich schaue auf und muss unverzüglich lachen. Dem Typ vor mir fliegt gerade alles weg. Ich sehe, wie er sich rings um sein Strandlaken abmüht, seine sieben Sachen zu sichern, nur um am Ende doch den davon flatternden Teilen hinterherzulaufen. Schadenfreude ist leichtes Lachen.

Ich könnte ja auch über mich selbst lachen. Vielleicht, wie ich gerade so schön krampfhaft und besserwisserisch auf meinem gut mit Steinen bewehrten Handtuch sitze und über andere lache, die im Hier und Jetzt leben und ihre kostbare Zeit nicht prophylaktisch mit ängstlichen, vorsorgerischen Maßnahmen vergeuden. Vorsorge, die zudem noch fragwürdig ist, falls der zu vermeidende GAU, der Größte Anzunehmende Unfall, nämlich gar nicht eintreffen sollte. Diese innerlich freien Menschen rennen lieber und handeln, wenn der Baum wirklich brennt oder der Wind die Sachen tatsächlich fortbläst. Ich glaube, ich erhalte soeben wieder eine meiner Lektionen. Ängstliche Vorsorge ist Zeitverschwendung, vertreibt das Lachen, und den GAU kann man damit sowieso nicht damit verhindern. Bitte, Lektion 14!

Ich muss mal. Mist. Hier kann man nirgends. Ins Wasser? Unmöglich bei der Brandung. Ich wasserscheues Wesen sowieso nicht. Ich fürchte, ich muss kurz nach Hause. Als ich wiederkomme ist der Wind stärker geworden, genau wie der junge Mann es heute Morgen vorausgesagt hat. Und es herrscht buntes Treiben. Der Himmel ist voll tanzender Kites. Bunt wie ein Malkasten. Sie wirbeln im Wind durcheinander und lassen ihre sorglosen, wagemutigen Kiter die unglaublichsten Riesensprünge vollführen, die sie bis in den Himmel heben. Es ist ein Augenschmaus. Verzaubert genieße ich den Anblick und schaue stundenlang dem ausgelassenen Treiben am farbgetupften Himmel zu. So viel Mut. Eine Elite der Mutigsten. Früher wären sie die Krieger ihres Stammes gewesen. Heute surfen sie zehn Meter hohe Wellen. Moderne Helden.

Ich höre jemanden hinter mir lachen. Eine dicke Frau nur mit einem T-Shirt bekleidet, amüsiert sich über mich. Als ich mich irritiert umdrehe, lacht sie weiter, macht mir Zeichen, mit ihren Händen vor ihrem Mund, die so viel wie *bla, bla, bla* bedeuten sollen. Ich verstehe.

In meiner Einsamkeit habe ich mir angewöhnt, Selbstgespräche zu führen. Es beruhigt mich, meine eigenen Gedanken auszusprechen, meine Stimme zu hören. Ich vermute, der Wind hat ihr die fremd klingenden, deutschen Wortfetzen hinüber geweht. Das hat sich bestimmt komisch angehört. Denn sie lacht immer noch amüsiert. Und auch darüber, wie ich gerade in der Sonne verbrenne. Sie versucht mir mit Zeichensprache klarzumachen, dass ich mich eincremen muss. Ich gehe auf sie zu und erlöse sie, indem ich sie auf Englisch anspreche.

Nun muss sie erst recht lachen. Vermutlich denkt sie, so eine verrückte Deutsche, die allein in Urlaub fährt und mit sich selber spricht, das hat uns hier noch gefehlt. Ich lache mit, weil ich es selbst ziemlich komisch finde, und weil es die dicke Dame so köstlich unterhält. Und als ich an mir runter schaue, sehe ich die roten Ränder, die sich am Ende meiner Ärmel gebildet haben. Ich sehe also obendrein noch brandrot gestreift aus. Sehr witzig. Oh je. Die Sonnencreme habe ich nicht mit. Die Frau schaut gut gelaunt in ihrer Tasche nach, aber sie hat auch keine dabei. Sie meint beruhigend, dass die Sonne sowieso gleich untergehe.

Ich packe besser mal ein und schlendere Richtung Villa. Wenn ich früh bin, kann ich heute noch einmal in die Luxusbar auf einen Drink. Auf fein, schöne Aussicht. Am Empfang erklären sie mir, dass es noch eine zweite Bar im Inneren des Restaurants gibt, von der aus man Meerblick hat. Das hört sich gut an. Ich grüße die netten Barkeeper der ersten Bar und setze mich an die Meerblickbar. Sie ist wirklich sehr schön. Es gibt aber nur noch einen einzigen Platz. Und das ist selbstverständlich der hinterste, sodass ich keinen Meerblick mehr habe.

Ich bleibe dennoch und bestelle mir ein Bier. Und noch ein Bier. Ich habe Durst. Ich bin ausgetrocknet vom vielen Wind, der mir über den Tag um die

Ohren gesaust ist. Hier in der Mitte des Restaurants ist es geschäftig. Und heute ist es laut. Ein buntes Durcheinander. Geschnatter von allen Tischen um mich herum. Der Tisch neben mir ist besonders laut. Ich habe noch nie ein Lachen gehört, das wie Kreischen klingt. Kreisch-Lachen. Die Lady neben mir beherrscht diese Kunst vortrefflich. Und sie kann es ohne Pause.

Während ich sie beobachte, wie sie hysterisch lachend inmitten ihrer abendlichen Dinnergesellschaft sitzt, frage ich mich, wie man solch einen Habitus entwickeln kann. Sie ist aufgedreht und irgendwie von der aufdringlichen Wirkung ihres Lachens überzeugt. Sie gefällt sich darin. Für mich gänzlich daneben und unsympathisch. Ich sollte froh sein, dass sie lacht. Doch sie kreischt und es klingt auch eindeutig so. Nun ja egal, ich muss schließlich nicht jeden mögen.

Es ist mein letzter Abend in Paia und an diesem Teil der Küste. Wiedermal ein Abschied. Von meinem Panoramaplatz beobachte ich die Sonne, wie sie regiegetreu im Meer versinkt, das sich übergangsweise in dickflüssiges Feuer verwandelt. Anschließend hüllt sie sich in die abendliche Stille ein, wo sie sich von den Strapazen des Tages erholen und in Ruhe schlafen legen kann.

Das Meeresglühen lässt mich an den Vulkan denken. Die plötzliche Erinnerung überschwemmt mich. Der Vulkan hatte zusätzlich noch einen außergewöhnlichen Soundtrack mit seinem heftigen Brodeln und Zischen. Der Soundtrack zum Sonnenuntergang wird leider von der Kreisch-Lady nebenan geliefert. Na denn. Ich leere mein Bier in einem Zug, zahle und spaziere gemütlich, und vom Alkohol leicht benebelt, nach Hause. Schade, dass man hier nirgends richtig spazieren gehen kann. Mir ist nach einem schönen, gepflegten Spaziergang in der lauen Abendluft. In Amerika spaziert niemand. Daran hat sich auch seit meinem ersten Aufenthalt in den USA vor dreißig Jahren nichts geändert. Daher gibt es auch fast nirgends Bürgersteige. In Amerika fährt der Bürger Auto.

Neunundzwanzigster Tag

Der heutige Morgen gehört noch einmal ganz dem Strand, den wilden Wellen und dem Wind. Ich bin früh wach, habe es eilig mit meinem Kaffee, damit ich wegkomme. Der Strand ist so früh noch menschenleer, eine ganz andere Stimmung. Kühler, aufgeräumter, klarer. Das ist gut. Ich kann mit mir und meinem Kopf voller Gedanken allein sein. Die kühle Einfachheit des Morgens hilft mir dabei, meine Gedanken zu ordnen. Ich habe das Bedürfnis nach einem festen Gefüge, Hilfslinien, Stützen, damit ich den Zusammenhang besser erkenne und nicht so schnell wieder verliere.

Mir fällt ein, dass ich eine Mindmap-App besitze. Super. Ich bin hocherfreut, dass dieses Tool mir jetzt so nützlich sein kann. Mindmap ist zum Ordnen wirrer Gedanken oder Ideen genau das Richtige, und ich kann es nur jedem empfehlen, der sich spielerisch Themen erarbeiten und in eine Struktur bringen möchte. Ich fische nach meinem Handy in den Tiefen meiner Tasche und baue mir ein Lebensmindmap. Ich gebe für jedes Thema, das mich beschäftigt, einen eigenen Zweig ein. Ganz von allein füllen sich Zweige, Unterzweige, Unterunterzweige mit Inhalt, mit meinem Leben, meinen Wünschen, meinen Talenten. Mit Sinn. Je mehr Sinn alles macht, desto schneller und leichter fällt mir alles zu. Spielerisch entsteht ein Bild meines Lebens, meiner Beziehung, mit viel handfestem Vordergrund auf meinem Beziehungsfoto. Ich bin begeistert.

Inzwischen steht die Sonne schon hoch, ohne dass ich davon etwas gemerkt hätte. So absorbiert bin ich von meinem Mindmap-App. Der Wind ist heute noch stärker als gestern, und die Tatsache, dass ich meine Sachen vor dem Wegfliegen retten muss, holt mich kurz aus meiner vernetzten Gedankenwelt. Ich muss an den Typen von gestern denken, der mit dem fliegenden Laken. Ich hab was von dir gelernt, Strandlaken-Mann!

Das Meer ist kraftvoll und die Wellen endlos. Allein das Ausmaß an Energie, die zig Millionen dieser Wellen ununterbrochen erzeugen, ist unvorstellbar. Ich wünsche mir, Teil dieser Energie zu sein. Dass allein durch die Intensität meines Betrachtens ein Teil der Energie für mich abfällt und auf mich übergeht. Es ist fast unmöglich zuzusehen, ohne frische Kraft zu tanken.

Hier und jetzt, voller Energie und Klarheit, fasse ich den Entschluss. Die Menschen, die zu mir gehören, die ich liebe, sind mir das Wichtigste auf der Welt. Ich werde sie nicht verlassen. Alles wird gut.

Als ich alles einräume und gerade mein Notizbuch zuklappen möchte, kommt mir die zündende Idee. Nun weiß ich auch, wie ich es mache, zu Hause. Ich werde meine Aktivitäten runterfahren und den so gewonnenen

Freiraum für mich nutzen. Ich werde die Dinge aufgeben, die mich stressen. Es ist so einfach und gleichzeitig doch so schwer. Befreiung. Ich kann die Lösung sehen, hier auf meinem lila Strandlaken. Ich bin voller guter Ideen. Ich möchte den unendlichen Ozean und den Himmel einweihen. Sie sollen meine Zeugen sein.

Ich erzähle ihnen alles. Ohne Punkt und Komma. Die Elemente beschweren sich Gott sei Dank nicht über meinen Redefluss. Ich brauche keine Rücksicht nehmen. Als mir dämmert, dass ich mal wieder mit mir selbst rede, schaue ich mich verstohlen um, ob nicht die dicke Frau von gestern oder sonst jemand mich beobachtet und belächelt. Nein, alles friedlich heute. Keine Sau weit und breit. Und wenn schon, heute macht es mir nichts aus. Es geht um mein Leben und darum, wie es zu Hause weiter gehen soll. Ich habe frische Energie. Vertrauen und einen affengeilen Mindmap-Plan, den ich in meiner Tasche rumtragen oder unter mein Kopfkissen legen kann. Dann können die Alphawellen den Inhalt im Schlaf in mein Gehirn übertragen. Wie beim Alphalearning. Bequemer geht's nicht.

Leider habe ich einen Termin. Ich muss bis vier Uhr am Nachmittag in meiner neuen Bleibe aufkreuzen. Ich fahre heute nach Kihei auf der anderen Seite der Insel. Ich freue mich schon darauf.

Ein kleiner Touristenort. Auch gut. Nach all der zurückgezogenen Beschaulichkeit kommt mir ein bisschen Abwechslung und Tamtam sehr gelegen. Vielleicht gibt es dort ein paar soziale Events oder etwas ähnlich Anregendes. Schön wäre auch, wenn ich abends mal in eine nette Kneipe unter Leute gehen könnte. Ich fühle mich in Hochform. Doch zunächst heißt es wieder einmal, alles einzupacken. Das geht jedoch ziemlich flott, dank der Übung, die ich inzwischen darin habe.

Als ich alles im Auto verstaut und vor der sengenden Sonne geschützt habe, kann's losgehen. Den Weg habe ich mir auf der Karte eingezeichnet, damit ich ihn ohne Brille besser erkennen kann. Es ist nicht sehr weit. Unterwegs komme ich an bekannten Ecken vorbei. Jetzt hätte ich ja doch Lust, mir einmal Hana, diesen berühmten Ort anzusehen, von dem mir ausnahmslos alle vorgeschwärmt haben. Ohne dass ich es persönlich kenne, empfehle ich es dennoch blindlings weiter. Wer jemals nach Maui fahren möchte, muss unbedingt nach Hana. Das angesagteste Ausflugsziel auf dieser Insel.

Für mich ist dieser Programmpunkt ausgefallen, da es nur eine einzige Zufahrt nach Hana gibt, die man sowohl hin als auch zurück gleichermaßen nehmen muss. Sie ist eng, steil und man hat keine Gelegenheit anzuhalten. Außerdem muss man sich mit Wasser und Proviant für den ganzen Tag eindecken, da es außer in Hana selbst, keine Versorgung gibt. Diese Umstände lösen sofort Stressalarm in mir aus. Als Beifahrer wäre mir das alles einerlei gewesen. Aber die viele Fahrerei ganz allein, drei Stunden hin und das Gleiche wieder zurück, alles an einem Tag. Dann die endlosen Kurven. Und die Garantie auf Auto-Dauer-Mobbing. No.

Ich bin ja nicht zum Spaß hier. Oder zum Sightseeing. Diese Erfahrung schenke ich mir deshalb mal. Auch wenn es noch so schön dort sein soll und alle nicht müde werden zu betonen, was mir da entgangen ist. Also echt, als wenn diese Zeit jetzt, wo ich NICHT in Hana bin, komplett nichtssagend oder gar vergeudet wäre. Das, was ich hier erlebe, füllt mich doch voll und ganz aus. Da vermisse ich doch nichts.

Je näher ich Kihei komme, umso krasser ist der atmosphärische Unterschied zum Rest der Insel. Landschaftlich wird es immer flacher. Dieser Teil der Insel hat überhaupt nichts mehr von Hawaii, jedenfalls nicht so, wie ich es bisher kennen gelernt habe. Die Gegend ist wie ein Neutrum. Ausdruckslos und blass, irgendwie diesig heiß, breite Straßen, wie Autobahnen, ja sogar Industriegebiete gibt es hier. Es fühlt sich so künstlich an, wie eine seltsame Plastikwelt. Eine Stadt aus Lego vielleicht. Nur ohne jeglichen Charme oder Appeal.

Ich fühle mich wie ein kleiner Außerirdischer vom anderen Stern, der soeben in einer fremden Welt gelandet ist. Und als ich schließlich vor meiner Unterkunft halte, kann ich kaum glauben, dass sie das wirklich sein soll. So abgrundtief hässlich ist es hier. Okay, wenn es drinnen stimmt, kann es mir ja egal sein, wie es außen aussieht. Ich habe schließlich ein Auto und kann damit jederzeit dorthin fahren, wo es schön ist. Das ist ein beruhigendes Gefühl.

Ich steige also aus und klopfe. Der Hausherr Lance erscheint im oberen Fenster und ruft mir zu, dass er sofort runter komme und mir öffne. Ich bin erschrocken. Er ist ja schon alt wie Methusalem. Als er die Tür aufreißt, sehe ich, dass er auch gleich schon seine Frau mitgebracht hat. Die ist nicht ganz so alt – oder sagen wir mal: Sie hat ein wenig nachgeholfen, nicht alt auszusehen. Sie sind beide herzlich, aber trotzdem irgendwie seltsam. Denn ich erhalte nicht nur eine Führung durch mein Zimmer, sondern auch noch eine ellenlange, kopierte Liste mit Verhaltensregeln, die ich befolgen soll.

Ich darf zum Beispiel nicht mit den Nachbarn reden. Häh? Warum nicht? Ja, weil sie diese Ferienwohnung-Vermietung in einer Wohnsiedlung betreiben, und da würden die Nachbarn schon mal gerne die Gäste ausfragen, weil sie das nicht so gerne sehen. Von wegen nicht so gerne sehen, sie betreiben dieses Gewerbe vermutlich heimlich und betrügen den Fiskus. Und damit sie als Vermieter keinen Ärger bekämen, solle man sagen, man sei ein Verwandter auf Besuch.

Wie bitte? Lügen soll ich also auch noch? Ich fasse es nicht. Ich darf dies nicht, jenes auch nicht. Aber ich solle mich schon mal darauf einstellen, dass sie mehrere Hunde haben, die Vergnügen daran fänden, über den Holzboden im oberen Stock, welcher genau über meinem Zimmer sei, zu jagen und Lärm zu machen. Wenn mich das stören sollte, könne ich ja einfach rufen. Ach ja. Stell ich mir in diesem Moment nicht sehr einfach vor. Aber auch relativ aussichtslos, wenn meine kläglich einsamen Hilferufe unerhört in fröhlichem Hundegebell untergehen.

Wenn mich diese Maßregelungsliste nicht schon genug abgeschreckt hat, dann mit Sicherheit mein Zimmer selbst. Es handelt sich nämlich nicht um ein Zimmer, sondern um eine Garage! Diese beiden genialen Leutchen haben nämlich lediglich versucht, eine ihrer beiden Garagen als Wohnraum umzufunktionieren. Und das auch noch illegal. Es ist und bleibt ein Loch. Es fehlt jegliches Tageslicht. Und es stinkt nach Gummi und Auto, wie so eine Garage halt riecht. Ich bin derart schockiert, dass ich kein Wort herausbringe. Und hier wollte ich sieben Tage bleiben? Jesus hilf, nein, das ist todsicher mal eine Zumutung und ein absolutes Ding der Unmöglichkeit! Ja, also ich habe doch eine richtige, offizielle Unterkunft gebucht? Vielleicht hatte ich versäumt, zu erwähnen, dass ich kein Auto sondern ein Mensch bin? Das kann doch nicht sein.

Ich versuche fieberhaft, die Bilder aus dem Internet dieses Objekt betreffend in meinem Geist zu reproduzieren. Da sah alles ganz anders aus, freundlich, modern und einladend. Später, als ich die Webseite noch einmal kontrolliere, stelle ich fest, dass die Aufnahmen gefaked waren. Denn sie stammten von Sessel und Tisch, welche im bedachten Außenbereich aufgenommen wurden, sodass man dies irreführenderweise für das Zimmer halten musste. Freunde, diesmal hat's mich voll erwischt. Ich bin Opfer. Opfer eines bitterbösen, hinterlistigen Betrugs! Mit üblen Folgen, denn mein Trip für diesen Teil scheint zunächst mal ruiniert.

Das erste was passiert, ich bekomme rasende Kopfschmerzen. Migräneanfall ersten Grades. Scheiße. Ich weiß nicht, wo sich meine Medikamente gerade befinden. Nur eines weiß ich genau. Ich muss hier erst mal raus und weg, denn an diesem Ort bin ich nicht imstande, auch nur einen klaren Gedanken zu fassen. *My Kopf smokes!* Garagenumnebelungsfolgen. Vielleicht bin ja hier soeben der dunklen Seite der Vermietermacht begegnet? Die mich mit *Force Push* fertig machen will. Ja genau, übelst dunkle Kräfte, die hier am Werke sind. Wer weiß, was da noch alles auf mich zukommt! Ich schnappe mir ein Handtuch, meinen Rucksack mit den Wertsachen und fliehe. Ich laufe die Straße hinunter in die Richtung, in der ich das Meer vermute. So schnell ich kann. Das ist leider nicht sehr schnell, da mich meine Schmerzen so heftig plagen.

Nun wünschte ich mir doch sehnlichst, mal all die tollen Jedi-Kräfte der guten Seite der Macht zu besitzen. Eine kleine, schnelle Blitztransformation vom harmlosen Pilger zum intergalaktischen Jedi-Ritter. Dann würde ich sie spätestens jetzt alle auf einmal anwenden, gegen alle meine Widersacher und könnte dann noch obendrein damit nach Hause fliegen.

Das Meer ist natürlich auch weiter weg als ich dachte. Allein deshalb könnte ich mal augenblicklich *Force Jump* anwenden. Aber immerhin, die Bewegung tut mir gut. Ich lüfte. *My Kopf airs.* Als ich das Meer sehen kann, kommt Freude auf, da ich Hoffnung auf ein ruhiges Plätzchen am Strand hegen darf, wo ich mich mal so richtig als Opfer fühlen und gepflegt ausheulen kann. Auch ein Jedi-Ritter hat schließlich seine schwachen Momente. Vielleicht kriege ich ja auch so eine tolle Nachhilfeschulung wie Luke Skywalker von Joda und alles ist wieder gut. Und vor allem, ein vernünftiger Plan B muss her. Denn Plan B, das steht außer Frage, den braucht es jetzt dringend!

Oh Strand, wo bist du? Der erste Versuch geht schon mal daneben. Es handelte sich um ein schäbiges, schmutziggraues Stückchen Sand direkt neben der vielbefahrenen Küstenstraße. Enttäuscht kehre ich zur Straße zurück, um es ein Stück weiter noch mal zu versuchen. Diesmal habe ich etwas mehr Glück und finde eine mini kleine Bucht vor einem Appartement-Hotelkomplex am Strand. So richtig schön ist es hier zwar auch nicht. Aber die Optik ist jetzt nicht so wichtig. Viel nötiger brauche ich jetzt Ruhe.

Ich sichte einen umgefallenen Baum, der halb im Wasser, halb im Sand liegt und eine prima Bank abgibt. Dorthin klettere ich, baue mir mit dem Handtuch eine einigermaßen weiche Unterlage und schaue mich erst mal um. Oh Gott, sogar das Meer ist hässlich hier. Irgendwie haben sie es geschafft, selbst die Natur hässlich zu kriegen. Will denn auf diesem Teil der Insel gar nichts schön aussehen? Vielleicht treibt hier so was wie einen Hässlichkeitsgendefekt sein Unwesen? Oder ein Greuelvirus, der diesen Ort und die Menschen ringsum befallen hat?

Soweit ich schauen kann, gibt es Gebäude. Und direkt am Strand fängt es an. Sie sind zwar nicht bunkerartig hoch wie in Lloret de Mar. Aber sie sind da, abstoßend und störend. Mein ästhetisches Gefühl und ergo mein Wohlbefinden leiden eindeutig. Möglicherweise handelt es sich ja auch um einen Schildbürgerstreich der Einwohner von Kihei. Und diese ganze Ansicht ist in Wirklichkeit nur ein einziger, gigantischer Screen, auf den sie dieses hässliche Landschaftsbild beamen, um mich zu foppen. Und nun sitzen sie versammelt hinter den Büschen und lachen sich über mich und meine Blödheit einen Ast ab. Und alles, was ich vermutlich tun muss, ist, diese Trauerszene einfach wegzuklicken.

Die nächste Welle rollt unbemerkt an, umspült meine Beine und macht das Handtuch nass. Ich rücke ein Stück weiter den Baumstamm rauf und versuche mich zu entspannen, so gut es eben geht. Denn jetzt hämmert es in meinem Kopf nur so, mein Herz ist traurig und schreit NEIHEIN!!! Ich spüre, ich bin hier an einem Scheitelpunkt angekommen, am *Turning Point* meines Dramas. Bisher war es trotz aller Widrigkeiten, mit denen ich konfrontiert wurde, immer noch konstruktiv und zu irgendetwas gut. Nun spüre ich deutlich, dass eine Grenze dessen überschritten wurde, was ich ertragen kann und möchte.

Und wer sagt mir, was die nächste Location für Überraschungen birgt? Ich will es gar nicht mehr wissen. Ich möchte auch nicht für den Rest meines Trips in der Kampfrüstung und mit gezogenem Jedi-Schwert herumlaufen. Aber die Frage ist nun, wie komme ich hier wieder raus, und zwar so schnell es irgend geht? Tapfer richte ich mich auf und versuche, trotz des Dröhnens und Pochens in meinem Kopf, scharf nachzudenken. Die Macht. Möge die Macht mit dir sein.

Erstens habe ich ganz irdisch diese Unterkunft bereits mit harten Dollars im Voraus bezahlen müssen, und es wird schwer werden, das Geld zurückzubekommen, ohne einen triftigen Grund vorzubringen. Mir gefällt die Garage nicht, ist kein triftiger Grund. Ich bin betrogen worden, auch nicht. Außerdem müsste ich dann Beweise beibringen. Allein mich in diesen Rechtsdschungel zu begeben, kostet mich mehr Kraft als ich aufbringen kann. Außerdem würde ich meinen Arsch drauf verwetten, dass ich mit heftigem Widerstand dieses durchtriebenen Gaunerpärchens rechnen müsste, die sich von mir sicher nicht in die Suppe spucken lassen.

Als mein Kopf so stark pocht, dass ich Angst habe, er könnte vielleicht doch platzen, kommt mir die rettende Idee. Ich mache auf Krankheit, die nur zu Hause zu behandeln ist. So komme ich aus der Sache raus und kann mein Geld zurückbekommen. Ja genau. Meine einzige Chance. Ansonsten bleibt mir nur der Kampf. Mein Schwert kennt da kein Pardon und wird diese beiden Halunken kurzerhand einen Kopf kleiner machen.

Heute wird es leider nicht mehr klappen. Es ist schon zu spät. Denn wenn ich weg will, brauche ich zuerst eine andere Bleibe. Es wird doch irgendeine Hotelkette geben, mit einem einigermaßen akzeptablen Standard. Ich habe bisher zwar keine gesehen, aber ich bin immerhin in Amerika. Das muss ich sofort als erstes recherchieren. Und am besten gleich telefonisch reservieren. Nur ja kein Risiko mehr eingehen. Da ich nichts ausgepackt habe, gibt es auch nichts einzupacken. Meine Lebensmittel lasse ich einfach hier, im Hotel kann ich sie eh nicht mehr brauchen. Dann muss ich die Sache nur noch mit den Schlitzohr-Vermietern klar machen. Prima, Plan steht. Los geht's mit der Umsetzung.

Ich rappele mich von meinem Baumsofa hoch und trete meinen Heimweg an. Leichter gesagt als getan. Ich habe inzwischen so starke Schmerzen, dass ich kaum noch laufen kann. Ich brauche für die Strecke zurück doppelt so lange wie für den Hinweg, selbst Force Push kann da nichts mehr ausrichten.

Schon von weitem sehe ich, dass die beiden Bauernfänger auf einer Bank vor ihrem Häuschen sitzen. Ich wollte um ein Haar sagen, ihren Feierabend genießen, aber sie sind Pensionäre und die haben bekanntlich Dauerfeierabend. Sie sehen mich jedenfalls ziemlich stark hinkend und schmerzgeplagt auf sich zusteuern und erkundigen sich gleich nach der Ursache. Ich brauche nicht mal lügen, als ich sage, dass ich kurz vor dem Umkippen sei, vor lauter Schmerzen im ganzen Körper. Ich sage, ich bräuchte dringend Ruhe, und wenn es das ist, was ich vermute, dann müsse ich meine Reise abbrechen und nach Hause fahren, denn nur mein behandelnder Arzt in Germany könne mir da helfen.

Entsetzen auf der Gaunerseite. Sie sind echt geschockt und besorgt. Recht so, ihr Halunken. Das kaufe ich ihnen sogar noch ab. Ich sage, dass ich mich jetzt dringend hinlegen müsse und Ruhe bräuchte. Verdutzt lasse ich sie einfach auf ihrer Bank sitzen und verschwinde in meiner Garage. Mir ist egal was sie denken. Sie haben sowieso nur ihren persönlichen Vorteil im Kopf, wenn sie einen solch grauenhaften Garagenort als Appartement an ahnungslose Reisende vermieten.

Diesen Abend streiche ich mal komplett aus meinem Erleben, denn er zählt mit Sicherheit zu den schlimmsten Abenden meines Lebens. Mir fällt ein, ich habe noch Cola und Chips. Das könnte helfen. Also rein damit. Ich wühle in meiner Provianttüte und fördere eine Riesentüte Chips zu Tage, die ich bis zur Hälfte in mich reinschaufele und mit einer ganzen Flasche Cola runter spüle. Hmm, lecker, mir kommt diese Mahlzeit wie ein Gourmet-Essen beim Sternekoch vor. Diese beiden Geschmäcker, kenne ich und kann mich auf sie verlassen. Auch in dieser trübsten aller Stunden. Das Koffein und das Fett zeigen allmählich Wirkung. Ich werde ruhiger, je voller mein Bauch wird. Das ist mal gut so.

Der nächste Trostspender ist ein Anruf zu Hause. Ich brauche jetzt Kontakt und das mitfühlende Ohr meiner Leute daheim. Und ich brauche einen Zeugen. Ich danke mal wieder meinem geilen Handy, das mir ermöglicht, mich über Skype mit zu Hause zu verbinden. Na, die haben vielleicht Augen gemacht, als ich mir diese ganze hanebüchene Story ohne Punkt und Komme von der Seele rede. Sie klingt so schräg, dass meine Familie sie kaum glauben kann. Mit der Videofunktion laufe ich daher durch meine Garagenscheußlichkeit, eine Art 360-Grad-Rundgang sozusagen, gehe auch in die angrenzende Garage, die noch immer eine Garage ist, voller Rümpel, einem Auto und einem Haufen Müll drin.

Allmählich begreifen es auch die zu Hause. Und sind schockiert. Eben. Ich auch. Allerdings bin ich in der Vergangenheit schon manches Mal der Übertreibung verdächtigt worden. Daher muss ich immer erst auf Nummer sicher gehen. Diese Bude in all ihrer Geschmacklosigkeit hier ist wirklich eine unglaubliche Zumutung, aber jetzt glücklicherweise eine offiziell anerkannte. Nachdem ich mein Leid teilen konnte, geht es mir deutlich besser. Und vor allem bin ich in dem Entschluss bestärkt, von hier weg, in das nächste Hotel zu ziehen.

So gut es geht, versuche ich es mir in dem Bett, das kaum kleiner als der ganze Raum ist, einigermaßen bequem zu machen und trotz der widrigen Umstände zu schlafen. Als ich wenig später aufwache, habe ich immer noch fürchterliche Kopfschmerzen. Ich halte den Kopf unter kaltes Wasser und suche nach meinem Handy. Zuerst muss die Hotellage gecheckt werden, sonst kann ich kein Auge zumachen. Ich brauche auf jeden Fall einen akzeptablen Standard und WLAN. Tatsächlich mache ich zwei Hotels in Kahului ausfindig, die passen. Ich rufe im ersten Hotel an und habe Glück. Sie haben noch Zimmer frei, und ich reserviere sofort. Für zwanzig Dollar Aufpreis bekomme ich sogar ein Zimmer mit Meerblick. Klasse. Es geht bergauf.

Als dieser Teil des Plans unter Dach und Fach ist, versuche ich mich auf eine Nacht mit Schlaf vorzubereiten. Ich lese so lange es geht, bis ich irgendwann in einen leichten, unruhigen Schlaf falle, aus dem ich oft hochschrecke, jedes Mal auf die Uhr sehend, in der Hoffnung, die Nacht sei vielleicht rum und ich könne endlich aufstehen und abhauen.

Dreißigster Tag

So geht das dann immer weiter, bis der Morgen graut. Bis dem Morgen graut. Denn der neue Tag will in diesem abscheulichen Loch keinen Einzug halten. Es bleibt dunkel. Igitt. Der Wunsch nach Kaffee wächst in meiner Vorstellung und malt eine riesige, dampfende Kaffeetasse in meine Phantasie. *Ohh Kaffee*, so was von liebend gerne! Schlitzohr Lance erwähnte gestern einen Wasserkocher in der Nachbargarage, den ich benutzen könne. Ich hole mein Instant-Kaffeepulver und öffne die Tür zur nächsten Garage. Ich muss erst durch einen dicken Haufen alter Kartons, Müll und irgendwelche Klamotten waten, bevor ich das »Küchenboard« an der Rückwand erreiche, wo sie ein paar ausrangierte Tassen und einen ollen Wasserkocher aufgestellt haben. Ist ja fast wie im Hotel hier! So ein Service!

Ich koche mir einen 1a-Pulverkaffee, und nach dieser Höllennacht schmeckt selbst dieses Gebräu als wäre es der köstlichste Kaffee aus dem weltbesten Café Wiens. Warm und süß. Mir fällt ein, dass ich noch ein Ei habe. Unbedachterweise habe ich versäumt, das Ei vorzukochen, als ich noch in meiner bequemen Luxusvilla mit kompletter Riesenküche gewohnt habe. Ich sehe mich also absolut unvorbereitet angesichts der Realität von Betrügern und Garagenunterkünften. Aber Not macht bekanntlich erfinderisch, der Wasserkocher muss dran glauben. Ich koche mir mein Ei in diesem primitiven Modell, das unten keinen geschlossenen Boden hat, sondern so eine freiliegende Heizspirale. Nicht ideal, aber wen juckt das jetzt? Hauptsache, ich bekomme etwas zu essen.

Frisch gestärkt und ermuntert durch die Aussicht, in der nächsten halben Stunde diesem Ort den Rücken zu kehren und nie, nie, niemals wieder herzukommen, mache ich mich abfahrbereit und verstaue schon mal alles im Auto. Lances Frau sieht mich und kommt besorgt heraus. Sie fragt, ob ich nicht doch noch bleiben wolle. Ich schüttele den Kopf und sage ihr, dass ich zum Flughafen fahren und mich nach einem Flug erkundigen würde, der mich nach Hause bringen kann. Ich bitte sie, mir meine Abrechnung zu schicken und zu prüfen, ob ich aus Krankheitsgründen eine Erstattung der nicht in Anspruch genommenen Nächte geltend machen könne.

Vielleicht hat sie inzwischen ja auch Muffensausen bekommen, denn sie versucht, mich zum Bleiben zu überreden, bietet mir die Hilfe ihrer Schwester an, die Krankengymnastin sei. Ja, sogar, dass sie mich zum Flughafen bringen könne. Okay, sie zieht alle Register. Ihr Angebot schlage ich natürlich aus. Meinen Mietwagen kann ich ja schlecht hier lassen. Ich möchte nichts, was mir gehört hier lassen und auch nichts von hier mitnehmen, das mir nicht gehört. Auch diese Schlitzohr-Lilly nicht. Ich steige schnell und ohne ein weiteres Wort in mein Auto und fahre, was das Zeug hält Richtung Kahului. Hier halten mich keine zehn, ja keine hundertzwei Pferde mehr. Das war GRUSELIG. Von zu Hause aus muss ich mich dringend bei dem Vermittlungs-Service beschweren. Verklagen werde ich sie! Ja, prüfen die denn die Unterkünfte nicht, die sie in ihr Portal stellen? Sieht auf jeden Fall haargenau danach aus. Ja, *shit happens*. Es ist eben nicht alles Gold, was glänzt, und nicht jeder Ami zwangsläufig ein netter Mensch.

Als ich in meinem Auto sitze und wieder auf dem Highway bin, ganz für mich, mein Hab und Gut hinten im Kofferraum, fühle ich mich geradewegs wiederhergestellt. Ja, ich bin regelrecht glücklich, dass ich diesem Szenario entronnen bin. Frei. Herrlich. Selbst die Gegend, die ich gestern noch hässlich fand, erscheint mir heute so schön wie das Paradies selbst. Die übermütige Idee, ich könnte ja wenigstens die Küste einmal auf- und abfahren, wenn ich schon mal hier bin, verwerfe ich trotzdem wieder. Nein, hier möchte ich mir definitiv nichts mehr ansehen. Mein Ziel ist Kahului, auf der anderen Seite der Insel. Der schönen Seite.

Ich hole die Karte hervor, in die ich bereits gestern die Strecke eingezeichnet hatte. Nun habe ich Zeit im Überfluss. Kahului ist ein größerer Ort, nicht zuletzt auch, weil dort der Flughafen liegt. Es hat alle Annehmlichkeiten eines Städtchens. Und als ich nun die Vororte von Kahului durchfahre, an diversen Drive-Ins vorbei, überkommt mich auf einmal unbändige Lust auf einen richtigen Kaffee bei McDo's, mit richtigem Am-Tisch-Sitzen.

Als ich bei Herrn MacDo reinmarschiere, bekomme ich Heimatgefühle. Ja richtig, sieht genauso aus wie zu Hause auch. Dass mich dieser Laden mal so glücklich machen würde! Ich glaube, ich möchte für immer hier bleiben. Vielleicht haben sie ja noch ein kleines Abstellkämmerchen für mich frei. Nach meinem Garagenabenteuer wäre das sicherlich eine Steigerung von tausend Prozent. Doch das ungetrübte Glück ist nur von kurzer Dauer. (Das ist übrigens eine grundsätzliche Weisheit.) Leider versteht mich das Mädel an der Bestellannahme nicht. Obwohl ich Englisch mit ihr spreche! *Coffee* geht noch gerade. Aber Wasser, also *Water* ist schon zu schwer für sie. Ich versuche es mit allen Ausdrücken für Wasser, die ich auf Englisch parat habe: *Sparkling Water, Fizzy Water, Carbonated Water, Selters, Soda, Mineral Water, Table Water*. Wer weiß noch einen? Ich komme mir schon vor, wie bei »Schlag den Raab«. Und immer noch sieht sie mich an wie ein Auto ohne TÜV.

So langsam verliere ich die Geduld. Hallo Du da! Zeig mir mal eure Getränkekarte, da wird es ja wohl drauf stehen. Aber selbst als ich es ihr vorlese und mit dem Finger drauf zeige, guckt sie immer noch dumm wie ein Fisch. Ich warte nur darauf, dass sie »Blubb« macht. Das, was sie sagt, klingt ausländisch. Aha, sie ist also auch nicht von hier. Sie hat aber augenscheinlich trotz der massiven Verständigungsschwierigkeiten diesen Job hier bekommen? Hmm, find ich jetzt echt ungerecht. Wie ist die denn bitte durch die *Immigration* gekommen? Wo ich immerhin fließend Englisch gesprochen habe und bereits wegen des kleinen Wortes »besuchen« solchen Stress bekommen habe.

Vielleicht ist sie ja die Cousine vom Officergrimmo oder einem seiner Kollegen und ist nur mit Vitamin B eingereist. Oder sie ist heimlich mit dem Boot von Thailand nach Maui gepaddelt und hat sich illegal eingeschleust. Ich seufze und winke ab. Der Kaffee, den sie inzwischen zu organisieren geschafft hat, genügt mir einstweilen. Wasser sollte ich eigentlich an jeder Ecke bekommen können. Nur nach dieser Begegnung bin ich mir dessen nicht mehr so sicher. Immerhin, Kaffee hab ich ja schon mal, Teilerfolg. Immer schön bescheiden bleiben. Das ist womöglich mehr, als manch einer in diesem Moment so hat.

Ich fahre weiter Richtung Kahului, wo mein Hotel ist. Aber auch dieses Hotel ist nicht schön. Luxus ist was anderes. Nur jetzt, aus meiner Garage-des-Grauens-Perspektive, kann sich eine Definition von Luxus schon mal schnell ändern. Das Seaside Hotel liegt immerhin am Meer, es gibt Luft dort und tatsächlich eine Aussicht auf den Hafen. Es ist sauber und stinkt auch nicht, und ich habe meine Ruhe. Alles andere ist in diesem Moment unwichtig. Das Hotel wird von Asiaten geleitet, ist ein wenig in die Jahre gekommen und im unerotischen Stil einer einfallslosen Wohnanlage in Hufeisenform gebaut, mit Pool in der Mitte.

An dem Gepäck der Gäste sehe ich, dass das Hotel als Anlaufstation nach Ankunft beziehungsweise vor Abflug vom Flughafen genutzt wird. Denn der Flughafen ist nicht weit von hier. Das ist auch für mich von praktischem Wert, denn ich muss jetzt gleich als erstes zum Flughafen und schauen, ob ich dort mein Ticket umbuchen und meinen Rückflug vorverlegen kann. Ich möchte nach Hause. Ich will auch nicht mehr nach Oahu, das wäre die dritte Insel auf meiner Reise gewesen. Aber ich kann einfach nicht mehr. Ich muss unwillkürlich an die Worte meines Töchterchens denken, die sie mir beim Abschied am Flughafen in Düsseldorf mit auf den Weg gab, »Mami, du musst nichts durchziehen, wenn es vorbei ist, kommst du einfach nach Hause.« Ja, ich komme. Mein kluges Kind.

Ich fahre also umgehend zum Flughafen und versuche dort mein Glück – vergeblich, wie sich herausstellt. Denn niemand kann oder will mir helfen. Alle möglichen Angestellten spielen sich wieder auf wie die Polizei. Dieses Gehabe kenne ich langsam schon. Ich werde scharf verhört und misstrauisch beäugt, werde stehen und warten gelassen. Endlos. Niemand scheint bereit oder in der Lage zu sein, mir zu helfen. Im Gegenteil, wieder einmal habe ich das Gefühl, ein Verbrechen begangen zu haben, ich weiß bloß nicht welches. Es ist zum Mäusemelken. Ich will endlich hier weg!!! Aber mal so was von weg. Und nun entpuppt sich sogar das Abhauen als undurchführbares Unterfangen. Aber das war fast schon klar. Es ist ja auch ein halber terroristischer Akt, einfach vorzeitig nach Hause zu wollen. Aus Hawaii weg! Hallo?

Sobald ein Beamter anfängt, sich damit zu beschäftigen gehen plötzlich die Möglichkeiten, die sich zunächst bieten, aus irgendwelchen Gründen nicht. Man erklärt mir eindringlich, wie einem kleinen Kind, bei meinem Ticket handele es sich um ein Reisebüro-Ticket. Nein, was ihr nicht sagt! Ich war zufällig diejenige, die es im Reisebüro gekauft hat, ihr Hirnis! Ich müsse daher die Buchungsänderung in meinem Reisebüro durchführen. Jo, ist klar, ihr fehlbelichteten Beamtenköppe, ihr wisst anscheinend nicht, dass Germany auf der anderen Seite der Welt liegt und es dort gerade in *the middle of the night* ist. Und auch wenn es kaum vorstellbar für euch ist, aber die Menschen dort schlafen in der Regel nachts und die Reisebüros sind daher ebenfalls nicht geöffnet. Capice?

»Nein, das geht nicht!«, ist der Satz, den ich in diesen, meinen letzten Tagen auf Hawaii am häufigsten höre. Noch nicht mal gemildert durch ein kleines »leider«. Denn niemandem tut hier irgendetwas oder irgendwer leid. Dass es auch Menschen gibt, die mal Hilfe brauchen, in Not sind, sich fremd fühlen oder sonst wie bedürftig sein könnten, kommt ihnen nicht in ihren tumben, dämlichen Sinn.

Was ist das nur für eine eindimensionale Welt, in der der eigene Blick nicht mal bis zum Tellerrand reicht. Zumindest kann ich froh sein, dass ich ihre Sprache spreche und verstehen kann, was sie sagen. Ansonsten wäre ich völlig aufgeschmissen und müsste wahrscheinlich den Rest meines Lebens zwangsbeurlaubt in Hawaii verbringen. Für jede Kleinigkeit muss ich hier um meine Rechte kämpfen wie eine Löwin. Selbstbehauptungstraining mal vier. *Boah*, ist das mal anstrengend. Selbst mein Jedi-Geist samt all seiner Kräfte, inklusive Lichtschwert, macht hier gerade schlapp. Ich verlege mich darauf, das Ganze als eine Art Riesengeduldsprobe anzusehen. Das funktioniert leidlich gut.

Und es bleibt anstrengend. Ich hatte extra ein Hotel mit kostenlosem Internet gewählt, weil ich das dringend brauche, um über die vielen Zeitzonen hinweg einigermaßen problemlos mit zu Hause kommunizieren zu können. Inzwischen ist es zwei Uhr nachts, und ich versuche seit fünf nervtötenden Stunden mit dem total überforderten Asiatenmäuschen an der Rezeption ins Internet zu kommen. Nichts zu machen. Entweder ist sie blöder als erlaubt und weiß selbst nicht wie es geht, oder das Einwahlsystem des Hotels funktioniert vorsätzlich nicht.

Ich bekomme Hunderte von Login-Codes, die ich alle beharrlich ausprobiere, die aber alle nicht funktionieren. Irgendwann habe ich Glück und erwische einen Code, der mich reinlässt. Heureka. Aber nach zwanzig Minuten fliege ich ungewarnt einfach wieder raus. Erklärung des Hotelsprechers: die Sitzungen seien nur auf zwanzig Minuten konzipiert.

Da schließlich niemand, den ich kenne im Minutentakt auf E-Mails antwortet, muss ich nun die gesamte Prozedur, die jedes Mal eine komplette Neuanmeldung erforderlich macht, für jeden einzelnen Blick in mein Postfach wiederholen. Ich verbrauche, glaube ich, dreitausend Codes. Es ist offensichtlich, das Versprechen dieses Hotels auf kostenlosen Internetzugang ist eine dreist kackfreche Lüge. Ich bin so was von entnervt und sauer. Der Löwe brüllt.

Um mir Luft zu verschaffen, mache ich die ebenfalls sehr entnervte Rezeptionistin an, aber sie ist nur eine kleine Angestellte, die vermutlich nicht mal ihren eigenen Namen schreiben kann, wozu soll ich die zur Schnecke machen? Sie kann für die miese Gästeverarschung des Hotels ja am allerwenigsten. Aber mittlerweile bin ich überzeugt, dass auch sie zum Konzept gehört. Wenn das Personal nur blöd genug ist, kommt keiner auf die Idee, sich zu beschweren, und dann muss eben auch niemandem geholfen werden. Pfui! Oder ich bin einer übergreifenden hinterlistigen Verschwörung zum Opfer gefallen, und die Besitzerin des Hotels entpuppt sich als die Schwiegermutter von Officergrimmo, der mir auf diese Weise einen Denkzettel verpassen will.

Wütend vor dem Empfangstresen aufgebaut, die Hände in die Hüften gestemmt, warte ich fuchsteufelswild immer noch auf Antwort. Hilflos zuckt diese patente Rezeptions-Dame mit den Achseln und meint schließlich mit einem Lächeln der Erleuchtung im Gesicht, ich könne natürlich auch zehn Dollar die Minute bezahlen, dafür hätte ich dann sogar WLAN auf meinem Zimmer. Also ist das noch zu fassen? Ich habe inzwischen einen Puls von zweihundertzwanzig. Nix da, dieses Hotel hat mich mit seiner Werbung auf kostenloses WLAN in die Falle gelockt, und jetzt bestehe ich zur Abwechslung mal auf Erfüllung der zugesagten Features. Und jetzt kommt mir bitte nicht auf diese ganz linke Tour und wollt nochmal extra abkassieren.

Als ich dann noch erfahre, dass für die kostenpflichtige Internetalternative die gleiche untaugliche Anmelderoutine erforderlich ist, frage ich mich, ob es überhaupt Internet in dieser Kaschemme gibt. Ich habe keine Lust mehr. Das Internet geht nicht, in der Halle zieht's, denn sie ist selbstverständlich offen. In Hawaii sind Orte und Gebäude ohne Dächer und Türen normal. Mir ist jedenfalls lausig kalt und ich habe Angst, mich am Ende noch zu erkälten. Ich brauche eine heiße Dusche und ein sauberes Bett. Es ist inzwischen zwei Uhr nachts und ich MUSS schlafen! Ich gebe also auf, räume mein WLAN-Schlachtfeld in der Lobby und trete meinen Rückzug ins warme Heiabettchen an.

Einunddreißigster Tag

Ich habe Übernachtung mit Frühstück gebucht. Im Frühstücksraum serviert man mir ein ordentliches, viel zu üppiges, amerikanisches Ei-und-Schinken-Frühstück. Ich lasse mir das meiste davon einpacken, für später, zur Vorsorge. Man kann ja nie wissen. Nach meiner Erfahrung mit der verpatzten Wasserbestellung gestern kann es ja gut sein, dass sie im nächsten Restaurant das Wort *Sandwich* nicht verstehen. Oder man erkennt mich vielleicht nicht mehr als menschliches Wesen, weil mich inzwischen eine Löwenmähne entstellt, das Löwenfutter aber just in diesem Moment ausgegangen ist. In jedem Fall wäre ich schon mal fein raus und könnte triumphierend auf mein Schinkenfrühstück zurückgreifen.

Als die Kellnerin mir Kaffee nachgießt, habe ich eine Idee. Ob sie vielleicht weiß, wo man in dieser Gegend irgendwo ins Internet kommen kann. Es soll nämlich Hotels oder Restaurants geben, wo man kostenloses WLAN nutzen kann, ohne dass einem bei Passwörtern oder Loginprozeduren die Tatzen abfallen.

Erst zuckt sie bedauernd die Schultern, aber dann hellt sich ihre Miene wissend auf. Sie meint, dass etwas weiter die Straße rauf ein Starbucks wäre, dort gäbe es kostenloses WLAN. Damit die Kunden kommen und schön lange bleiben. Hurra, meine Rettung. Starbucks, ich komme!

Und in der Tat, schon als ich an Starbucks vorbei auf den riesigen Parkplatz des Einkaufszentrums fahre, höre ich am Pling, Pling, Pling, wie die eingehenden E-Mails auf meinem iPhone eintrudeln. GEIL! Ich bin gerettet. Kirsten aus dem Reisebüro im fernen Köln überschlägt sich förmlich und gibt alles, um mich zurück in die Heimat zu schaffen. Diese gesamte Umbucherei geht in Anbetracht der Umstände leider nur über SMS zu regeln. Ich sitze schon ein paar Stunden bei Starbucks und habe schon so viele Kaffeegenüsse verzehrt, dass mir ganz schlecht ist. Daraufhin wechsele ich nach draußen, auf eine Bank vor dem Laden. Immer auf Nachricht von zu Hause wartend.

Entweder die Warterei lässt mich blöd werden und halluzinieren oder dies hier ist die Sammelstelle für das Volk, das gerade Ausgang vom Irrenhaus hat. Die Frau, die im Moment neben mir sitzt, macht schon seit zehn Minuten *nji, nji, nnnji*. Wenn sie es noch einmal sagt, befürchte ich, fange ich auch damit an, *nji, nji, nnnji!* Davor war ein Typ da, der ununterbrochen Selbstgespräche geführt hat. Und dann gab es einen Mann, der sich alle zwei Minuten auf einen anderen Platz gesetzt hat. Nachdem er alle Plätze durch hatte, stand er schließlich auf, hat sich vor den Mülleimer gestellt und lauthals verkündet, dass Jesus uns alle retten wird. In diesem Moment habe ich mir auch echt nichts sehnlicher gewünscht! Erlösung. Ich hab mir nur nicht mitbekommen, wann diese Rettungsaktion stattfinden sollte. Oder ist sie bereits gelaufen?

Etliche graue Haare mehr, einige Dutzend SMS später, und hunderte Euro ärmer, scheint alles soweit in trockenen Tüchern zu sein. Jetzt muss ich nur noch auf das Bestätigungsfax warten, das alle relevanten Daten schwarz auf weiß für mich bereithält. Mein Nachhausefliegberechtigungsschein! Den will Kirsten an mein Hotel senden. Ich bin mir nicht ganz sicher, ob ich aufatmen kann, so lange dieses Hotel noch in irgendeine Transaktion verwickelt ist, die meine Angelegenheiten betrifft. Die Euphorie lässt mich aber trotzdem noch einmal Vertrauen fassen.

Ich hab noch etwas Zeit zum Totschlagen und könnte mich zu diesem Zwecke ein bisschen in dem Shopping Areal umsehen, in dem ich mich gerade befinde. Es ist riesig und es gibt sogar ein Kino. Ich überlege, ob das nicht auch eine Option für einen netten Abend wäre. Lust hätte ich schon, mal wieder einen tollen Film zu sehen. Mich in irgendeine Fantasiewelt entführen zu lassen, die absolut nix mit diesem ganzen hawaiianischen Hokuspokus zu tun hat. Ganz im Sinne einer kleinen Flucht aus der Realität.

Die Shops sind alle eher unsexy und haben nichts, wonach mich gelüstet. Von daher habe ich diesen Shopping-Teil recht bald über und suche stattdessen nach einem Supermarkt, denn ich brauche Getränke. Das Hotel ist so ungehobelt, dort gibt es nur einen Automaten mit Dosen undefinierbaren Inhalts. Wahrscheinlich asiatische Katzenpisse als Zeichen der besonderen Wertschätzung für die lieben Gäste. Zurück im Hotel muss ich noch eine weitere Frustrunde Internet hinter mich bringen. Das bestärkt mich in dem Entschluss, heute Abend nett zu mir zu sein und zum Essen auszugehen. Als Entschädigung quasi.

Auf der Suche nach einem coolen Schuppen, stoße ich zufällig auf den angesagtesten Laden der Insel. Das Kahului Ale House. Ich kann an der Bar abhängen, so lange ich will, kriege sogar was zu essen und vor allem gutes Bier vom Fass. Dreißig Sorten, versteht sich. Wir sind ja schließlich in Amerika, dem Land der Superlative. Ich denke bloss: entweder es gibt nicht mal ein einziges Tröpfchen Bier oder aber es gibt gleich dreißig Sorten. Das verstehe, wer will.

Dazu bekomme ich außerdem einen 1a-Original-Hamburger, so wie man ihn nur in Amerika machen kann. Er enthält neben ganz viel Fleisch auch spezielle Glückshormone – und die brauche ich jetzt. Au ja, *schmacht!* Und das Beste ist, ich bin mal wieder unter Leuten.

Neben mir sitzt zum Beispiel Adam. Er ist Kitesurfer und gerade auf einem Camping Trip, so wie Robbie, den ich auf Big Island traf. Hier scheinen alle

Jungs auf dem Camping Trip zu sein. Die wissen vermutlich wie schrecklich die Unterkünfte hier sind und machen ihr eigenes Ding. Da erhält Camping eindeutig den Vorzug. Oder es ist ein In-Feature für besonders männliche Männer? Oder der Duft eines besonderen Abenteuers? Von Adam, meinem neuen Naturfreund, erfahre ich allerdings, dass er sich gerade auf Urlaub vom Campingurlaub befindet. Häh? *Isch nix verstehn.* Also was jetzt? Toll, oder doch nicht toll?

Er ist vom ganz anderen Ende der Insel extra bis zu dieser Bar hier gefahren, nur um was Vernünftiges zu essen zu kriegen. Warum, bitte? Ja, wohnen würde er in Paia, und dies hier sei sein Lieblingslokal, wo er öfter sei. Zum Campen sei er aber irgendwo in der Nähe von Lahaina. Und er habe sich nun schon einige Tage lang mit Campingessen gemartert, aber heute sei ihm endlich die Dosenfutter-Schnur geplatzt und er hätte unbedingt was Vernünftiges für seinen leidenden Magen haben müssen.

Als der Kellner seine umfangreiche Bestellung vor ihm ablädt, wird offenkundig, dass er fast alles bestellt hat, was auf der Speisekarte stand, aber identifizieren kann ich nur noch die oberste Lage: Chicken-Wings und Hamburger. Der Rest liegt, uneinsehbar, unter einem riesigen Frittenberg begraben. Mein Gott, was muss der Ärmste in seinem Zelt für Höllenqualen ausgestanden haben, ohne vernünftiges Futter. Jedenfalls stöhnt er vor lauter Verlangen, als er die ganze Kalorienpracht anrauschen sieht. Dann haut er so was von rein, der Koch hätte seine helle Freude an ihm gehabt. Sieht ein bisschen aus wie Obelix, wenn er sich auf die Wildschweine stürzt.

Als der Kellner mir meinen Hamburger bringt, grinst Adam zufrieden. Ich habe vermutlich seine interne Kumpelprüfung bestanden, denn er befindet mich für in Ordnung. Behaglich schmatzend lässt er mich wissen, dass es hier die besten Hamburger der Insel gebe. Er wisse schließlich, wovon er spreche. Ich habe nicht den geringsten Zweifel und fühle mich geehrt, dass ich dieser verschwörerisch gehandelten Kunde würdig bin. Und zur Besiegelung stößt er krachend mit mir an, ganz und gar nicht zimperlich. Vielleicht ist er der Meinung, dass eine Deutsche aus dem Land der Germanen was Ordentliches vertragen, und er es so richtig rumsen lassen kann. Daraufhin sind wir auf alle Fälle vollends und unwiderruflich verbrüdert. Zumindest so lange, wie wir hier an der Bar abhängen.

Jetzt erzählt er mir, dass er bei einem Motorradunfall auf Maui seinen Arm verloren habe, der ihm zwar wieder angenäht wurde, aber steif geblieben sei. Oh Gott, wieso erzählt er mir das? Jetzt? Hier? *Why?* Also so ein cooler Buddy bin ich nun auch wieder nicht. Vielleicht verwechselt er da doch ein bisschen was. Na, jedenfalls mühe er sich nun mit den Folgen dieser Verletzung herum. Er beschreibt mir haarklein in allen Einzelheiten, inwiefern das dann mit dem Surfen problematisch ist und mit allen möglichen anderen täglichen Verrichtungen ebenso. Puuh. Bitte nicht! Keiner will das so genau wissen!

Ich versuche, einfach nur ruhig zu bleiben und lediglich mit normalem Entsetzen zu reagieren. Was soll *frau* sonst in dieser leicht peinlichen Situation tun? Ihm ist das nicht im Geringsten peinlich. Nicht die Spur. Im Gegenteil, dieser John Silver hier wartet munter mit pikanten Details aus seinem einarmigen Leben auf, die sich niemand in seinen kühnsten Träumen ausmalen würde. Ich muss nicht nur einmal schlucken.

Ich glaube, ich habe genug davon. Jetzt möchte ich nicht mehr sein Kumpel sein. Ich fühle mich zwar geschmeichelt, dass er mich so in sein Vertrauen schließt. Aber ich finde, nun übertreibt er's ein wenig. Vielleicht ist Adam auch so ein ausgetickter Freak? Ja, gibt es auf dieser Insel denn keine normalen Menschen? Ich kann es nicht fassen. Es ist vermutlich umgekehrt. Bestimmt bin ich nicht normal und diejenige, die ein paar an der Waffel hat? Ja, genau, das wird's sein!

Nachdem Adam nicht nur das Thema der körperlichen Beschädigungen ausgiebig erschöpft hat, sondern mich noch dazu, können wir dann doch noch über was anderes reden. Belanglosigkeiten. Die sind mir jetzt auch wesentlich sympathischer. Nun kann ich auch meinen Hamburger wieder so richtig würdigen, ist er doch Spitzenklasse. Diese Delikatesse bekomme ich so nicht zu Hause. Jedenfalls geht das, was es zu Hause gibt, bei mir nicht als Hamburger durch.

Da ich noch nicht weiß, dass es Kirsten nicht geschafft hat, mich anderntags von der Insel zu kriegen, gehe ich davon aus, dass dies hier meine letzte Mahlzeit ist. Ich bestelle mir noch ein Bier und hänge noch ganz seebärtechnisch kumpellike eine ganze Weile mit John Silver an der Theke ab. Als ich davon ziemlich knülle bin und auch das Gefühl habe, mit dem Barhocker inzwischen verwachsen zu sein, mache ich mich schließlich auf den Heimweg. Schäle meinen Hintern umständlich von meinem Sitz. Und fahre in absoluter Zeitlupe Richtung Hotel. Obwohl es nur eine Meile entfernt ist, fahre ich deutlich wie auf Eiern.

Als ich in der Lobby nachfrage, ist kein Fax da. Ich werde verrückt. Am Ende erfahre ich, dass ich erst am Tag darauf einen Flug bekommen habe. Das heißt Verlängerung. Ein weiterer Tag in diesem Chaos. Na bestens! Und gute Nacht dann auch.

Zweiunddreißigster Tag

Ich habe noch jede Menge Sprit im Tank. Und ich könnte ein bisschen Abwechslung vertragen. Mein Hotel ist da keine Alternative, weil so unglaublich unprickelnd. Ich könnte einen Ausflug ins Hinterland machen. Das ist eine gute Idee. Und eine sehr gute Variante des Zeittotschlagens. Kaum lasse ich Kahului hinter mir, wird es auf einen Schlag leer und sehr einsam. Keine Menschenseele. Die Örtchen, die ich passiere, wirken wie ausgestorben.

Ich versuche, einen schönen Spot zu finden, den mir jemand von Kalani empfohlen hat. Mit dem Hinweis, dass dies sein Lieblingsort auf Maui sei. Ich habe ihn bestimmt nicht gefunden, aber dafür war ich an einer anderen, sehr schönen Stelle am Strand. Vom Flair her völlig anders als Hookipa. Dort hocke ich mich in einen abgestorbenen, hohen Baum, wie in einen Ausguck. Mit Blick über das weite Meer und die Silhouette der sehr gebirgigen Bucht, die sich im Halbrund um das wellige Wasser schmiegt.

Unterwegs mache ich die Bekanntschaft mit *Kapu*. Das muss ich etwas näher erläutern. Also *Kapu* ist eine hawaiianische Spezialität und hat religiösen Ursprung. Es bedeutet übersetzt so viel wie Tabu. Man stelle sich bloß mal vor, das deutsche Wort Tabu leitet sich doch tatsächlich von diesem hawaiisch-melanesischen Begriff ab. *Kapu* ist eine unergründliche Mischung aus Verbot und Fluch. Wenn man also *Kapu* irgendwo auf einem Schild liest, sollte man seinen Hintern schleunigst woanders hinschieben.

In jedem Falle handelt es sich um eine sehr schwere Form des Verbots. Übertretungen wurden einstmals mit schwersten Strafen belegt. Todesstrafe war zum Beispiel gang und gäbe, aber auch so nette Dinge wie Knochenbrechen oder Augenrausreißen gab es im Angebot. Alle, die nach der Bestrafung auf wundersame Weise noch irgendwie am Leben geblieben waren, konnten an bestimmten, dafür bezeichneten Orten Asyl finden. So wie Aussätzige in Quarantäne. Aber so genau mag ich mir das Chaos in diesen Asylhorten jetzt nicht unbedingt vorstellen. Oder wie der Alltag dort so ablief, wo alle doch mehr oder weniger keine Augen mehr hatten. Und wo das, was in diesen Leibern an Knochen noch übrig war, nur noch nutzlos durch die Gegend klapperte.

Ein paar gute Beispiele für *Kapus* liefert uns mal wieder unser Captain Cook. Ihr erinnert euch? Das war der Entdecker von *det Janze*. Also, der Platz, wo er seine Messgeräte und das technische Equipment aufgestellt hatte, wurde vom König mit *Kapu* belegt. Vermutlich, damit die Wilden sich nicht daran vergreifen konnten, da das Metall so schön in der Sonne glänzte und aussah wie tolles Spielzeug. So auch sein Schiff »Iphigenia«, das wurde auch *Kapu*, aber nur auf die wiederholte Bitte von James hin. Denn verhängen konnte das *Kapu* nur der König höchstpersönlich. Ich nehme an, James wollte ab und zu seine Ruhe haben und auch mal ungestört ein Nickerchen auf dem Schiff machen, fernab von allem Eingeborenentrubel. Oder ganz diskret seinen Damenbesuch empfangen. Auf so einem Schiff gibt's halt nicht viel Privatsphäre.

Aber *Kapu* konnte auch bestimmte Speisen, Orte, Gegenstände oder Personen treffen, wenn sie in irgendeiner Art Träger von *Mana* waren. *Mana* bezeichnet die göttliche Kraft in der hawaiianischen Religion. Ist klar, dass die natürlich geschützt werden musste. Auch bestimmte Worte oder Begriffe konnten unter *Kapu* fallen. Bevor die Europäer nach Hawaii kamen, war auch das gemeinsame Speisen von Männern und Frauen mit Kapu belegt. Frauen war außerdem der Genuss von Schweinen sowie leckeren Meeresschildkröten und Hunden, aber auch Bananen und Kokosnüssen untersagt. Und während der Menstruation gab es keinen Sex. Total *Kapu*. Nun, da hatten die Eingeborenen strenge Regeln. Wie es vermuten lässt, waren sie hauptsächlich von und für die männliche Welt gemacht, die da scheinbar was von hatte. Die Männer haben sich einfach besser gefühlt, wenn die Frauen keine Schweine gegessen haben. Hatten sie auf diese Weise doch die Schweine ganz für sich alleine. Oder es liegt daran, dass Schweine ja angeblich dem Menschen so ähnlich sind. Nun ja, was das nun bedeutet? Die Folgerungen dieser Überlegung zu ziehen, das überlasse ich nun jedem selbst.

Aber ich vermute, den Frauen ging's auch besser, wenn sie nicht mit den Männern an einem Tisch sitzen und ihnen beim Furzen und Rülpsen zuhören mussten. Und dass sie keine Schweine essen durften, ist ihnen mit Sicherheit auch wesentlich besser bekommen. Heute, wo wir wissen, was in einem Schwein so alles an Schadstoffen drin ist. Ja, und gut für die Umwelt war das bestimmt auch.

Manchmal wünschte ich, wir hätten so was wie *Kapu* in unserer heutigen Zeit. Dann wären viele der vom Aussterben bedrohten Tierarten noch am Leben und unsere Erde vermutlich noch heil. Und so mancher würde, wenn er kein Schwein mehr essen dürfte, nur die Hälfte wiegen. Und für wen das jetzt nun besser ist, das kann sich jeder selbst ausdenken.

In meinem aktuellen Fall hier, sah ich das *Kapu*-Schild an einem Haus auf einem Grundstück, das zum Meer führte, und auf dem seltsame Menhire und steinartige Gebilde aufgestellt waren. Es hing an einer verrosteten Kette zwischen zwei Bäumen und war mit der Hand geschrieben. Aber ich hatte sofort das Gefühl, das persönliche Blut des Verfassers hing noch dran. Denn als ich es sah, schüttelte es mich bereits vor Grausen. Mir fiel gleich der gesunde Ratschlag der Einheimischen wieder ein, doch augenblicklich abzuhauen, und das tat ich auch. Obwohl ich bis heute noch nicht weiß, worin das *Kapu* in diesem Fall genau bestand. Ich glaube, es war der clevere Versuch des Grundstücksbesitzers, Leute, die sein Land als Abkürzung zum Strand benutzen wollten, ganz simpel und wirkungsvoll abzuschrecken.

Vieles, was religiösen Ursprungs ist, findet sich, so wie das *Kapu,* noch heute im hawaiianischen Alltag wieder. Interessant ist, dass es immer einen direkten, sprachlichen Zusammenhang gibt. Hawaiisch ist die Sprache der polynesischen Ureinwohner und ist ein total reduziertes System. Was man hört, ist eine Aneinanderreihung von Vokalen, die in einem bunten Mix aufeinandertreffen. Hawaiisch hat nur zwölf Buchstaben und damit das kürzeste Alphabet der Welt. Das Ergebnis hört sich am Ende an wie Kindersprache. Es scheint, als ob nicht nur die Natur hier kindlich bunt ist, sondern auch die Sprache der Menschen. Herrlich. Leider konnte ich nicht tiefer in dieses interessante Mysterium eintauchen. Aber durch die Einfachheit der Sprache drückt sich natürlich auch die Einstellung der Einheimischen zur Welt und zum Leben aus. Klar und einfach. Keine Sprache zum Deuten. Es gibt nichts zu Deuten. Die Dinge sind wie sie sind. Auch gut. Da haben wir es im verkopften Deutschland etwas komplizierter.

Jedenfalls ist Hawaiisch, zusammen mit Englisch, die Amtssprache Hawaiis. Aber bedauerlicherweise ist sie vom Aussterben bedroht. Englisch verdrängt sie natürlich aus dem Alltag. Immer weniger Menschen sprechen Hawaiisch als Muttersprache. Es gibt jedoch eine Kampagne zur Wiederbelebung der Kultursprache. Sie hat zum einen die Fixierung der Schriftsprache zum Ziel, da Hawaiisch nur in der mündlichen Überlieferung existiert, und zum anderen die Wiedereinführung vieler alter, überlieferter Begriffe, insbesondere der mannigfachen, speziellen Eigennamen. Ich denke kurz daran, wie es wäre, das Internet für eine derartige Erhaltungskampagne zu nutzen, und sich Hawaiisch telekollegmäßig auf Youtube reinzuziehen. Da könnte man wenigstens hören, wie die Betonungen und die Aussprache korrekt sind. Und es wäre dadurch wesentlich leichter zu verbreiten.

Auf dem Rückweg komme ich noch durch Wailuku. So sehr ich danach Ausschau halte, aber es gibt in Wailuku nichts Besonderes zu sehen. Voll langweilig. Wailuku ist Mauis Hauptstadt. Das heißt, zu diesem Thema gibt es uneinheitliche Aussagen. Manche sagen, die Hauptstadt sei Kahului. Nun sind diese beiden Orte ja fast ineinander gewachsen, so dass es am Ende auch egal ist. Und dann gibt es noch Lahaina im Hauptstadt-Angebot, was früher irgendwann mal die Hauptstadt gewesen ist, aber inzwischen in dieser Funktion abgesetzt wurde. Den Grund dafür habe ich nicht erfahren können. Ihr könnt euch also selbst einen ausdenken.

Aber was ich über Wailuku in Erfahrung bringen konnte, ist, dass es sich immerhin um einen CPD-Ort handelt. Will heißen, dass er von der Regierung zur Erhebung bevölkerungsstatistischer Daten ausgewählt wurde. Bestimmt langweile ich mit diesem Statistik-Mist so gut wie jeden auf diesem Erdenrund. Aber ich muss ja gerade Zeit totschlagen und da ist mir jedes Mittel recht. Trotzdem hat mir die Beschäftigung mit diesen Zahlen etwas gegeben. Eine Art Beruhigung. Was man in Zahlen ausdrücken kann, gibt Sicherheit und Orientierung.

Man kann über diese statistischen Erhebungen erfahren, dass es im Jahr 2010 im gesamten Distrikt Wailuku 15.313 Menschen gab. Im Jahre 2000 waren es nur 12.296. Das sind innerhalb von zehn Jahren rund 25% Zuwachs! Scheint vielleicht ja doch ein begehrterer Ort zu sein, als es zunächst den Eindruck macht.

Obwohl die Vorzüge Wailukus nicht jedem gleich ins Auge fallen. Aber vielleicht noch ein bisschen interessante Statistik, die doch so manches sehr viel interessanter wirken lässt, sobald man zahlenmäßigen Tiefgang erreicht. Die Bevölkerungsdichte betrug 950 Menschen pro Quadratkilometer. Mal so zum Vergleich: in Köln sind es im Jahre 2010/11 rund 2.510 Einwohner, im Oberbergischen Kreis nur noch 304. Also dafür, dass Köln die viertgrößte Stadt Deutschlands ist und wir als eines der dichtest besiedelten Länder Europas gelten, sind 950 Menschen für so ein tropisches Fleckchen ganz schön viele Leutchen.

Und alle diese Menschen verteilen sich auf 4.535 Haushalte, wovon es sich bei 3.015 der Haushalte um Familien handelt. In Köln gibt es 537.000 Haushalte, in denen im Schnitt 1,9 Personen leben. Es gibt dann noch Zahlen zum Familienstand, und wie viele alleinerziehende Frauen es gibt und was die Leute so im Durchschnitt verdienen. Nämlich 45.587 Dollar pro Haushalt im Jahr. Umgerechnet in Euro, nach dem aktuellen Kurs, reden wir von 34.725 Euro. Im Vergleich dazu mal der Wert für Deutschland, er liegt bei zirka 40.000 Euro. Solche Durchschnittsangaben zum Verdienst haben natürlich nur begrenzten Aussagewert, wegen der Ausreißer. Aber ich kenne ja hier nun die Preise und befürchte, dass es eng werden könnte im Supermarkt, wenn man die Zahlen zu den im Haushalt lebenden Personen in Relation setzt.

Hier noch ein paar Angaben, wie sich die Rassen auf Maui zusammensetzen. Denn auch dazu hat erhebt die US-amerikanische Volkszählung alle zehn Jahre Daten: 42,08% der Bevölkerung stammen aus Asien, 26,28% von zwei oder mehreren Rassen, 11,70% von den Pazifischen Inseln, 8,16% sind Weiße, jeweils 7,75% sind Hispanier oder Latinos, und 1,18% von anderen Rassen. Nur 0,36% sind gebürtige Amerikaner und 0,24% Afro-Amerikaner. Jetzt könnte man sich fragen, wer genau wird heutzutage als Afro-Amerikaner bezeichnet? Nun, die Antwort könnte leicht politische Brisanz enthalten. Jedenfalls kann man sich ein lebhaftes Bild des sozialen Schmelztiegels machen.

Im Vergleich dazu: in Köln sind 40 Prozent der Bevölkerung gebürtige Kölner! 17 Prozent haben nicht die deutsche Staatsangehörigkeit und 33 Prozent haben Migrationshintergrund. In Köln leben 181 verschiedene Nationalitäten nebeneinander her! Wer hätte das geahnt? Wenn man also was über fremde Kulturen lernen will, muss man nach Köln reisen. Und braucht nicht unbedingt in die weite Welt. Wer mehr dazu erfahren möchte, kann das gerne beim Amt für Stadtentwicklung und Statistik in Köln, wo auch die ganzen Zahlen herstammen.

Ich liege platt und erschöpft auf meinem Hotelbett und müsste eigentlich noch packen. Ich wende mal eben schnell Force-Mind aus dem Repertoire meiner Jedi-Kräfte an, womit alles wie von Zauberhand in den Koffer wandern sollte. Aber irgendwie will es heute Abend nicht recht klappen. Stattdessen muss ich auf den manuellen Prozess umschalten und entscheide ich mich am Ende für ein Alternativprogramm und fahre zu der tollen Bar von gestern. Dort gönne ich mir nochmal die leckeren Hamburger.

Heute gibt es eine andere Besetzung an der Bar. Zwei Typen, die irgendwelche Trinkspielchen spielen. Jedenfalls werfen sie ordentlich mit Dollarscheinchen um sich. Wenn die Bedienung zum Abkassieren kommt und drei Dollar verlangt, schleudern sie einfach einen Haufen Scheine in die Luft, der wenn er herabgeregnet ist, dann so ungefähr zwanzig Dollar ausmacht.

Es dauert nicht lange, bis der Typ, der neben mir sitzt, mich anspricht und fragt, wo ich denn so herkomme. Das ist der Standardeinstieg für jede Konversation. »*Where are you from*«? Sollte man sich merken. Germany fand er schon ziemlich exotisch. Ich bin noch nie auf die Idee gekommen, mein Land als exotisch zu betrachten. Aber vielleicht ist Deutschland ja so wie Hawaii für uns zu Hause, fernab, unbekannt und von daher reizvoll. Und vielleicht bestens qualifiziert, weil wir jetzt wissen, dass dort mindestens 181 Urvölker wohnen.

Daraufhin entspinnt sich ein längeres Gespräch, währenddessen auch keine Dollarscheine mehr fliegen. Der Typ neben ihm, den ich für seinen Kumpel halte, sieht, es ist was Interessantes im Gange und will meine Ausführungen nicht verpassen, aber er sitzt zu weit weg und kriegt auf seinem Platz nicht mehr viel mit, es ist einfach zu laut. Also muss mein Nachbar ihn zwischendurch immer mal wieder auf den neuesten Stand bringen. Man merkt, er hätte gerne mit ihm den Platz getauscht, denn seine Begeisterung ist ihm vom Gesicht abzulesen. Die beiden haben Glück, dass ich mein Lichtschwert und meine kriegerischen Absichten rechtzeitig versteckt habe. Jedenfalls würde er gerne mehr über Germany erfahren. Aber wie gesagt, es ist einfach zu laut.

Ich bekomme meinen Hamburger und haue rein. Heute habe ich ein anderes Bier als gestern. Bis man die dreißig Sorten durchhat, muss man sicher einige Nächte durchzechen. Ich habe ja heute erst meinen zweiten Abend. Ich finde nur, bei so viel Auswahl hätte auch gut Kölsch dabei sein können. War es aber nicht. Der Nachbar meines Nachbarn will wissen, was ich da trinke. Ich hab die Sorte wieder vergessen. Mein Nachbar lässt mir von ihm ausrichten, dass er mir gerne einen Drink ausgeben würde, was es denn sein dürfe. Tja, jetzt mit dem Riesenhumpen vor mir, möchte ich eigentlich gar nichts trinken. Ich lasse ausrichten, vielleicht später, wenn ich fertig bin mit Essen. Einen Verdauungsschnaps eventuell. In der Hoffnung, dass er es bis dahin wieder vergessen hat.

Nachdem diese Information von meinem Nachbarn zuverlässig durch die Stille Post an ihr Ziel übermittelt wurde, erfolgt sofort eine akustische Rückmeldung auf der Kumpelseite. Er sich offensichtlich, dass ich seine Erwartungen nicht enttäuscht habe. So kann er doch noch ein bisschen Schnaps an die Frau bringen. Hilfe, was hab ich da nur wieder angestellt? Und als mein Bier leer ist und das Essen vertilgt, kommt sofort die Frage durch die Stille Post zurück, was es denn nun sein dürfe. Also nix mit vergessen. Ich überlege, mir fällt aber nichts ein. Da sehe ich genau gegenüber an der Theke ein Jägermeister Reklameschild hängen. Ich denke, in der Not trinkt der Teufel auch Jägermeister.

Da will ich gerade den Mund aufmachen und meinem Nachbarn die Jägermeisterbestellung auf die Übersetzungsreise schicken, da stocke ich, weil ich keinen Dunst habe, wie man Jägermeister auf Amerikanisch ausspricht. Denn wenn ich Jägermeister auf Deutsch sage, erhalte ich alles, nur keinen Jägermeister. Weil das hier nämlich keiner versteht. Ich kenne mich gut mit amerikanischen Verunglimpfungen deutscher Wörtern aus. Das habe ich mal ein Jahr lang mitgemacht und ich musste mich mehr als oft über die unmöglichsten Wortschöpfungen wundern.

Ich habe mit angehört, wie Bayreuth zu Bärruuthhh, und aus Gabel Gorbl wurde, aus Löwenbräu Louwnbraauu, und aus Scheiße ßaisah. Ja, und jetzt überlege ich, wie wohl Jägermeister ausgesprochen werden könnte. Weil mir keine gescheite Lösung einfällt, versuche ich es dann doch mit dem Naheliegenden: dem deutschen »Jägermeister«. Alle, vom Kellner, über meinen Nachbarn bis hin zum edlen Spender glotzen mich an wie ein Alien: What? Hmm ja, ich druckse ein bisschen herum und erkläre, dass das die deutsche Aussprache dieses Zeugs sei, das er auf seinem Plakat dort oben bewerbe. Ich zeige mit dem Finger aus sein Jägermeister-Schild. Ach so! Ja, dann würde ich doch *Jagrmiihschdör* meinen, das hätte ich doch auch gleich sagen können, *lachlach*. Ja klar, genau, das hätte ich auch gleich sagen können. Aber ich lache nicht. Ich reihe diese Pervertierung in die schwarze Liste der Misshandlungen deutscher Wörter ein. Was ich aber dann serviert bekomme, ist fast ein halber Liter Jägermeister auf Eis. Himmel! Wer soll das denn trinken? Normal kann einem ja schon von einem Schnapsglas davon schlecht werden. Aber diese Menge hier? Na, das kann ja noch heiter werden. Ich lasse die Jungs neben mir mal einen ordentlichen Probierschluck nehmen, dann ist hoffentlich das meiste schon weg. Die finden den Geschmack aber nicht so toll, denn sie verziehen beide ihre Mienen, als hätten sie große Schmerzen. Kann ich verstehen, die sind die guten deutschen Sachen einfach nicht gewohnt. Jedenfalls fliegen jetzt wieder die Dollarscheine, als die Kassiererin auftaucht. Der Nachbar meines Nachbarn, also der edle Spender, ist auf einmal zu Tode betrübt und total fertig, weil ihm einfällt, dass er noch einen Termin hat und daher gehen muss. Gerade jetzt, wo's lustig wird, meint er bedauernd.

Er schwirrt also ab und knallt mir im Weggehen den Rest seiner Möppen vor die Nase. Davon solle ich mir um Himmels Willen was Vernünftiges zu trinken bestellen. Nachdem er das *Jagrmiihschdör*-Zeugs probiert habe, hege er vollstes Mitleid mit mir und meinem deutschen Erbe. Nun muss ich lachen. Das ist richtig gut. Ich will ihm das Geld gerade zurückgeben, als mein Nachbar es mir aus der Hand nimmt und erneut auf den Tresen knallt. Nix da, das gehöre zum Spaß des Abends dazu, und den wolle ich den beiden doch wohl nicht verderben, oder? Nein, natürlich nicht. Wenn man etwas über mich nicht sagen kann, ist es, dass ich ein Spielverderber oder eine Spaßbremse bin.

»Dann sag deinem Kumpel, wenn du ihn das nächste Mal siehst, dass ich mir einen Kasten Bier davon gekauft habe«. Daraufhin meint er ganz trocken, das wär nicht sein Kumpel. Er habe den Typen noch nie vorher gesehen. Aber sie hätten ne Weile zusammen am Tresen gesessen, gespielt, Scheinchen geworfen und Spaß gehabt. In Amerika kann man auch bloß für zwei Stunden die dicksten Freunde sein. Das ist durchaus möglich und üblich.

Gut, also dann habe ich vielleicht Glück gehabt, denn das Geld würde für reichen, mindestens zwei Tage lang essen zu gehen. Der Typ neben mir, der jetzt ohne Kumpel ist und nicht mehr übersetzen muss, ist ein Netter, so Mitte Sechzig, und ich erfahre noch, dass er Busfahrer ist und Touristengruppen nach Hana fährt. Ich werde verrückt. Das kann doch nicht sein. Wieso hab ich den denn nicht gleich zu Anfang kennengelernt? Oder gestern, das hätte ja auch noch gereicht. Dann hätte ich gewusst, dass man mit Bussen dorthin fahren kann. Das hätte ich nämlich bereitwillig in Betracht gezogen. Also speichere ich diese wichtige Information für später ab, falls ich sie je nochmal brauchen sollte. Auch er muss dann gehen, denn er hat noch eine Fahrt irgendwohin in die Pampa anstehen und muss seine Fahrgäste jetzt vom Hotel abholen. Okay. Ich gebe ihm die Hand und wünsche ihm allzeit gute Fahrt.

Dieses Treiben und meine angeregten Gespräche mit den beiden Herren sind noch von einem anderen, fremdländisch aussehenden, jungen Typen angelegentlich verfolgt worden. Auch er hätte gerne bei unserer kleinen Party mitgemacht. Hatte aber einige Mühe, unserer Unterhaltung zu folgen. Leider ging die Stille Post nicht bis zu ihm und es hat ihm auch keiner so hilfsbereit übersetzt, wie mein Nachbar seinem Scheinwerferkumpel. So konnte er nichts mitkriegen und musste sich wohl oder übel langweilen. Irgendwann kamen drei ältere Damen herein, die sich auf seiner noch freien Seite niederließen. Seine ganze Aufmerksamkeit wurde sofort auf die viel dankbareren Damenobjekte gerichtet. Da hatte er aber mal so richtig freie Bahn und konnte voll zur Höchstform aufgelaufen. Will heißen, er fing an zu singen. Ja, und was soll ich euch sagen, die alten Mädels stimmten ein, und ab da brannte die Hütte.

Ich hatte zwar gelesen, dass es heute Abend Live-Musik geben sollte, aber ich wusste nicht, dass das hier so ungezwungen läuft, und die Sänger als Gäste getarnt sind. Bis dann der echte Musikant auftauchte und mit seinem Gesang loslegte. Das inspirierte unseren Freund hier aber erst richtig und er unterstützte und begleitete den Profisänger aus voller Kehle. Dabei wurde er kräftig von den drei Damen vom Grill angefeuert, die gar nicht genug von dem jungen, hübschen Sänger kriegen konnten.

Auf diese Weise angehimmelt, gibt der Mann alles. Er flüstert dem Musiker irgendwas ins Ohr, woraufhin er die Musik von Country auf Hawaiianischen Hula umswitcht. Und jetzt gibt's kein Halten mehr. Der junge Mann fängt an, wie ein Irrer Hula zu tanzen. Aber so was habe ich noch nie gesehen. Er lebt seine ganze Leidenschaft aus. Volle Kanne gut! Ich war so platt und überrascht, dass ich den Mund nicht mehr zugekriegt habe.

Ich frage einen Mann neben mir, was das ist, und er sagt, das ist Hula. Ja wie? Jaja, Hula! Ein guter Tänzer würde mittels Hula ganze Geschichten erzählen. Das erklärt natürlich, warum dieser Tanz wie eine Mischung aus Hüftschwingen und Theaterspiel aussieht. Es kommen Gebärden und allerlei Elemente vor, die ich aus den sonst so gebräuchlichen Tänzen nicht kenne. Aber es fasziniert mich ohne Ende. Als Hula-Mann fertig ist, sind die Frauen vor Ekstase von ihren Barhockern gerutscht und im Rhythmus der Hula-Musik am Mitwippen. Sie applaudieren und johlen und brüllen Zugabe. Hula-Mann lässt sich nicht lange bitten und legt noch ein Tänzchen nach.

So habe ich am letzten Abend noch einen Kulturflash erhalten und bin unverhofft in den Genuss einer echten Hulavorstellung gekommen. So was von cool. Was bin ich froh, dass ich nochmal in diese Bar gekommen bin. Nun muss ich aber heim, obwohl das Bleiben sich sicher gelohnt hätte, aber ich muss noch packen und früh wieder raus. Mein Gefühl sagt mir außerdem, ich tue gut daran, meine Kräfte zu schonen.

Dreiunddreißigster Tag

Ich bin rechtzeitig aufgestanden und habe alles professionell gepackt! Die Hälfte meines Kofferinhalts muss hier bleiben. Ich lasse also etwas von mir in Hawaii zurück. Das tue ich nicht nur mit den Klamotten. Ich habe das Gefühl, einen riesigen Tausch gemacht zu haben. Ich nehme so viel mit mir. Alles, was ich erlebt und an neuen Erfahrungen gewonnen habe. Und den Ballast, der mich vor der Reise so beschwert hat, lasse ich guten Mutes hier. Das ist eine tröstliche Vorstellung.

Ich mache mir noch einen Zeitplan, wann ich wie wo sein muss, damit alles entspannt hinhaut und ich den Flieger nicht verpasse. Bevor ich das Auto abgebe, fahre ich noch ein letztes Mal zum Meer, an einen Surfspot, den ich noch nicht kenne. Picknicke ein letztes Mal am Pazifischen Ozean. In der reinsten Luft. Ich lasse mich ein letztes Mal von den Farben, den Surfern, den Wellen, der Stimmung einfangen und betören. Bis es Zeit wird zu gehen.

Als ich die letzten Meter vom Car Rental mit dem Shuttle zum Flughafen fahre, lerne ich auf den letzten Drücker noch Hermann, einen deutschen Auswanderer kennen, der hier auf Maui lebt und den Shuttle-Bus fährt. Es handelt sich nicht um Hermann, den Cherusker, sondern um den anderen deutschen Hermann. Bestimmt der Nachfahre vom alten Teutoburger. Der Bus ist leer und bleibt leer. Ich bin der einzige Fahrgast. Und ich glaub, dem Hermann ist schrecklich langweilig. Vielleicht bin ich auch seit Stunden oder gar Tagen der einzige Fahrgast. Und Hermann ist, wie der ewige Fährmann, als Geisterfahrer zum ewigen Hin- und Herfahren diesen ollen Busses verdammt.

Er beeilt sich jedenfalls, sofort mit mir ins Gespräch zu kommen, und freut sich, dass er mal deutsch sprechen kann. Er bedauert, dass er mich nicht eher kennen gelernt habe. Denn als er erfährt, wie es mir unter anderem mit meiner Unterbringung in der Garage ergangen ist, meint er, er hätte mir die billigsten und gleichzeitig besten Unterkünfte der Insel vermitteln können.

Das bedaure ich nun meinerseits auch sehr intensiv. Vor allem jetzt, wo ich keine Unterkunft mehr brauche. Dumm gelaufen. Er weitet sein Angebot aber großzügig auf alle meine Familienmitglieder und insbesondere auf meinen Sohn aus, den es als Surfer ja bestimmt mal nach Hawaii verschlagen wird. Er würde sich auf jeden Fall um alles kümmern. Allein schon, weil er mein Sohn sei! Na, wer sagt's denn? Also Hermann-von-Maui-com. Muss ich mir merken. Als ich das allerdings versuche zu googeln, kommt nichts. Egal ob ich ein oder zwei »r« eingebe. Hermann-von-Maui-verschütt, also echt mal. Doch nur ein Geisterfahrer?

Es geht in die Heimat, ich fliege heim. Im Flughafen warte ich aber erst mal endlos auf meinen ersten Flug nach Honolulu. Beim Einchecken gibt's noch ein kleines Problem mit meinem Schweizer Messer. Wie peinlich! Die Sicherheitskontrolle entdeckt es im Scanner. Ich habe es dummerweise im Rucksack vergessen, den ich als Handgepäck mit ins Flugzeug nehmen wollte. Und weil ich es liebe, will ich es auf keinen Fall abgenommen kriegen.

Dieser Beamte ist zur Abwechslung mal freundlich zu mir. Ich trau mich gar nicht, mich zu freuen, aus lauter Angst, er sagt im nächsten Moment »April, April«. Ich fühle mich nicht mal angeklagt, obwohl ich diesmal ja eindeutig etwas falsch gemacht habe. Einzige Möglichkeit, das Messer zu behalten, ist, es mitsamt dem ganzen Rucksack erneut aufzugeben. Dazu müssen sie mich durch eine Sicherheitsschleuse schicken, eskortiert natürlich, von mehreren Officers.

Ich versuche ruhig zu bleiben und so normal wie möglich aus der Wäsche zu schauen, aber wohl ist mir nicht bei der ganzen Aktion. Nachdem ich meinen Rucksack aufgegeben habe, muss ich das ganze Sicherheitsprozedere noch einmal über mich ergehen lassen. Gut, dass ich so früh war, dass ich mir dieses zeitraubende Manöver nun leisten kann, sonst wäre das tolle Schweizer Messer *fott jewesen*.

Ich sitze da und warte wieder oder immer noch. Und plötzlich will ich doch nicht mehr heim. Meine Pilgerreise ist noch nicht zu Ende. Das spüre ich ganz deutlich. Jetzt zu gehen, ist gut. Ich bin nicht traurig. Dafür war ich zum Schluss viel zu genervt. Und nun, wo ich hier am Gate sitze, lasse in Gedanken noch einmal alles an mir vorbeiziehen. Ich nehme leisen Abschied von dieser abenteuerlichen Insel, mit den vielen Gesichtern, die mir so viele Erlebnisse unterschiedlichster Art beschert und mich an meine Grenzen, aber auch zu mir selbst geführt hat. Bin ich dankbar? Ja, jetzt wo ich dieses Szenario verlassen darf, ja.

Es kein Abschied im üblichen Sinne. Dieses Fleckchen Erde gibt mir ein kostbares Geschenk mit auf dem Weg, das mir Hawaii auf immer unvergessen macht und bis heute absolut lebendig hält. Trotz etlicher Prüfungen und aller Widrigkeiten gehe ich mit dem Gefühl tief empfundener Liebe. So ähnlich wie bei einer langjährigen Beziehung, in der nur das gemeinsame Gehen durch dick und dünn überhaupt erst den unverbrüchlichen Zusammenhalt ermöglicht. Dabei frage ich mich bis heute, ob das Dick oder das Dünn für die schweren Zeiten steht.

Als ich in Honolulu ankomme, ist es bereits dunkel. Die glitzernde Lichterwelt der riesigen Stadt lässt vermuten, der Kapitän habe sich verflogen und sei aus Versehen in New York gelandet. Es fehlen nur die riesigen Leuchtreklamen des Times Square, die einen mit ihrem unablässigen Blinken in Hypnose versetzen. In die spezielle New-York-Trance. Da mein Flug nach Los Angeles erst in den frühen Morgenstunden geht, habe ich ein Hotel gebucht, damit ich die Strapazen der bevorstehenden Langstreckenflüge durch ordentliches Vorschlafen besser überstehen kann.

Ich suche mir ein Taxi, das mich auf dem schnellsten Wege zum Hotel befördern soll. Ich will keine unnötige Zeit verlieren. Der Taxifahrer ist ein Türke und sehr nett. Er müsse noch was Privates erledigen und wir kämen ja auf meiner Tour quasi direkt bei ihm vorbei. Ob ich was dagegen habe? Dafür mache er mir auch gerne einen Spezialpreis. Ich sage, ich hätte es schon ziemlich eilig. Der Rabatt wird nochmal erhöht, und nachdem er mir wiederholt versichert, dass es tatsächlich kein Umweg sei, willige ich schließlich ein.

Als ich die Rechnung bezahle, erlässt er mir nochmal fünf Dollar, so dass er im Prinzip fast umsonst für mich gefahren ist. Ich frage ihn, ob er mich am anderen Morgen wieder abholen und zum Flughafen bringen könne. Diese Schicht habe er leider nicht. Aber er überschlägt sich, mir das gesamte Gepäck zu schleppen und verabschiedet sich überschwänglich, ganz in orientalischer Manier und mit übertriebenen Lobeshymnen, wie nett diese Fahrt doch gewesen sei. Und wie überaus gerne er mich doch in seinem Taxi durch Honolulu geschippert hätte. Und wie unendlich er bedauere, dass er die Frühschicht nicht habe, weil er ja schon für diese Nachtschicht eingeteilt sei. Ja, und überhaupt habe es ihn sehr gefreut. Mich hat's auch gefreut. In seinem herzlichen Taxi, fast ganz Honolulu kennen gelernt, und das alles für fast umsonst. Ich verabschiede mich mit einem warmen Händedruck von ihm und wünsche ihm noch viel Glück.

Und jetzt kommt das Beste. Mein Zimmer ist so was von hammergeil. Ich bin tief beeindruckt. Vor allem nach meinen Enttäuschungen der letzten Zeit. Zunächst verdient es mal das Prädikat beste Unterbringung der gesamten Reise überhaupt. Und außerdem noch alle anderen erdenklichen Prädikate, die es so gibt. Ich bin in einem der obersten Stockwerke untergebracht mit Ausblick auf Honolulu bei Nacht. Einfach toll. Und wieder fällt mir als erstes der Vergleich mit New York ein. Diese vielen Hochhäuser und Straßenschluchten, der ganze Lärm, exakt genauso.

Der Unterschied wird aber in dem Moment deutlich, in dem ich auf meinen Minibalkon klettere und aus schwindelnder Höhe nach unten sehe. In den Straßenschluchten, zwischen Wolkenkratzern eingequetscht, gibt es hier Palmen und Swimmingpools statt New Yorker Verkehr und Würstchenbuden! Das sieht so drollig aus und passt so was von gar nicht zusammen, dass ich laut lachen muss. Schade, dass ich den Rest von Oahu nun nicht mehr sehen kann. Es wäre bestimmt ein Erlebnis wert gewesen.

Ich beschließe nichts auszupacken außer meiner Zahnbürste. Wegen der unverzichtbaren Mundfrische, die ich dann nachts um drei Uhr dringend benötige. Alsdann lasse ich mich sanft mit dem Fahrstuhl in die Bar einschweben, um mir dort einen schönen, gepflegten Vodka Tonic zu spendieren. Das beste verfügbare Mittel zum Runterkommen und zur Schlafförderung. Außerdem sollen meine letzten Stunden in Hawaii und der Abschied von diesem unglaublichen Abenteuer zeremoniell mit einem leckeren Drink gekrönt werden. Und noch einem leckeren Drink. Die Kellnerin hätte mir auch noch einen dritten angedreht, weil sie Gefallen daran fand, mit mir über Hawaii zu plaudern. Ich wollte wissen, wie es sich in Honolulu so lebt und ich erfahre, dass Honolulu die Hauptstadt des Bundesstaates Hawaii ist, und dies der Grund für das ach so amerikanische Flair ist.

Die exotische Wolkenkratzer-City breitet sich fast flächendeckend über die ganze Insel Oahu aus, auf der fünfundsiebzig Prozent der gesamten hawaiianischen Bevölkerung leben. So ist es auch keine Überraschung, dass sich hier das wirtschaftliche Zentrum Hawaiis befindet. Der Rest der Insel ist so ziemlich zu vernachlässigen, da es dort lediglich ein paar Ananas- und Zuckerrohrfelder gibt. Die restlichen Inseln Hawaiis aber auch, zumindest unter wirtschaftlichen Gesichtspunkten.

Aber der Tourismus liefert wie immer die meiste Kohle. Auch die charmante Kellnerin arbeitet schon seit sie denken kann in der Hotelbranche. Aber wenn es nicht wegen des Jobs wäre, würde sie auf Kauai leben, die ihrer Meinung nach schönste aller hawaiianischen Inseln. Und dann kommt sie aus dem Schwärmen nicht mehr raus. Echt. Ich werde mir das fürs nächste Mal merken. Falls ich jemals noch mal herkommen sollte.

Vierunddreißigster Tag

Wieder zurück in meinem Hotelzimmer, kann ich mich gar nicht genug über diesen unglaublichen Luxus freuen. Beglückt, dass mein letzter Abend in Hawaii nochmal so richtig gepunktet hat, schlummere ich die paar Stündchen, die ich noch habe, friedlich vor mich hin. Bis ich jäh durch meinen Wecker wieder in die kalte Realität gerufen werde. Zeit zu Gehen. Dies ist das erste und einzige Mal, dass ich wirklich bedaure, nicht ausschlafen zu können. Nun bin ich sehr froh, dass ich keine Packerei oder dergleichen mehr habe, somit wäre diese Zeit schon mal eingespart.

Schnell noch eine heiß-kalte Dusche im Luxusbad und das war's. Das Taxi wartet schon, aber diesmal ist der Fahrer weniger leidenschaftlich. Ich hatte eher das Gefühl, er schläft jeden Moment am Steuer ein. Immerhin, ich komme trotz der Penntüte heil am Flughafen an und versuche auszumachen, wie hier wohl das Prozedere ist. In jedem Falle ist es äußerst sonderbar.

Ich werde eine Betonrampe hinunter in eine Art offene Tiefgarage dirigiert und muss mich dort zwischen Müllcontainern, unter Wellblechdächern in eine längere Schlange einreihen. Wie bitte? Gut, dass ich nicht allein hier bin. Die anderen Fluggäste, die bereits vor mir aufgereiht stehen, finden das alles ganz normal. Nun gut. Ich dann eben auch. Ich befinde mich in einer Warteschlange vor dem Federal U.S. Department of Agriculture, das um diese Uhrzeit halt noch nicht geöffnet hat. Ach so.

Wir warten auf eine spezielle Inspektion. Wonach sie suchen, ist zunächst schleierhaft. Irgendwann erklärt mir ein älterer Herr, dass die hawaiianische Fauna und Botanik nicht verschleppt werden soll. Was? Tiere? Pflanzen? In meinem Koffer? Puh, ich hab Angst, dass sie mich falsch einsortiert haben. Ich bin ich doch nur Transitflieger und steige erst in Europa aus! Da kann ich doch so viele Viren, Pflanzenläuse und hawaiianische Kakerlaken und was sonst noch alles einschleppen, wie ich will! Das kann den Amis zur Abwechslung doch mal ziemlich egal sein. Oder besser noch, die sollten froh über jeden Irren sein, der sich aufopfert und eine Kakerlake mitnimmt! Aber nein, jeder, egal wo er hinfliegt, muss erst mal hier bei der Botanikkontrolle durch, egal wie viele Kakerlaken, und egal ob sinnig oder unsinnig.

Diesmal habe ich Glück. Ich werde weder aufgehalten, noch wird etwas beanstandet, ich werde unbehelligt durchgewinkt. Na bestens. Auf zu meinem Schalter. Aber den zu finden, ist eine schöne Suchaufgabe. Ein Forschungsprojekt für Wissenschaftler, da es keine Schilder gibt, mit den entsprechend hilfreichen Informationen. Sprich keine Anzeigetafel, wo Los Angeles drauf steht, mein Zwischenziel. Jedenfalls schaffe ich es nicht aus eigener Kraft und muss mich durchfragen. Als ich mein Ziel endlich gefunden habe, stehe ich dort abermals Schlange, aber sehr viel entspannter, denn ich bin meinem Ziel sage und schreibe schon fünfzig Meter näher gekommen.

Im Anschluss daran gibt es einen Lauf durch etliche Kilometer Absperrungslabyrinth. Danach bin ich gut durchtrainiert, habe schätzungsweise drei Kilo Gewicht verloren und bin endlich am Gate. Und dort erwartet mich eine echte Überraschung. Der Wartesaal ist fast komplett aus Glas, so dass ich Zeuge eines der farbenprächtigsten Sonnenaufgänge werde. Purple, lila, pink, rötlich, bisschen rosa, purple. Der ganze Himmel voll davon, und übersät von wilden Wolkengebirgen mit dem gleichen unwirklichen Farbmix. Aber allen geht es genauso wir mir. Jeder bleibt im Banne dieses Naturspektakels wie angewurzelt stehen und starrt mit offenem Mund auf diese Szene. Es sieht tatsächlich so farbenprächtig aus als würde es sich um eine riesige Reklameleinwand eines Parfumdesigners oder Outdoor-Jacken-Herstellers handeln.

Leider dauert die Vorstellung nur wenige Minuten und ich kann den Mund wieder zuklappen, um es mir auf einem der vielen Wartesessel bequem zu machen. Das nenne ich mal einen wirklich außergewöhnlichen Abschiedsgruß. Ich bin zufrieden, dass Honolulu am Ende noch so toll abgeschnitten hat, obwohl ich es bereits in die Kommerzvorurteilsschublade gesteckt hatte. Es ist erst sechs Uhr in der Früh und ich bin schon seit ein paar Stunden auf den Beinen. Ich brauche dringend einen Kaffee und begebe mich auf die Suche nach einer Kaffeebude. Als ich wiederkomme und genüsslich an meinem Pappbecher nippe, habe ich meinem Nachbarn, der exakt aussieht wie Wolfgang Joop wohl Appetit gemacht. Jedenfalls bittet er mich, auf sein Gepäck aufzupassen, damit er sich auch einen holen kann.

Damit hat er mir einen schweren Job verpasst, denn ich muss seinen Platz gegen eine Horde Mütter mit wildgewordenen Kleinkindern verteidigen, gegen eine ältere Dame mit sechzigerjahremäßig hochtoupiertem Haar sowie gegen zwei alleinreisende, klapprige Herren, die sehr schwerhörig waren, und die ich ziemlich anschreien musste, damit sie mich überhaupt verstehen konnten.

Als ich ihm von diesen Verteidigungsmanövern berichte, dankt Herr Joop es mir mit ein paar netten Anekdötchen aus seinem bewegten Künstlerleben, das den Eindruck erweckt, als sei er tatsächlich Designer. Und weil er Vielflieger ist, reist er natürlich ausnahmslos erste Klasse. Ja nee, ist klar. Das versteht sich doch von selbst. Ich bin froh, dass ich mir diesen teuren Zweite-Klasse-Flug überhaupt leisten kann. Aber der Joop neben mir, der ist voll die coole Sau und ans Geldausgeben gewöhnt. Außerdem bringt ihn rein gar nichts aus der Ruhe. Denn als eines der wildgewordenen Kindermonster einfach seine gesamte Fritten-mit-Cola-Mahlzeit umdreht und über Sitze, Boden und erziehungsunkundige Mutti kippt, schaut er nicht mal hin.

Ich finde die Tatsache an sich auch nicht sehr bemerkenswert. Lediglich, die Reaktion der Mutter, die aufsteht und ihren verzogenen Drecksspross an der Hand mitzieht (ich hätte ihn, glaube ich, an Ort und Stelle in seinem eigenen Colabad auf dem Gatesessel ausgesetzt und für immer verlassen), um die ganze Schweinerei herrenlos ihrem Schicksal zu überlassen und sich einen neuen, sauberen Platz am anderen Ende des Gates zu suchen. Ich möchte nicht derjenige sein, der sich aus Versehen in den colafritten-besifften Sitz fallen lässt und danach mit total durchnässter Hose einen Sechs-Stunden-Flug absitzen muss.

Den Herrn Joop hat das kalt gelassen. Ich vermute, er würde sogar das Gate noch erster Klasse buchen, wenn das ginge. Dann müsste er sich gar nicht mit solch widerlichen Zwischenfällen aus dem gewöhnlichen Volk beschäftigen. Wenn ich den Joop'schen Erzählungen so lausche, könnte ich auch Gefallen am Erste-Klasse-Reisen finden. Scheint ungetrübtes, himmlisches Reisevergnügen zu garantieren. Denn mir macht so ein Zirkus noch wirklich etwas aus. Und eine Erste-Klasse-Wartelounge würde enorm helfen, meine flatterigen Nerven zu schonen. Ich verbringe den Rest der Wartezeit mit Beten, dass diese entarteten Mutter-Kind-Zumutungen bitte, bitte nicht in meinem Flugzeug mitfliegen mögen.

Irgendwann ist es so weit, wir heben ab und ich verlasse Hawaii. Das war's. So viele Abenteuer, so viele Eindrücke. *Aloha Hawaii!* Es war schön, aber nicht immer einfach. In jedem Fall ist es hier zu Ende. Oder es fängt jetzt erst richtig an. Wer weiß das alles schon so genau? Jedenfalls weiß ich jetzt die Antwort auf meine anfängliche Frage, warum wir verreisen: Wir verreisen, weil wir wieder heimkommen wollen. Ich will jetzt heim.

Zwischenstopp in L.A. Wie auf dem Hinweg. Nun gestaltet sich mein Aufenthalt wesentlich unaufgeregter. Vor meinem Wartebereich sichte ich einen Starbucks. Na, man kann sich der Aufdringlichkeit dieser Kette aber auch wirklich nicht entziehen. Und das Konzept funktioniert. Ich hole mir schließlich doch noch einen XXL-Kaffee und nachdem ich nach meinem Namen gefragt, und dieser nicht verstanden wurde, bin ich glattweg *Hundred* getauft worden. Was das wohl für ne Botschaft sein soll? Hier in Amerika kann man jedenfalls auch wie eine Zahl heißen, ohne Aufsehen zu erregen. Vielleicht so wie »50 Cent«, der Gangsta-Rapper? *Hundred*, mein neuer, amerikanischer Künstlername?

Ich vertreibe mir mit meinem Riesenkaffee ein bisschen die Wartezeit. Es gibt auch Schlimmeres, das man tun könnte. Zum Beispiel Zecken aus Kinderbeinen pulen, mit der Schwiegermutter telefonieren oder mit der Versicherung kämpfen, um die Anerkennung des neuesten Schadens vielleicht, für den man seit zehn Jahren einen Beitrag zahlt, unwissend, dass der Vertrag einen aber auch rein gar nichts versichert. Also freue ich mich, dass mich solche Sorgen derzeit nicht plagen, und dass ich einfach nur Kaffee trinken und mich einer herrlich unbeschwerten Wartezeit erfreuen darf.

Der Flug nach London verläuft ohne Zwischenfälle. Links von mir sitzt ein britisches Urlauberehepaar und rechts ein russischer Gamer. Den Russen beneide ich. Er hat es irgendwie geschafft, im Sitzreihenmittelfeld den Platz in der Mitte zu buchen, mit der geringen, aber nicht unwahrscheinlichen Chance, dass einer der Plätze rechts oder links neben ihm frei bleibt, und er es sich so besser gemütlich machen kann. Dieser Schweinehund hatte gleich doppeltes Glück und beide Plätze neben sich zur freien Verfügung. Oder er war von der Mafia und hat alle beteiligten Funktionäre im Buchungsprozess bestochen. Dadurch hatte er sogar noch ein Büro für seinen Rechner linkerhand und ein Schlafzimmer rechterhand, wo er sein dünnes Gerippe zur Ruhe betten konnte. Seufz.

Immer, wenn mir meine eingepferchten Knochen besonders wehtun, muss ich einen verstohlenen Blick auf den Russen-Gamer werfen, um vor Neid grün zu werden. Nur der Stewardess fiel meine ungesunde Gesichtsfarbe auf, worauf sie sich teilnahmsvoll erkundigte, ob es mir gut ginge und sie etwas für mich tun könne. Ich hatte am Ende alle Drinks, die auf der Bordgetränkekarte standen intus. Und so habe auch ich diese Nacht schadlos durchflogen.

Fünfunddreißigster Tag

Als ich in London aussteige, habe ich das Gefühl, endlich wieder so was wie heimischen Boden unter den Füßen zu haben. Zurück in der Alten Welt. Menschen einer anderen Spezies. So kommt es mir zumindest vor. Ist das tatsächlich so? Sind die Menschen hier anders? Ist es möglicherweise auch das andere Umfeld, das einem neue Gefühle beschert und somit auch andere Gedanken denken lässt? Oder sind nicht vielmehr alle Menschen und Orte gleich, weil alle die gleichen Sorgen, Nöte und Probleme haben? Vielleicht ist diese Andersartigkeit im Fühlen nur ein hinterlistiger Streich unserer eigenen Psyche, die sich einen kleinen Spaß mit uns erlaubt? Und am Ende ist alles nur Einbildung? Dazu fällt mir die philosophische Frage meiner lieben Freundin Uschi ein: »Sind die Menschen eher gleich oder eher verschieden?« Ja, *grübelgrübel*. Ich glaube die Antwort ist genauso philosophisch: Sie sind beides. Alle gleich und dennoch verschieden. Zurück in meinem Kontext, fühle ich mich unter den vielen gleichen, verschiedenen Menschen bereits wieder europäisch heimisch und kein bisschen unsicher mehr!

Auch hier heißt es wieder warten. In dieser Übung bin ich inzwischen Experte. Zum Thema Geduld konnte ich auf dieser Reise jede Menge dazulernen. Ich sitze nur da, überlege, was ich hier in diesem gigantischen Flughafen tun könnte, betrachte dabei gedankenverloren meine Hände und stelle fest, meine Haut ist vollkommen ausgetrocknet. Wie blöd, ich habe meine Creme nicht in meinem Bordgepäck. Ich begebe mich auf die Suche nach einer Parfümerie, wo ich mich eventuell durch ein paar Tester durchschnorren könnte. Ich habe nur keinen Bock auf so eine aufgepeppte Plastikschnepfe, die mir stundenlang das Ohr heiß redet über die Vorzüge einer Wasser-Öl-Emulsion und deren wohltuender Wirkung speziell bei alternder, schrumpeliger Haut.

Ich setze eine leicht arrogante Miene auf, steuere auf den Tisch mit den Sälbchen zu und greife zielsicher nach der Tube mit dem Zusatz Feuchtigkeit. Ich verreibe eine gute Portion ganz hurtig, damit es keine Beanstandungen gibt. Aber nein, da naht sie auch schon, die konservierte Verkaufstussi. Keine Chance auf ein Entrinnen.

Bevor sie mich erreicht, überrollt mich schon die Wolke ihres Super-Poison-Parfums wie ein Tsunami und setzt mich fast außer Gefecht. Ich muss schlucken und dann husten. Sie fragt mich mit leicht gerümpfter Nase in ihrem feinen britischen Akzent, was ich denn suche. Ich antworte in meinem unkultivierten, amerikanischen Breitmaulfrosch-Akzent: »Eine Creme, die mich nach einem zehnstündigen Flug vor der Austrocknung errettet und mir die verlorene Hautfeuchtigkeit wiedergeben kann und die dann noch in der Lage ist, eventuell Kaffee zu kochen.« Bei dem Preis, finde ich, sind derartige Forderungen durchaus berechtigt.

Verständnislose Glubschaugen auf der Verkäuferinnenseite. Dann holt sie demonstrativ Luft und weist mich spitz zurecht, dass man von dieser Drei-Millionen-Euro-Creme wirklich nur die Spur eines Hauchs benötigen würde. Und dass ich da gerade mindestens 50 Euro zwischen meinen trockenen Handfalten verreibe. Und dieser sagenhafte Preis wäre ja noch günstig, wenn man bedenke, dass nur natürlich gewonnene, edelste Ingredienzen verwendet würden. Und ja. – Und ehe sie mich weiter betexten oder beduften oder alt aussehen lassen kann, rufe ich flugs: »Oh je, mein Flug, *my flight! Sorry!«* Drehe mich hastig um, in dem Bewusstsein, soeben fünfzig Euro geklaut zu haben und eile geschäftig und nicht ohne ein gewisses Siegesgefühl, Richtung Ausgang.

Wenigstens sind meine Hände jetzt wieder schön zart und fettig. Derartig gut präpariert, kann ich getrost die letzte Etappe meiner Reise antreten. Ich finde, der Rückflug ist eindeutig schneller, einfacher und weitaus weniger strapaziös als der Hinflug. Ich habe den Fensterplatz und das freut mich, denn mir ist wichtig, dass ich Düsseldorf als Allererste sehen kann, meine Heimat sozusagen, auch wenn Düsseldorf ja nur Nachbarstadt ist. Da will ich jetzt nicht so pingelig sein. Ich vergesse mal großherzig die Köln-Düsseldorf-Rivalität. Ist eh alles dasselbe.

Nur sitzt auf dem mittleren Platz schon ein Mann mittleren Alters. Also jünger als ich. Um ans Fenster zu kommen, versuche ich, mich an ihm vorbeizudrücken, damit er nicht aufstehen muss. So habe ich das rücksichtsvoll den ganzen langen Transatlantikflug von L.A. nach London gemacht, um nicht dauernd die Leutchen neben mir aufzuscheuchen, wenn ich mal musste. Also denke ich mir nichts dabei. Ich sage noch: »*Excuse me, Sir.*« Vergessend, dass er ja vielleicht auch deutsch sprechen könnte. Daraufhin entgegnet er bereits leicht genervt, er würde schon auch aufstehen. Da bin ich bereits über ihn rüber und lache mein bestes amerikanisches Fröhlichkeitslachen und meine, schon passiert, darin hätte ich nach fast zwei Tagen Fliegerei inzwischen Übung. Lach, lach. Er senkt den Blick und schaut mich daraufhin nicht mal mehr mit dem Hintern an.

Freunde, das war ein Deutscher! Ich habe ihn erkannt. Griesgram. So was von gar nicht gut drauf. Überhaupt nicht lustig und auch sehr angespannt und nicht wirklich gut auf mich zu sprechen. Und ab diesem denkwürdigen Augenblick auch noch ins Schweigekoma gefallen. Trotz noch zweier weiterer Versuche meinerseits, ein bisschen Konversation zu betreiben und ein wenig heitere Stimmung zu verbreiten. Fehlanzeige. Alter Falter, hatte ganz vergessen, dass es genau das bei uns zu Hause im Überfluss gibt.

Nur, ich bin zu gut drauf, um Trübsal zu blasen. Meine herzallerliebste Heimat breitet sich soeben unter meinen Füßen aus. Und wird immer größer! Bis der Stahlvogel endlich mit einem Ruck aufsetzt und Deutschland, Düsseldorf und ach, meine ganze heimatliche Welt mich wiederhat. Tja, und da musste ich dann doch ein bis drei Krokodilstränen vergießen. Ich glaube, mein Nachbar war entsetzt und total angewidert. Ach, der Ärmste, er war wohl geschäftlich in London und kann nicht ermessen, was ich soeben für eine Seelenkrise durchlebe. Ich schniefe in meinen Ärmel und schaue gerührt aus dem trüben Flugzeugfenster. Ich bin wirklich der Meinung, dass sie die besser putzen sollten. Man sieht ja nix. Mit einer entsprechend blühenden Phantasie könnte man sich allenfalls vorstellen, wo man soeben gelandet ist.

Und als ich mein Handy wieder einschalte, erscheint im Display die Botschaft meines Netzbetreibers »Zu Hause«. Wenn ich es also bislang nicht wusste, dann erinnert mich spätestens jetzt mein Telefon an diesen erfreulichen Umstand. Mein Glück ist komplett als ich meinen stattlichen Sohn in der wartenden Menge orte und er mich in seine starken Arme schließt. Zu Hause, zu Hause, ich bin da! Ihr lieben Götter alle, ich bin noch heil und unversehrt und einigermaßen beieinander. Ich danke Euch.

Ob ich noch die Alte bin? Das weiß ich nicht. Ich will es nicht hoffen, dafür habe ich zu viel mitgemacht und durchlebt. Aber die Probe kommt ja erst noch. Der gefürchtete Alltag. Wird all das Bestand haben? Und sich im Alltag bewähren? Eine reelle Chance gegen die Macht meiner alten Gewohnheiten haben? Schaffe ich es, das Neue in mein normales Leben zu integrieren? Ich fühle mich transformiert, aber habe ich genug Vertrauen, dass es auch von Dauer ist? Keine Eintagsfliege? Fragen über Fragen. Jetzt muss ich erst mal ankommen, ich fühle mich seltsam ruhig und gelassen. Dieser lange Flugtag endet wie im Flug mit einem Essen bei meinem Lieblingsitaliener, wo ich ganz entspannt ne halbe Pizza bestellen kann, in friedlicher Runde, in der Gesellschaft meiner Kinder. Oh wie ich sie liebe!!! Was will ich mehr? Nichts, ich will nichts mehr!

So, nun ist die Geschichte aus, und wenn sie nicht gestorben sind, mühen sich alle Beteiligten auch weiterhin durchs Leben.

Epilog am sechsunddreißigsten Tag

Nein! Ich wache am anderen Morgen in meinem Bett auf und stelle fest, dass ich die gewonnene Zeit des vorzeitigen Heimkommens nicht verschenken darf. Sie gehört mir und ich möchte sie nicht mit Putzen, Kochen, Waschen oder Fernsehen verplempern. Während ich mir den köstlichsten Kaffee der Welt aufbrühe und gleich eimerweise in mich reinkippe, fasse ich einen Entschluss. Ich werde keinem sagen, dass ich zurück bin. Die noch ausstehenden zwei Wochen werde ich in die deutsche Pampa fahren. Und nichts weiter mitnehmen als meinen Computer und meine Wanderschuhe. Ja, nicht nur Schuhe. Natürlich auch ein paar Klamotten. Nackt wandern ist um diese Jahreszeit nicht so förderlich für die Gesundheit. Und dort werde ich mit den Aufzeichnungen für dieses Buch beginnen.

So begibt es sich also, dass ich kurzentschlossen ein paar Sachen in mein Auto werfe und in den schönen, deutschen Odenwald düse. Mein Appartement ist mit echten Salzburger Voglauer-Bauernmöbeln eingerichtet. Was auch immer das sein mag.

Auf jeden Fall ur-deutsch, auch wenn Salzburg in Österreich liegt. Es ist ein voller Kontrast zu meinen abenteuerlichen Buden in Hawaii. Und es ist sauber, ordentlich und beruhigend heimatlich. Hier bleibe ich nun, bis zum Achtundvierzigsten Tag. Wunderbar.

Morgens schreibe ich und nachmittags gehe ich wandern. Abends esse ich Leberknödelsuppe und trinke Bier. Ach wie wohl fühlt sich mein deutsches Seelchen hier im tiefsten, deutschen Wald bei Wurst und Bier! Meine Reise wird rund. Sie bekommt einen Kontext. Durch den Kontrast dieser beiden Welten, erhalte ich andere Einsichten, in die Dinge, die ich auf Hawaii erlebt habe.

In mir breitet sich ein lang verschüttetes Gefühl aus, das Tag für Tag wächst und an Tiefe gewinnt. Es legt sich wie ein liebevoller Schleier über mein ganzes Gemüt. Wie von unsichtbarer Feenhand gesponnen, ganz allein für mich. Eine Mischung aus Zufriedenheit und Dankbarkeit. Ich bin dankbar für alles. Dieses Abenteuer. Diese lange, kostbare Zeit ganz für mich allein. Für die einzigartigen, tiefen Erfahrungen. Das Glück, und mein Leben, das noch vor mir liegt. Für die Antworten, die ich gefunden habe. Im Schreiben. Mein Schreiben. Meine Liebe.

All dies habe ich nun in diesem Buch festgehalten. Endlose neue Möglichkeiten entstehen. Feinmaschige Netze, die mich mit den Menschen verbinden. Und wie Lichterketten im Dunkeln funkeln. Ich bin glücklich. Und endlich, endlich kehrt Frieden ein in mein unstetes Herz.

Ich wollte wissen, wer ich bin, wo mein Zu Hause ist. Und finde es in mir drin. Dabei war immer schon alles da. Nur musste ich wohl bis ans andere Ende der Welt reisen, um es zu entdecken. Darüber hinaus ist noch ein Reisebericht über Hawaii entstanden, der ein Land und die Menschen beschreibt, die ich dort traf, sowie meine Wahrnehmung und meine vielfältigen Reaktionen auf alles. Meine persönliche Landkarte von Hawaii. So gesehen könnte dieses Werk auch ein mehrdimensionaler Reiseführer sein. Und wer damit nichts anfangen kann, findet vielleicht Gefallen an der kleinen Ratgebersammlung, die bei der Zusammenfassung aller Lektionen so nebenbei noch herausgekommen ist.

Dieses Buch enthält meine persönlichen Antworten auf Hawaii. Antworten, die ich fand während einer Reise zu mir selbst. Meiner Visionssuche. Größtmögliche Distanz für ein Ziel, das so nahe bei mir liegen sollte. Ich fühlte mich oft wie ein Pilger, der auf seiner langen, mühevollen Reise am Ende auch ein bisschen Erleuchtung oder Läuterung erlangt. Es ging um den Weg, die Suche, weniger um das Ziel. Die Erlebnisse und Eindrücke werden in diesen Zeilen wieder zum Leben erweckt. In einer Art Alchimie wandelt sich Erlebtes in Geschriebenes und wieder zurück in Erlebtes.

Aber nicht nur der Weg war bemerkenswert. Heute kann ich sagen, dass ich auch mit spürbaren Ergebnissen nach Hause gekommen bin. Das Schreiben ist die effektivste Maßnahme für meine Psychohygiene geworden. Es hat eine unglaublich energetisierende Wirkung auf mich. Und auch was meine vielen Probleme betrifft, gibt es Ansätze für Lösungen. Nachdem ich meine Heimat in einem Scherbenhaufen und mit dem beklemmende Gefühl verließ, das Leben einer Fremden geführt zu haben, kam ich von Hawaii zurück, seelisch beisammen, geerdet und voller Zuversicht, dass ich auch den alltäglichen Herausforderungen würde anders begegnen können als zuvor. Dass ich eine Chance haben würde, mein Leben ändern zu können und so in die Hand zu nehmen, dass ich es mit Stolz mein Leben würde nennen können.

Und das Schönste ist, endlich kann ich wieder Cola und Bier kaufen, ohne dass ich auffalle. So herrlich entspannt. Ich glaube, ich bleibe für immer hier, sorglos, in diesem kleinen, odenwäldlerischen Kaff. Zum Schluss muss ich euch noch ein Geheimnis verraten. Es ist kaum zu glauben, aber »Hawaii« bedeutet auf Hawaiianisch HEIMAT ... Na, wenn das ein Zufall ist?

Mein innigster Dank gilt Nancy, Mahalo!

Dank von Herzen auch an Sheoli, Kacey, Michael, Bo, Sophie. Den beiden Petras danke ich für ihren Zuspruch, der mir so viel Mut gemacht hat.

Sowie meinen Liebsten.

Am 18. Oktober 2011 – Hawaii

Ingrid Konrad:

Geboren 1960 in Südschweden, lebe ich seit meiner Einschulung in Köln. Ich bin verheiratet und habe zwei erwachsene Kinder, die ihre eigenen Wege gehen. Augenblicklich bin ich in den Versuch verwickelt, mich aus dem aktiven Berufsleben zurückzuziehen. So entsteht Raum und Zeit für mich, und für all die Worte, die auf die Reise möchten. Nun schreibe ich, mit wachsender Freude. Ein spürbares Ergebnis meiner Auszeit in Hawaii.